AF747174

বাঙালির বোঝাপড়া ও বাংলা সাহিত্য

বাঙালির বোঝাপড়া ও বাংলা সাহিত্য

জয়দীপ ঘোষ

হাওয়াকল ও শূন্য যৌথ উদ্যোগ

বাঙালির বোঝাপড়া ও বাংলা সাহিত্য

হাওয়াকল ও শূন্য যৌথ প্রকাশনা

Bangalir Bojhapara O Bangla Sahitya
collection of prose by Joydeep Ghosh

© জয়দীপ ঘোষ

প্রচ্ছদ নামাঙ্কন তর্পণ সরকার

প্রচ্ছদের ছবি এবং ডিজাইন বিতান চক্রবর্তী

প্রথম হাওয়াকল-শূন্য সংস্করণ সেপ্টেম্বর ২০২৫

হাওয়াকল ও শূন্য-এর পক্ষে
নিউ দিল্লি ৬৫ ও বিধাননগর, কলকাতা ৯৭ থেকে প্রকাশিত
ডিজিটাল ওয়ার্ল্ড, কলকাতা থেকে মুদ্রিত

info@hawakal.com
chilekothasampadak@gmail.com

8420758224 | 9874465814

MRP: 350/- | USD 22.99

ISBN 978-93-342-2620-1

আব্দুল কাফি, বরেন্দু মণ্ডল, রাজ্যেশ্বর সিন্‌হা

আমার তিন সহকর্মী, বন্ধু, স্বজন।

যাঁরা নিরন্তর পাশে থাকেন বলে
দুর্দিনেও চারপাশটা সহনীয় হয়ে থাকে।

সূচি

মুখবন্ধ

দুটি ভাগে মোট দশটি প্রবন্ধ জড়ো করে তৈরি হয়ে উঠল এই বই।

নানা সময়ে এই প্রবন্ধগুলো যে লেখা হতে পেরেছিল, তার পিছনে ছিল সংশ্লিষ্ট পত্রিকা-সম্পাদকদের নিরন্তর তাগাদা। পত্রিকায় একবার বেরিয়ে যাওয়ার পর লেখাগুলো নিয়ে আমার আর কোনো মাথাব্যথা ছিল না। লেখাগুলো দ্রুত সকলেরই মনোযোগের আড়ালে চলে যাবে, তাদের এই যথার্থ এবং সংগত ভবিতব্য ধরে নিয়ে খুবই স্বস্তিতে ছিলাম।

কিন্তু শ্রীমান বিতান দে তাতে বাধ সাধলেন। তিনি জানালেন, আমার প্রবন্ধগুলো নিয়ে তিনি একটা বই করতে চান। বিতান আমার এককালের ক্লাসে-বসা-ছাত্র। সেই কাল পার করে এসে দেখা গেল, তাঁকে ঠেকানো খুবই শক্ত। এই বই আদৌ কোনো পাঠক কিনে পড়বেন কি না, এই সম্ভাবনা বিষয়ে তাঁর সঙ্গে আমার মতভেদ অমীমাংসিত রেখেই অগত্যা বাছাই-করা দশটি প্রবন্ধ তাঁর হাতে তুলে দেওয়া গেল।

সংস্কৃতিবিদ্যা চর্চার জগতে যে-বর্গের মানুষদের ‘ভদ্রলোক’ বলে চিহ্নিত করা হয় অনেকসময় (খুব আলগা ভাবে বললে, শিক্ষিত বাঙালি নাগরিক উচ্চবর্ণ মধ্যবিত্ত শ্রেণি), উনিশ শতক থেকেই বাঙালির সাংস্কৃতিক পরিসরের বড়ো অংশ তাঁদের হাত ধরেই গড়ে উঠেছে। কেন ঠিক এমনটাই ঘটতে পারল, তাই নিয়ে বিস্তর লেখালেখি হয়েছে। এই বইয়ের লেখাগুলিতে সেরকম কোনো জটিল

সামাজিক-সাংস্কৃতিক কারণ খোঁজবার চেষ্টা করা হয়নি। শুধু বাঙালি 'ভদ্রলোক'-এর ঘরকুনো মন এবং তার বেরিয়ে পড়বার জন্য চির-ব্যাকুলতা, তার নিবিষ্ট হয়ে পড়াশোনা করবার ধ্যান এবং কিছুই না-পড়ে গুলতানি করবার মেজাজ, তার কর্মনিষ্ঠা এবং তার অলস চাল, তার যে-কোনো কিছুকে প্রশ্ন করবার তার্কিক মন এবং তার বিশ্বাসের আকুল ভূমি—এমন সব বৈপরীত্য, স্ববিরোধ ও সৌন্দর্যে ভরা এই জনগোষ্ঠীর কয়েকটি চিহ্ন বাংলা সাহিত্যের আঙিনা থেকে খুঁজে নেবার চেষ্টা করা হয়েছে এই বইতে। বইয়ের একবারে প্রথম প্রবন্ধটি—'অবনীন্দ্রনাথের কলকাতা'—আসলে 'টেগোর রিসার্চ ইন্সটিটিউ'-এ প্রদত্ত একটি বক্তৃতার পরিমার্জিত লিখিত রূপ। ফলে লেখাটির মধ্যে কথা-বলবার একটা ছাপ রয়ে গেছে। লিখিত প্রবন্ধের মধ্যে এই ধরনের ছাপ কখনো খানিক অস্বস্তির মতো জেগে থাকে, এক্ষেত্রেও তা আছে, এই কথাটি আগেই কবুল করে রাখলুম।

দ্বিতীয় অংশটিতে রইল এই 'ভদ্রলোক' বাঙালির এক বিশেষ সাংস্কৃতিক পরম্পরা বিষয়ে কিছু কথাবার্তা। ইংরাজিতে যাকে rationality বলে আর বাংলায় যাকে মোটামুটি যুক্তি, যৌক্তিকতা এইসব বলে কাজ-চালানো হয়, বাঙালি 'ভদ্রলোক' উনিশ শতকের উষালগ্ন থেকেই সে ব্যাপারে বিস্তর ভেবেছেন, তর্ক করেছেন। অনিবার্যভাবে সেই তর্কের মধ্যে জড়িয়ে গেছে ধর্ম, দর্শন, সমাজের নানা মাত্রা। দ্বিতীয়ভাগের পাঁচটি লেখার মধ্যে রইল সেই তর্কের কিছু চিহ্ন। একটা ছোট্ট ব্যক্তিগত কথা এখানে বলে রাখা ভালো। কোনো প্রাতিষ্ঠানিক ধর্মে বর্তমান লেখকের মতি নেই। কোনো কোনো নিবন্ধের মধ্যে এই ব্যক্তিগত বিশ্বাস-অবিশ্বাসের ঝোঁকটা তীব্রভাবেই প্রকাশ হয়ে পড়েছে, এই কথাটুকু খানিক অস্বস্তির সঙ্গেই জানিয়ে রাখলাম। অস্বস্তি, কেননা এই লেখাগুলো যে-সময়ের রচনা সেই সময়ের মনটাকে বেশ খানিকটা পিছনে ফেলে এসেছি, সেটা আজকাল টের পেতে বিশেষ অসুবিধা হয় না। প্রাতিষ্ঠানিক ধর্মে আস্থা ফিরেছে এমনটি নয়, বরং অনাস্থার পরিমাণই খানিক বেড়েছে। কিন্তু আগের মতো এসব নিয়ে তর্ক করতে আর ভালো লাগে না।

মনে হয়, এই সব অ্যাকাডেমিক তর্কে কারোরই কিছু যায় আসে না। নিজের কাছে খানিক অপচয়ের মতো লাগে এসব। তার চেয়ে ভালো হল, তর্ক থামিয়ে, শান্ত হয়ে বসে, ভালোবাসার কথা বলা, সংযোগের কথা বলা। মানুষের জন্য, বিশ্বপ্রকৃতির জন্য। গাছপালা, পশুপাখির জন্য। অনেক লিখতে পারার সামর্থ্য আমার নেই, কোনোকালেই ছিল না। যেটুকু সামর্থ্য এখনও বেঁচে আছে তা দিয়ে অবশিষ্ট জীবন কেবল সেই সংযোগের কথাটুকুই লিখব বলে ভেবেছি, আর কিছুই নয়। ফলে অন্তত দ্বিতীয়ভাগের তর্ক-ভঙ্গিমার লেখাগুলোকে আমার এক পুরনো ফেলে-আসা 'আমি'-র লেখা হিসেবে পড়লে একটু স্বস্তি বোধ করব, পাঠকের কাছে এইটুকু সবিনয় নিবেদন।

বইটি প্রকাশ করছেন 'শূন্য' এবং 'হাওয়াকল' প্রকাশনী যৌথভাবে। দুই প্রকাশনীর সঙ্গে সংশ্লিষ্ট সকলকে আমার আন্তরিক শুভেচ্ছা জানাই। বইয়ের চমৎকার প্রচ্ছদটি তৈরি করেছেন শ্রী বিতান চক্রবর্তী। তাঁকে জানাই আমার আন্তরিক কৃতজ্ঞতা।

জয়দীপ ঘোষ

অগাস্ট ২০২৫

অবনীন্দ্রনাথের কলকাতা

আজ, অবনীন্দ্রনাথের জন্মতিথিতে, তাঁকে আমার প্রণতি জানাই। তাঁর ছবি-আঁকা, শিল্পভাবনা বা সামগ্রিক লেখালেখি নিয়ে আজ আমি কথা বলব না। আমি কথা বলব তাঁর আর-এক ভালোবাসার বিষয় নিয়ে। তাঁর জোড়াসাঁকো, তাঁর কলকাতা। কন্যা সুরূপা দেবী অবনীন্দ্রনাথকে একবার ঘাটশিলা বেড়াতে নিয়ে যাবার প্রস্তাব দিলে তিনি লিখেছিলেন,

> যতই লোভ দেখাও এখন কলকাতা ছেড়ে কোথাও নড়ছিনে... আহা এমন স্থান কি আর আছে-! কোথায় লাগে তোদের ঘাটশীলা ... ।[১]

আমরা খুব নিশ্চিত করে বলতে পারি, পৃথিবীর অন্য যে কোনো জায়গার সঙ্গে তুলনা করতে হলেও অবনীন্দ্রনাথ তাঁর কলকাতা সম্বন্ধে এই কথাটি বলে দিতেন, 'আহা এমন স্থান কি আর আছে'! কলকাতা আর জোড়াসাঁকো অবনীন্দ্রনাথের সত্তার অংশ।

এখন প্রশ্ন হল, উপরের বাক্যটা কি প্রায় যে-কোনো জোড়াসাঁকোবাসীর জন্যেই সত্য নয়? ধরা যাক, অবনীন্দ্রনাথের সবচেয়ে বিখ্যাত কাকাটির কথা যদি বলতে বসতুম, তাঁরও জন্যে-কি উপরের বাক্যটা একই অর্থে লেখা যেত না? আমাদের বিচারেঃ যেত না! অবনীন্দ্রনাথ যেভাবে জোড়াসাঁকো আর কলকাতাকে পেয়েছেন,

পেতে চেয়েছেন, রবীন্দ্রনাথের পেতে-চাওয়ার ধরনের থেকে তা খুবই আলাদা।

'জীবনস্মৃতি' এবং বিশেষত 'ছেলেবেলা'-র মধ্যে নিজের অল্পবয়সের কলকাতার কথা আশ্চর্য মমত্বে বলে গেছেন রবীন্দ্রনাথ, সে-কথা আমরা সকলে জানি। 'ছেলেবেলা' বইটির প্রথম বাক্যটাতেই আছে কলকাতা, 'আমি জন্ম নিয়েছিলুম সেকেলে কলকাতায়', আর তারপর প্রায় গোটা বই জুড়েই পদ্মকোরকের মতো মেলে-ধরা আছে 'সেকেলে কলকাতা'-র আশ্চর্য রূপ। 'ছেলেবেলা' কেবল রবীন্দ্রনাথের আত্মগত জীবনকথা হয়ে থাকেনি কোনোমতেই, তা হয়ে উঠেছে বড়ো অর্থে কলকাতা কিংবা জোড়াসাঁকোরই আত্মচরিত। কিন্তু এ কথাও মনে রাখবার যে, ছোটোবেলাকার এই কলকাতার সঙ্গে রবীন্দ্রনাথের একটা স্থির দূরত্ব তৈরি হয়ে উঠবে অল্পে অল্পে, আর সেটা নিছকই ভৌগোলিক দূরত্ব নয়। এটা ঠিকই যে উনিশ শতকে শেষ দশকের অনেকটা সময় জমিদারি পরিদর্শনের-সূত্রে রবীন্দ্রনাথকে কাটাতে হবে কলকাতার থেকে দূরে, পদ্মাপারে। এটাও ঠিক যে, বিশ শতকের গোড়ায়, ১৯০১-এ ব্রহ্মচর্যাশ্রম প্রতিষ্ঠিত হবার পরের ৪০ বছর রবীন্দ্রনাথ প্রায় পাকাপাকিভাবেই হয়ে উঠবেন শান্তিনিকেতনেরই বাসিন্দা। কিন্তু এই ভৌগোলিক অর্থে সরে যাবার পরেও ছিল মানসিকভাবেই কলকাতা থেকে সরে যাওয়ার একটা প্রক্রিয়া। জোড়াসাঁকো আস্তে আস্তে রবীন্দ্রনাথের কাছে হয়ে উঠবে একটা অতীত-স্মৃতির নাম, ঘটমান বর্তমান দিয়ে তিনি আর তার সঙ্গে মিলতেই পারবেন না। আমরা তাঁর জীবনের তিনটে ভিন্ন সময় থেকে তিনটে উদাহরণ তুলে এর স্বপক্ষে প্রমাণ দিচ্ছি।

১৮৯৮-এর জুন মাস থেকে রবীন্দ্রনাথ তাঁর স্ত্রী আর পাঁচ সন্তানকে শিলাইদহে নিয়ে আসেন, সেখানেই সন্তানদের লেখাপড়ারও ব্যবস্থা করে দেন। 'পিতৃস্মৃতি' বইতে পরবর্তীকালে এইসময়কার জীবনধারা সম্পর্কে রথীন্দ্রনাথ লিখেছিলেন,

> শিলাইদহে আমরা যে পরিবেশের মধ্যে এসে বাস করতে

> লাগলাম, কলকাতার পারিবারিক ও সামাজিক জীবনধারা থেকে তা সম্পূর্ণ বিপরীত। আমাদের বাড়ি খোলা মাঠের মধ্যে ... । বাবা মা ও আমরা পাঁচ ভাইবোন বাড়িতে থাকি।[২]

নির্জন এই প্রবাস অবশ্য মৃণালিনী দেবী কখনোই ঠিক পছন্দ করে উঠতে পারেননি। রবীন্দ্রনাথের দাদা বীরেন্দ্রনাথের পত্নী প্রফুল্লময়ী দেবী মৃণালিনী সম্পর্কে এক স্মৃতিকথায় যথার্থই লিখেছিলেন যে,

> তিনি আত্মীয়স্বজনদের লইয়া নানা-রকম আমোদ আহ্লাদ করিতে ভালোবাসিতেন।[৩]

ফলে রবীন্দ্রনাথকে বিভিন্নসময়ে চিঠি লিখে তাঁর স্ত্রীকে বোঝাতে হয়েছে কেন শিলাইদহের জীবনই তাঁর এবং তাঁদের সন্তানদের পক্ষে বিশেষ প্রয়োজনীয়, কেন কলকাতা থেকে দূরত্ব রচনা হয়ে উঠেছে অত্যাবশ্যক। সেরকম একটি চিঠি, ১৯০১-এর সম্ভবত জুন মাসের একেবারে শেষের দিকে লেখা, এখানে উদ্ধারযোগ্য:

> এখন এখানকার নির্জ্জনতা আমাকে সম্পূর্ণ আশ্রয় দান করেছে, সংসারের খুঁটিনাটি আমাকে আর স্পর্শ করতে পারচেনা ... । নির্জ্জনতায় তোমাদের পীড়া দেয় কেন তা আমি বেশ বুঝ্‌তে পারচি ... কিন্তু কি করি বল, কলকাতার ভিড়ে আমার জীবনটা নিষ্ফল হয়ে থাকে—সেই জন্যে মেজাজ বিগড়ে গিয়ে প্রত্যেক তুচ্ছ বিষয় নিয়ে আক্ষেপ করতে থাকি—সকলকে মনের সঙ্গে ক্ষমা করে বিরোধ ত্যাগ করে অন্তঃকরণের শান্তি রক্ষা করে চলতে পারি নে। ... কাজেই তোমাদের এই নির্বাসন দণ্ড গ্রহণ করতেই হবে। এর পরে যখন সামর্থ্য হবে তখন এর চেয়ে ভাল জায়গা বেছে নিতে হয় ত পারব, কিন্তু কোনকালেই আমি কলকাতায় নিজের সমস্ত শক্তিকে গোর দিয়ে থাক্‌তে পারবনা।[৪]

কলকাতা থেকে দূরে সরে থাকতে চাইছেন কবি, সে কেবল কাজের প্রয়োজনে নয়, মনের প্রয়োজনে, এই কথাটা এই চিঠির মধ্যে

বিশেষভাবে খেয়াল করার মতো। এই চিঠিতে রবীন্দ্রনাথ বলেছেন 'সামর্থ্য' হলে শিলাইদহের চেয়ে ভালো জায়গা বেছে নিতে পারবেন হয়তো একদিন। আমরা জানি অচিরেই সেই 'ভালো জায়গা' খুঁজেও পেয়ে যাবেন তিনি, কিন্তু সেখানে, সেই শান্তিনিকেতনে, মৃণালিনী বেশিদিন থাকার সুযোগ পাবেন না, আরও অনেক দূর দেশে চলে যাবার ডাক এসে পড়বে তাঁর। সে অবশ্য অন্য গল্প।

এর পরের উদাহরণটা আমরা দিতে চাই আরও বছর কুড়ি–পঁচিশ পার করে গিয়ে। ১৯২২ সালে রবীন্দ্রনাথের বাষট্টিতম জন্মদিন উপলক্ষ্যে ভ্রাতুষ্পুত্রী ইন্দিরা দেবী তাঁর রবিকাকে শুভেচ্ছা জানিয়ে এক চিঠি লিখেছিলেন। ১৩২৯ বঙ্গাব্দের ২৭ বৈশাখ (১০ মে, ১৯২২) সেই চিঠির উত্তর দিলেন কবি। সেই উত্তরের ভাষায় ধরা রইল বেদনা, ধরা রইল এই আক্ষেপ যে জোড়াসাঁকোর ছোটোবেলার দিনগুলো আজ যেন স্পর্শের অতীত হয়ে গেছে:

> এবারে শিলাইদহে গিয়ে দেখলুম পদ্মা অনেক দূরে চলে গেছে—তেমনি দেখ্‌তে পাই তোদের জীবনের ক্ষেত্র থেকে আমার জন্মদিনের ধারা দূরে সরে এসেচে। মাঝে মাঝে সে কথা মনে পড়ে। আমাদের পরিবারের সঙ্গে আমার সম্পর্ক এখন ছায়াময় হয়ে এসেচে—তার একটা কারণ, ছেলেবেলায় যাদের সঙ্গে আমার জীবনের পারিবারিক গ্রন্থি বাঁধা হয়েছিল তারা প্রায় সবাই কোথায় অপসারিত—পরলোকে এবং ইহলোকে। এখন জোড়াসাঁকোর বাড়িটা নদীর সেই বালুময় পথের মত যাতে নদীর স্রোত আর চলে না।[৫]

এই পর্যন্ত পড়ে যদি মনে হয় যে এ হল এক ধরনের অতীত-কাতরতা, এর মধ্যে দিয়ে আসলে জোড়াসাঁকোর সঙ্গে মানসিক দূরত্বের কথাটা প্রমাণিত হয় না, তাহলে আর-একবার মনে করিয়ে দিতে হয় যে, এই চিঠিতেই এর পরে কবি বোঝাতে চাইবেন যে 'পারিবারিকতা' আর 'আত্মীয়তা' ব্যাপারদুটো তাঁর কাছে বিশেষভাবেই আলাদা, 'দেবতার

সঙ্গে অন্তরের বন্ধন, আর তাঁর সঙ্গে সম্প্রদায়ের বন্ধনে যে তফাৎ, এ দুইয়ে সেই তফাৎ'। 'বিশেষ মানুষ'-এর সঙ্গে তাঁর পরিচয় হয় নতুন করে, 'বিশ্বমানব' তাঁর কাছে একটা আইডিয়ার নাম, আর এই দুয়ের মধ্যিখানে আছে যে 'পারিবারিক মানুষ' সে যেন প্রদোষান্ধকারের একটা জিনিষ—'আমার কাছে ও সুস্পষ্ট নয়'। এর তাৎপর্য হল, জোড়াসাঁকোর সঙ্গে তাঁর যেটুকু যোগ অবশিষ্ট আছে তার অনেকটা কেবল ওই 'পারিবারিকতা'র যোগ, ওর মধ্যে সত্যের ভাগ সামান্যই। অবশ্য ইন্দিরার সঙ্গে সম্পর্কের তারে যে এখনও মরচে পড়েনি, এখনও 'তাতে যে সুর বেজে ওঠে' সে কথাও আনন্দের সঙ্গেই জানাবেন কবি। আমাদের আরও মনে পড়ে যেতে বাধ্য যে এর দু বছর পর ১৯২৪ সালে এইরকমই এক জন্মদিনের শুভেচ্ছা-বার্তার বিনিময়ে এই ইন্দিরা দেবীকেই রবীন্দ্রনাথ লিখবেন, ছোটোবেলাকার জীবনটা আজ তাঁর কাছে 'জন্মান্তরের মত' ঠেকে।

জোড়াসাঁকোর সঙ্গে সম্পর্কটা এত দূরত্বময় হয়ে উঠেছিল বলেই, আমরা জানি, জীবনের অন্তত শেষ দশ বছর কবি কলকাতায় আসতেন নিতান্ত বাধ্যত, কাজের তাগিদে, সভা-সমিতি-বক্তৃতা উপলক্ষ্যে নিমন্ত্রিত হলেই কেবল। আর এসে, সাধারণত এড়িয়ে যেতেন জোড়াসাঁকোর বাড়ি, বেশিরভাগ সময়টা কাটত কলকাতা থেকে দূরে মফস্বলে নির্মলকুমারী-প্রশান্তচন্দ্র মহলানবিশের আতিথ্যে বেলঘরিয়ার 'গুপ্তনিবাস'-এ। কখনো কখনো এমনও হয়েছে, প্রশান্ত-নির্মলকুমারীর ব্যক্তিগত-অসুবিধার কারণে বেলঘরিয়ার আতিথ্য পাওয়া সম্ভব নয় জেনে ভেবেছেন কলকাতা যাওয়াটাকেই যদি বাতিল করে দেওয়া যেত। যেমন, ১৯৩৭ সালের ৪ অক্টোবর নির্মলকুমারীকে লেখা এক চিঠিতে সেই অসহায়তার সুরটি বিলক্ষণ টের পাওয়া যায়:

> মনে করচি ১০ই ১১ই তারিখে কলকাতার দিকে যাব। সে সময়ে তোমাদের বাড়ি নবদম্পতিদের ব্যবহারে নিযুক্ত থাকবে প্রশান্ত লিখেছিল—তাই আমার কথা লিখে

> তোমাদের চিন্তিত করত চাইনি। জোড়াসাঁকোর তেতলায় ঘর আমার পক্ষে দুর্ব্বব্যবহার্য [দুর্ব্যবহার্য] নয়, খোলা আকাশ খোলা বাতাস যথেষ্ট পাব। ... ভাঙ্গা শরীরটার জন্যে ছোটো খাটো কারণে এই একবার চিন্তার কারণ ঘটে নইলে কলকাতায় যাওয়া অনেকদিন পিছিয়ে দিতুম।[৬]

'দুর্ব্যবহার্য' শব্দটাই স্পষ্টত একটি অসহায় শব্দ। সৌজন্যবশত এবং নিরুপায় হয়ে ও শব্দ কবি ব্যবহার করেছেন বটে, কিন্তু তার পরের বাক্যেই বোঝা যাচ্ছে, উপায় থাকলে এ যাত্রা তিনি কলকাতা যাওয়া পিছিয়েই দিতেন। আমরা এই সূত্রেই বলেছিলাম যে, কবিজীবনের শেষ ৪০ বছরে জোড়াসাঁকো তাঁর কাছে কোনো ঘটমান বর্তমানের নাম নয়। কিন্তু কেন এরকমটি হতে পারল? কেন এতখানি দূরত্ব, এতটা প্রত্যাখ্যান? তার নানাকারণ থাকা সম্ভব, প্রাসঙ্গিক একটা কথা এখানে বলা যেতে পারে। জগদীশচন্দ্র বসুর পত্নী অবলা বসুর প্রতিষ্ঠিত 'নারী শিক্ষা মন্দির'-এ ১৯৪০ সালের ৩ জুলাই একটি ভাষণ দেন কবি, সেখানে কথায়-কথায় উত্থাপন করেন নিজের ছোটোবেলার জোড়াসাঁকোর পরিবেশের কথা।

> ছেলেবেলায় আমাদের বাড়ীতে দেখেছি, কত নিঃসহায় অনাথা আশ্রয় পেয়েছে। প্রকাণ্ড বাড়ীটি তাদের বসবাসে একেবারে পায়রার খোপের মত হয়ে উঠেছিল। ... তাদের অশিক্ষিত মন আত্মাবমাননাতে পূর্ণ হয়ে থাকত। তারা কখনও আত্মমর্যাদা অনুভব করতে পারেনি। ... তারা পরস্পরে ঈর্ষা করেছে, নিজেদের মধ্যে বিরোধ সৃষ্টির দ্বারা যত রকম কুচিন্তার প্রশ্রয় দিয়েছে। ... এর ফলে হয়েছিল বাড়ীময় অশান্তি, পরস্পরে গালাগালি কলহ বিবাদ। এতে করে বাড়ির আবহাওয়া একেবারে বিষাক্ত হয়ে উঠেছিল।[৭]

এইটা আমরা নিশ্চয়ই বলতে চাইছি না যে ঠিক এই অশান্তির কারণেই জোড়াসাঁকোর সঙ্গে রবীন্দ্রনাথের দূরত্ব তৈরি হল কালক্রমে,

কিন্তু বৃহৎ-পরিবারের অন্তর্গত যে জটিল পারিবারিক বিরোধ যৌথ পরিবারগুলিকে ভেঙে দিচ্ছিল উনিশ শতকের পর থেকেই, সেই বিরোধ যে জোড়াসাঁকোর আবহাওয়াকেও দূষিত করে দিচ্ছিল তাতে সন্দেহ থাকে না। আমরা যাকে বলছি 'দূষিত', রবীন্দ্রনাথ তাকেই বলেছেন 'একেবারে বিষাক্ত হয়ে' ওঠা। জোড়াসাঁকো তথা কলকাতাকে ভিতর থেকে প্রত্যাখ্যান করা শুরু করেছিলেন রবীন্দ্রনাথ, সে তাঁর প্রথম জীবনেরই কথা।

অবনীন্দ্রনাথের কাছে কিন্তু, কলকাতা এবং জোড়াসাঁকো, একেবারেই এরকমটি নয়।

দুই

অবনীন্দ্রনাথ তাঁর প্রায় সারাটা জীবন কাটিয়েছেন জোড়াসাঁকোয়। ১৯৪১ সালে যখন তাঁদের বিখ্যাত পাঁচ নম্বর বাড়িটি মাড়োয়ারি শিল্পপতিদের কাছে বিক্রি হয়ে যাচ্ছে তখন অবনীন্দ্রনাথ অসুস্থ, 'জোড়াসাঁকোর ধারে' বইতে সেই বেদনাময় মুহূর্তের কথা অবনীন্দ্রনাথ নিজেই জানিয়েছেন, 'তার পর অসুখে পড়লুম। সেই অবস্থাতেই শুনি দক্ষিণের বারান্দা বিকিয়ে গেছে মাড়োয়ারিদের হাতে। রোগী আমি, একটা মাস মেয়াদ পেয়েছি আর এ বাড়িতে থাকবার।' বাধ্যত জোড়াসাঁকো ছেড়ে উঠে যেতে হল শেষ বয়সে, চলে গেলেন বেলঘরিয়ার সেই 'গুপ্ত নিবাসে' যেখানে এতদিন ভাড়া থাকতেন প্রশান্তচন্দ্র-নির্মলকুমারী। ১৯৪৩ সালে বিশ্বভারতীর আচার্য-রূপে বৃত হবার পর বছর চারেক ছিলেন শান্তিনিকেতনে, তারপর আবার ফিরে আসেন বেলঘরিয়ায়। সেখানে ১৯৫১ সালে মৃত্যু হয় তাঁর।

শেষের এই দশ বছর বাদ দিলে, অবনীন্দ্রনাথ জোড়াসাঁকো ছেড়ে, কলকাতা ছেড়ে কার্যত যাননি কোথাও, তাঁকে জোর করেও বের করা যায়নি অনেক সময়। এ বাড়ির প্রায় সব সন্তানই বিদেশ গেছেন

কারণে অকারণে, অবনীন্দ্রনাথ দেশের বাইরে যাননি কোনোদিন। ১৯১৪ সালে প্যারিসে যখন তাঁরই ছবির প্রদর্শনী হচ্ছে, মুগ্ধ হয়ে যাচ্ছেন সেখানকার শিল্পরসিকরা, পুরস্কৃত হচ্ছে তাঁর ছবি, তখন তিনি বসে আছেন তাঁর দক্ষিণের বারান্দায়। ১৯১৬ সালে রবীন্দ্রনাথ যখন জাপান যাচ্ছেন, সম্ভবত তিনি নিয়ে আসতে চেয়েছিলেন অবনীন্দ্রনাথকেও, জাপানি শিল্পকলার সঙ্গে পরিচয় করিয়ে দেওয়ার জন্যে। কিন্তু রবিকাও সেকাজে সমর্থ হননি, আমরা জানি। জাপানে পৌঁছে, ১৯১৬-র ২৪ আগস্ট, একখানা চিঠিতে রীতিমতো বকুনি দিয়ে রবীন্দ্রনাথ লিখলেন সেই বিখ্যাত চিঠি:

> জাপানে যতই ঘুরলুম দেখ্‌লুম ক্রমাগতই বারবার এইটে মনে হল যে আমার সঙ্গে তোমাদের আসা খুবই উচিত ছিল। আমাদের দেশের আর্টের পুনর্জীবন সঞ্চারের জন্য এখানকার সজীব আর্টের সংস্রব যে কত দরকার সে তোমরা তোমাদের দক্ষিণের বারান্দায় বসে কখনই বুঝতে পারবে না। আমাদের দেশে আর্টের হাওয়া বয় নি, সমাজের জীবনের সঙ্গে আর্টের কোনো নাড়ির যোগ নেই-ওটা একটা উপ্‌রি জিনিস, হলেও হয় না হলেও হয়, সেইজন্যে ওখানকার মাটি থেকে কখনই তোমরা পুরো খোরাক পেতে পারবে না ... এখানে এলে তোমাদের চোখের উপর থেকে একটা মস্ত পর্দা খুলে যেত, তোমাদের অন্তর্যামিনী কলাসরস্বতী তাঁর যথার্থ নৈবেদ্য পেতে পারতেন। এখানে এসে আমি প্রথম বুঝতে পারলুম যে তোমাদের আর্ট ষোলো আনা সত্য হতে পারে নি। কি করব বল তোমরা ত কিছুতেই বেরবে না ... ।[৮]

এমন বকুনি বড়ো-বয়সে অবনীন্দ্রনাথ আর কখনো খেয়েছিলেন বলে তো মনে হয় না। কিন্তু তাতে যে বিশেষ ফল হয়েছিল এমনটি নয়। এর পরেও অবনীন্দ্রনাথ দক্ষিণের বারান্দার নিজস্ব স্টুডিও ছেড়ে কোথাও যেতে চাননি। তাঁরই সর্বার্থে-যোগ্য-শিষ্য নন্দলালকে পর্যন্ত রবীন্দ্রনাথ নিয়ে যেতে পেরেছিলেন চিন-জাপান বা দ্বীপময়

বহির্ভারতে, অবনীন্দ্রনাথ সদর্থেই ঘরকুণো, ঘরই তাঁর মুক্তির জায়গা। আমরা গোড়ায় উল্লেখ করেছিলাম কন্যা স্বরূপা দেবীকে লেখা অবনীন্দ্রনাথের একটি চিঠির, যেখানে তিনি বলছেন, 'কলকাতা ছেড়ে কোথাও নড়ছিনে'। সে চিঠিতে আরও কিছু আশ্চর্য কথা আছে, কলকাতার এক অ-পূর্ব বিবরণ। গোটা চিঠি-জুড়ে আছে তাঁর চারপাশে ঘটে চলা নাগরিক এবং আপাত-যান্ত্রিক কিছু ক্রিয়ার ছবি, আর তাকে অবনীন্দ্রনাথ মিলিয়ে দিচ্ছেন রোমান্টিক নস্ট্যালজিয়ার সঙ্গে। পরস্পর-বিরুদ্ধ দুটো ছবি মিলে গিয়েই অবনীন্দ্রনাথের নগর-প্রেম সেখানে গভীরতরভাবে স্পষ্ট হয়ে উঠছে। কলকাতা যে তাঁর শিল্পীসত্তার সঙ্গে আদ্যন্ত জড়িয়ে আছে, সে বিষয়ে এই চিঠির থেকে মোক্ষম প্রমাণ যেন আর হয় না। আমরা এখানে পরপর চারটে বাক্য উদ্ধৃতি দিচ্ছি, আলাদা করে, সেখানে সেই পরস্পরবিরুদ্ধতার তাজ্জব সম্মিলন জ্যান্ত হয়ে উঠেছে:

১। 'সকালে একটু একটু কুয়াশার মধ্যে দিয়ে বাড়িগুলোর উপর দেখছি রোদ আর ছায়া পড়েছে—দেখাচ্ছে ঠিক যেন পর্ব্বতের গায়ে আলোছায়ার ঝরণা ঝরছে।'

২। 'একটা চিমনি ধুঁয়া ছাড়ে আর মনে হয় যেন বনের মধ্যে কারা চড়ুইভাতি খেতে বসেছে।'

৩। 'ওধারে কোথায় একটা নতুন বাড়ি হচ্ছে—মজুরেরা ছাত পিটেছে—তালে তালে দুপ্ দুপ্ মনে হয় ঠিক যেন কাঠঠোকরা ডাকছে—কুব্ কুব্।'

৪। 'থেকে থেকে মটরগাড়ি ভোঁয়েও সুর বেজে যাচ্ছে—রামশিঙে।'

এখন, চিমনির ধোঁয়া দেখে যাঁর মনে পড়ে চড়ুইভাতির রান্নার কথা, মোটরগাড়ির হর্ন যাঁর কাছে রামশিঙের ধ্বনি, তাঁর দুনিয়া দেখে না-বেড়ালেও চলে হয়তো। কলকাতাকেই নিজের দুনিয়া বানিয়ে তুলতে পেরেছিলেন শিল্পাচার্য অবনীন্দ্রনাথ। 'বলাকা'-র ৪১ সংখ্যক কবিতায় রবীন্দ্রনাথ লিখেছিলেন বটে, “চিরদিবসের বিশ্ব আঁখিসম্মুখেই/

দেখিনু সহস্রবার/ দুয়ারে আমার”, কিন্তু এ কথা বোধকরি তাঁর থেকে বেশি করে তাঁর এই ঘরকুণো ভ্রাতুষ্পুত্রটির জীবনে অধিক করে সত্য হয়ে উঠেছিল। হয়তো উপরের সম্মিলনচেষ্টার সঙ্গে পাশাপাশি রেখে পড়া যায় রবীন্দ্রনাথের একটা চিঠিকে, ১৯৩৬ সালের ১৩ অক্টোবর, কলকাতা থেকে তড়িঘড়ি শান্তিনিকেতনে ফিরেই নির্মলকুমারীকে সেবার কবি জানিয়েছিলেন,

> নির্ম্মম কলকাতার নীরস হাওয়ায় প্রাণ হাঁপিয়ে উঠল। অত্যন্ত ক্লান্ত দেহে সকাল বেলায় বিছানা থেকেই সুধাকান্তকে বললুম, আনো ট্যাক্সি, চলো হাওড়ায়।[৯]

প্রায় যে সময়ে দাঁড়িয়ে শহর কলকাতায় একজন দেখতে পান ‘পর্ব্বতের গায়ে আলো ছায়ার ঝরণা’, সেই সময়েই আর-একজনের কলকাতাকে মনে হয় ‘নির্ম্মম আর নীরস’, দেখার এই পার্থক্যকে তখন আর কোনোমতে অস্বীকার করা যায় না। আর সেই কারণেই, অবনীন্দ্রনাথ যখন ভ্রমণকাহিনিও লিখতে যান, সেখানেও মুখ্য ‘চরিত্র’ হয়ে ওঠে তাঁর কলকাতাই। ‘পথে বিপথে’ বইটি এই অর্থেই বাংলা সাহিত্যের অনাস্বাদিতপূর্ব এক ভ্রমণকথা, কলকাতার মানুষ কলকাতাকে জড়িয়েই গড়ে তুলছেন নিজস্ব উড়ানের সাতমহলা! ‘জোড়াসাঁকোর ধারে’ বইতে রানী চন্দকে অবনীন্দ্রনাথ বলেছিলেন ‘পথে বিপথে’ বইটি তৈরি হয়ে ওঠবার পূর্বপটটি।

> গঙ্গার উপরে সে বয়সে কত হৈ-চৈই না করতুম। সঙ্গীসাথীও জুটে গেল। গাইয়ে বাজিয়েও ছিল তাতে। ভাবলুম, এ তো মন্দ নয়। গানবাজনা করতে করতে আমাদের গঙ্গা ভ্রমণ জমবে ভালো। ... বেশিরভাগ স্টিমারে যারা বেড়াতে যেত তারা ছিল রুগির দল। ... আর থাকত আপিসের কেরানিবাবুরা, কলকাতার আশপাশ থেকে এসে আপিস করে ফিরে যায় রোজ। ... পথে বিপথের জাহাজী গল্পগুলি

> আমি তখনই লিখি। স্টিমারের সেইসব ক্যারেকটারই গেঁথে দিয়েছি তাতে।

কলকাতার সঙ্গে অবনীন্দ্রনাথের এই আন্তরিক এবং চিরকালীন যোগাযোগের কথাটি মনে রাখলে আর-একটি জরুরি বিষয়ও খুব স্পষ্ট করে বুঝে নেওয়া যায়।

তিন

রবীন্দ্রনাথ যখন তাঁর আত্মকথাগুলি লেখেন, তখন আসলে তিনি কী লেখেন? লেখেন স্মৃতি। সেই স্থান-কালের স্মৃতি যেখানে তিনি আর বসবাস করেন না। যেটা তাঁর 'জন্মান্তর'। যে কলকাতার তিনি বিবরণ দিতে থাকেন, তা সর্বার্থেই তাঁর ফেলে-আসা কলকাতা, এমন একটা স্থান যেখানে আর কোনোদিন তাঁর পক্ষে পৌঁছানো সম্ভবই না। তিনি 'এখনও' একটা কলকাতায় মাঝে মাঝে যান বটে কিন্তু সে জায়গা আর 'জীবনস্মৃতি' কিংবা 'ছেলেবেলা'-র কলকাতা আসলে দুটি সমান্তরাল ও স্বতন্ত্র মহাবিশ্বে অবস্থান করে, তাদের কখনো দেখা হয় না। ঠিক এইকারণেই রবীন্দ্রনাথের অতীতচারণে জড়িয়ে থাকে এক আশ্চর্য মায়া। রবীন্দ্রনাথের লেখা হয়ে উঠতে থাকে মেদুর ও মায়াবী। কিন্তু অবনীন্দ্রনাথের আছে এক ধারাবাহিক কলকাতা, অতীত আর বর্তমানকে জড়িয়ে যে গোটা কলকাতা সেখানেই তাঁর চির-বাস। সে কারণেই অতীতের কলকাতার কথা যখন তিনি লিখতে বসেন তিনি হয়ে পড়েন তুলনায় নৈর্ব্যক্তিক ও নিস্পৃহ, অনুপুঙ্খের বিবরণে অনেক বেশি-সমৃদ্ধ। কেউ আমাকে ভুল বোঝার আগে এইটে পরিষ্কার করে বলা যাক যে, আমি নিশ্চয়ই এমনটা বলতে চাইছি না যে অবনীন্দ্রনাথের লেখায় কোনো মায়া নেই আর রবীন্দ্রনাথের লেখায় নেই কোনো অনুপুঙ্খ বিবরণ। আমি কেবল বলতে চাইছি, একে-অন্যের তুলনায়, অবনীন্দ্রনাথের লেখা অনেক বেশি ফোটোগ্রাফিক, রবীন্দ্রনাথের লেখা অধিকতর শৈল্পিক এবং সেটা অনেকখানি, দুজনের

কলকাতাকে 'দেখা'-র ধরনের তফাতের কারণেই ঘটে যেতে থাকে। আমি বিনয়ের সঙ্গে এ-ও বলতে চাইছি যে, উনিশ শতকের (বা বিশ শতকের গোড়াকার) কলকাতার ডকুমেন্টরি হিসেবে অবনীন্দ্রনাথের লেখাকেই আমার অধিকতর জ্যান্ত ও জরুরি বলে মনে হয়।

ধরা যাক, 'ঘরোয়া' বইতে অবনীন্দ্রনাথ বললেন তাঁর কর্তাদাদামশায়ের গল্প। কর্তাদাদামশাই মানে দেবেন্দ্রনাথ ঠাকুর। গভীর শ্রদ্ধাভরে এই মানুষটির নানা ব্যক্তিগত-মূর্তি গড়ে তুলবেন অবনীন্দ্রনাথ, কখনো তিনি ধ্যানী, কখনো বিলাসী, কখনো-বা আমুদে, কখনো স্থৈর্যশীল। গায়ের চামড়ায় আঘাত লাগবে বলে যে দেবেন্দ্রনাথ 'তোয়ালে দিয়ে গা রগড়াতেন না', তাঁর জন্যে আনা হত 'মসলিনের থান', সেটাই কেটে কেটে স্নানঘরে গামছার মতো ব্যবহার করা হত, এই চমৎকার ছবিটি কি রবীন্দ্রনাথের কোনো লেখায় পাওয়া সম্ভব ছিল আদৌ? রক্তমাংসের মানুষ হিসেবে আমরা সবাই যে-সব ছোটো ছোটো বাতিক, নেশা, অভ্যাসের সমাহারে জ্যান্ত হয়ে উঠি, 'মহর্ষিদের'-ও কি সেসব থাকে? কিংবা 'জমিদার'-দের? অথবা 'পিতা'-দের? রবীন্দ্রনাথের স্মৃতিবিবরণ থেকে সবসময় এর সদুত্তর পাওয়া কিন্তু মুশকিল। অবনীন্দ্রনাথ কিন্তু আমাদের জানিয়ে দেন বিচিত্র সব ব্যক্তিগত দেবেন্দ্রনাথের গল্প, "কর্তাদাদামশাই এদিকে আবার পিটপিটেও ছিলেন খুব।" কেমন সেই পিটপিটেমি? তাঁকে দেখতে এসেছেন ইংরেজ ডাক্তার। যাবার সময় করমর্দনের জন্যে হাত বাড়িয়ে দিলেন তিনি, দেবেন্দ্রনাথও স্বাভাবিক সৌজন্যে 'থ্যাঙ্ক ইউ ডাক্তার' বলে বাড়িয়ে দেন হাত। হাত মিলিয়ে চলে যান ডাক্তার। তারপর বাড়ির লোক খেয়াল করেন, দেবেন্দ্রনাথের বাড়ানো হাত আর নামছে না। পাঁচটা আঙুল ফাঁক করে হাতটা সোজা করে রেখে দিয়েছেন! কী ব্যাপার হল? শক লাগল নাকি? বাড়ির পরিচারকেরা অবশ্য জানত ব্যাপারখানা কী। "তারা তাড়াতাড়ি ফিংগারবোলে করে জল এনে কর্তাদাদামশায়ের হাতের কাছে এনে ধরতেই তার মধ্যে আঙুল ডুবিয়ে ভালো করে ধুয়ে তোয়ালে দিয়ে বেশ করে মুছে

তবে ঠিক হয়ে বসলেন।” সবই ব্রহ্মের প্রকাশ বটে, তাই বলে ম্লেচ্ছর স্পর্শ বলে তো জগতে একটা ব্যাপার আছে, নাকি! ব্যক্তিগত এই বিচ্ছুরণ-রেখার সৃষ্টিতে অবনীন্দ্রনাথ সত্যিই তুলনাহীন।

যেমন তাঁর কর্তাদাদামশাই, তেমনি তাঁর ছোটোকর্তা। ছোটোকর্তা হলেন রমানাথ ঠাকুর, দ্বারকানাথের বৈমাত্রেয় ভাই, কয়লাঘাটা ঠাকুরবাড়ির প্রতিষ্ঠাতা। জোড়াসাঁকোর পাঁচ নম্বর বাড়ির সঙ্গে এঁর ছিল নিবিড় সম্পর্ক। আশ্চর্য সব টুকরো টুকরো ছবির কোলাজে অবনীন্দ্রনাথ প্রাণ প্রতিষ্ঠা করে দেন অতীত দিনগুলোর, ‘আপন কথা’ বই থেকে আমরা তিনটি ছিন্নচিত্রের বিবরণ এখানে জড়ো করছি:

> চিত্র ১. সেকালে বড়ো বড়ো পাথরের গোল টেবিলের বাঁকা পায়াগুলো সইতে পারতেন না ছোটোকর্তা। এক চাকরকে প্রত্যহ তোয়ালিয়া দিয়ে টেবিলের পায়া তিনটেকে ঘোমটা পরিয়ে রাখতে হতো, এবং সর্বদা নজর রাখতে হতো তোয়ালিয়া বাতাসে সরে পড়লো কিনা।
>
> চিত্র ২. ছেলেবেলা থেকে ছোটোকর্তার পা না টিপলে ঘুমই আসত না, সেজন্যে ছিল বিশেষ চাকর, যার হাত পরীক্ষা করে ভর্তি করা হতো কাজে কড়া হাত না হয়।
>
> চিত্র ৩. সব চেয়ে শক্ত কাজ তার—যাকে বারোমাসই ছোটোকর্তার আচমনে জল দিতে হতো। কর্তার অভ্যাস ছেলেবেলা থেকেই—এক আঁজলা জল চাকরের গায়ে ছিটোতে হবে।

উনিশ শতকের কলকাতাবাসী অনুপস্থিত-জমিদারদের বিচিত্র শখ-আহ্লাদ-খেয়ালের ডকুমেন্ট যেন ধরা থাকে এইসব ছবিতে। বিশেষ এক ব্যক্তি নন, একটি পরিবার নয়, গোটা উনিশ শতকের বাবুকলকাতাই যেন আমাদের সামনে তার সত্যমূর্তি নিয়ে হাজির হয়ে পড়ে।

এখন, কথা হল, দেবেন্দ্রনাথ তো ছ-নম্বর বাড়ির মানুষ, রমানাথও কয়লাঘাটার বাসিন্দা। অবনীন্দ্রনাথ কি তাঁর নিজের বাড়িকে—পাঁচ নম্বরকেও—দেখতে পারবেন একইরকম

নির্মোহে? এই কৌতূহলের সামনে দাঁড়িয়ে আমাদের মনে পড়ে যায়, নিজের বাবামশায়ের কথা বলতে গিয়েও অবনীন্দ্রনাথ একইরকম মজার সঙ্গে এবং একইরকম শ্রদ্ধার সঙ্গেও বটে, হাজির হন তাঁর উজ্জ্বল অনুপুঙ্খের ভাণ্ডার নিয়ে। 'জোড়াসাঁকোর ধারে' বইতে যেমন আমাদের শোনাবেন এইরকম গল্প।

> বাবামশায়ের আদরের কুকুর কামিনী। কী তার আদরযত্নের ঘটা! কামিনীর জন্য আলাদা চাকর মেথর। ... ছোট্ট ছোট্ট একজোড়া পোষা বাঁদরও আচে বাবামশায়ের। কত তাদের আদরই বা। গ্রেট ঈস্টার্ন হোটেল থেকে বাঁদরের জন্য স্পেশাল লাল টুকটুকে চেরি আসে চিনি-মাখানো। বাবামশায় একটি একটি করে ওই চেরি খাওয়ান তাদের। দেখে হিংসেয় জ্বলে মরি। ভাবি ওই চেরিগুলো নিজেরা যদি খেতে পাই, আঃ।

এই কথাগুলো অনায়াসে বলে যেতে পারেন কী করে অবনীন্দ্রনাথ? পারেন, কেননা তিনি যে জোড়াসাঁকোর কথা বলছেন সেই জোড়াসাঁকো তাঁর কাছে 'অলীক' হয়ে ওঠেনি কখনোই, এত 'দূরের' হয়ে যায়নি যে ছায়াচ্ছন্ন বেদনার পথ বেয়ে সেখানে যাওয়া ছাড়া অন্য কোনো পথ আর নেই! জোড়াসাঁকো অবনীন্দ্রনাথের কাছে আদ্যন্ত বর্তমানেরই নাম বলে তাকে আড়াল দিয়ে লুকিয়ে যাওয়ার কোনো চেষ্টাই তিনি করেননি।

উল্টোদিকে রবীন্দ্রনাথের জোড়াসাঁকোকে দেখুন। দেখুন ৬নং বাড়ির চেহারাকে। 'জীবনের ঝরাপাতা' বইতে সরলা দেবী যে বেদনাময় বিবরণ দিয়ে গেছেন এই বাড়িটির, সে তো রবীন্দ্রনাথের জীবৎকালেরই গল্প:

> সেজমামার [=হেমেন্দ্রনাথ] ছোটোছেলে ঋতুদাদার [=ঋতেন্দ্রনাথ] অংশ একজন মারোয়াড়ীর কাছে বিক্রীত। ... ১১ই মাঘের উপাসনা ও গান যখন চলছে ঠিক সেই

> সময় সেই অংশের ছাদ ও খড়খড়ি বেয়ে মাড়োয়ার গিন্নীর উনুন জ্বালান ধোঁয়া ও ফোড়নের গন্ধ উঠানে চলে আসে। আর নীচের তলায় উঠানের গায়ে সঙ্গলগ্ন বাড়ির ভিতরমুখো সব অন্ধকেরে ঘরগুলি খোট্টা ও দেশ-বিদেশী ভাড়াটেতে ভরা।[১০]

এ হেন মৃতবৎ জোড়াসাঁকোয় আসতে তাঁর আর ভালো লাগে না, এ কথা রবীন্দ্রনাথ তাঁর নিকটজনদের যে কতবার জানিয়েছেন তার ইয়ত্তা নেই। তার চেয়েও বড়ো কথা, জীবনের শেষপর্যায়ে এসে রবীন্দ্রনাথ নিজেই যে তাঁর-অংশের জোড়াসাঁকোর বাড়ি বিক্রি করে দিতে চেয়েছিলেন, সে কথাও কি ভুলে যাওয়া যায়? ১৯৩৪ সালের ১৯ মার্চ ছেলে রথীন্দ্রনাথকে রবীন্দ্রনাথ তো স্পষ্টভাবেই জানিয়েছিলেন,

> তুই জোড়াসাঁকোর বাড়ি সম্বন্ধে যে প্রস্তাব করেছিস ভেবে দেখলুম ঐটেই একমাত্র পথ। দায়ে পড়ে বাড়ি বিকিয়ে দেওয়ার চেয়ে ইচ্ছেপূর্ব্বক দেওয়া অনেক ভালো। অতএব অবিলম্বে এই প্রস্তাবটা পাকা করে দিস্।[১১]

ঠিক এই সময়টা, ৬ নম্বরের জড়ত্বময় বাড়িটার পাশেই ৫ নং বাড়ি কিন্তু আগলে বসেছিলেন অবনীন্দ্রনাথরা, সেখানে তখনও বয়ে যাচ্ছিল ঠাকুরবাড়ির নিজস্ব প্রাণের প্রবাহ। বিত্তের অভাব তখন প্রকট হয়েছে বটে কিন্তু চিত্তের অভাবে সর্বস্বান্ত হয়ে যায়নি সবটা। 'দক্ষিণের বারান্দা' বইতে মোহনলাল গঙ্গোপাধ্যায় তার অসামান্য বিবরণ আমাদের জানিয়ে গেছেন। জোড়াসাঁকোকে রবীন্দ্রনাথের যখন মনে হচ্ছে 'নির্মম', তখন অবনীন্দ্রনাথ নাতিনাতনিদের সঙ্গে বাড়ির উঠোনে পাখি ধরার খেলায় মেতে আছেন। "আমাদের নাওয়া-খাওয়া ঘুচে গেল", লিখছেন মোহনলাল,

সারাদিন কেবল সাদা বুলবুলির পিছনে। অপেক্ষা করছি তো অপেক্ষাই করছি। ... খাঁচার দরজা খুলে বসে থাকতুম আমরা।

শীতকালের সারা দুপুর 'সামার হাউস'-এই কেটে যেত। দাদামশাই আমাদের সঙ্গে। কিন্তু বুলবুলি ধরা দিত না।[১২]

'দাদামশাই', বলাবাহুল্য, অবনীন্দ্রনাথ ছাড়া আর কে হবেন!

অবশ্য, আমরা আগেই বলেছি, সেই অবনীন্দ্রনাথকেও জীবনের শেষ দশবছর কাটাতে হয়েছে জোড়াসাঁকোর বাইরে। ১৯৪১ সালের শেষ যেদিন জোড়াসাঁকো ছেড়ে চলে আসছিলেন তিনি, বসে পড়েছিলেন বারান্দার মেঝেতে। দু'দিকে দু-হাত বিছিয়ে শেষবারের মতো স্পর্শ করে নিচ্ছিলেন তাঁর ভালোবাসার মাটিকে।[১৩] এই ভালোবাসা চিরকালীন, তাকে ছেড়ে যেতে কষ্ট হয়। শেষে আর একটি কথা। জোড়াসাঁকোর ৬ নম্বর বাড়িকে দখলদারদের হাত থেকে উদ্ধার করে সংরক্ষণ করে রাখা হয়েছে সংগতভাবেই। অন্যদিকে ৫ নম্বরকে রাখা যায়নি। অবনীন্দ্রনাথ বেঁচে থাকতে থাকতেই দেখে গিয়েছিলেন তাঁর বাড়িতে পড়ছে গাঁইতির আঘাত, সে আঘাত বেজেছিল তাঁর হৃদয়ে। এ অন্যায়ের দায় বাঙালি জাতিকে চিরকাল বহন করে যেতে হবে। তবে সে অন্যায়ের কিছুটা স্খলন হতে পারে যদি আমরা অবনীন্দ্রনাথের একটা বড়োমাপের পূর্ণাঙ্গ জীবনী লিখে উঠতে পারি। সে কাজ যে এতদিনে করে ওঠা যায়নি, সে ভারি লজ্জার। আমাদেরই মধ্যে কেউ, কিংবা অনেকে মিলে আমরা, সে কাজে হাত দেব, এই আশা রেখে আমার কথা শেষ করছি।

সকলকে নমস্কার।

উল্লেখপঞ্জি

অবনীন্দ্রনাথের ঘরোয়া, জোড়াসাঁকোর ধারে এবং আপন কথা বই তিনটির জন্যে ব্যবহার করা হয়েছে 'প্রকাশ ভবন' প্রকাশিত অবনীন্দ্র রচনাবলী-র প্রথম খণ্ডটি। বহুপঠিত এই বই তিনটি থেকে উদ্ধৃত অংশগুলো সকলেই খুঁজে নিতে পারবেন, এই ভরসা করি। অন্যান্য উদ্ধৃতির সূত্র নীচে জানানো হল।

১. সুধাংশুশেখর মুখোপাধ্যায় সম্পাদিত, অবনীন্দ্রনাথ ঠাকুরের রচনাসংগ্রহ ১, কলকাতা: দে'জ জানুয়ারি ২০১৫, পৃ. ২৭৭

২. রবীন্দ্রনাথ ঠাকুর, পিতৃস্মৃতি, কলকাতা: জিজ্ঞাসা পাবলিকেশন্স্, ১৩৯৫, পৃ. ২৫
৩. প্রফুল্লময়ী দেবী, 'আমাদের কথা', স্মৃতিলেখায় রবীন্দ্রনাথ, সমীর সেনগুপ্ত সম্পাদিত, কলকাতা: পরম্পরা মে ২০১১, পৃ. ৮২
৪. রবীন্দ্রনাথ ঠাকুর, চিঠিপত্র প্রথম খণ্ড, কলকাতা: বিশ্বভারতী, বৈশাখ ১৪০০ বঙ্গাব্দ, পৃ. ৪০—৪১
৫. প্রাগুক্ত, ৪০—৪১
৬. সাগরময় ঘোষ সম্পাদিত, দেশ, ১৩ মাঘ ১৩৬৮, পৃ. ১১৭৮
৭. চিত্তরঞ্জন বন্দ্যোপাধ্যায় সম্পাদিত, রবীন্দ্র-প্রসঙ্গ আনন্দবাজার পত্রিকা, ৩য় খণ্ড, কলকাতা: আনন্দ, জানুয়ারি ১৯৯৬, পৃ. ১০২
৮. বিজন ঘোষাল সম্পাদিত, রবীন্দ্রপত্রাভিধান ৩, কলকাতা: পত্রলেখা, জুন ২০১৪, পৃ.১১৭
৯. সাগরময় ঘোষ সম্পাদিত, দেশ, ১৪ পৌষ ১৩৬৮, পৃ. ৭৮৭
১০. সরলাদেবী চৌধুরাণী, জীবনের ঝরাপাতা, কলকাতা দে'জ, পৃ. ৭৪-৭৫
১১. রবীন্দ্রনাথ ঠাকুর, চিঠিপত্র দ্বিতীয় খণ্ড, কলকাতা: বিশ্বভারতী, শ্রাবণ ১৪১৯ বঙ্গাব্দ, পৃ. ২১৯
১২. মোহনলাল গঙ্গোপাধ্যায়, দক্ষিণের বারান্দা, কলকাতা: বিশ্বভারতী, শ্রাবণ ১৪০৬ বঙ্গাব্দ, পৃ. ৩২-৩৩
১৩. প্রাগুক্ত, পৃ. ৩২-৩৩

বাঙালি 'ভদ্রলোক' ও বুদ্ধদেব বসুর ছোটোগল্প

'রজনী হলো উতলা' খুবই উতলা করে তুলল সজনীকান্তকে।

এতদূর যে, খোদ রবীন্দ্রনাথকে একটা মস্ত বড় চিঠির নালিশ ঠুকে দিলেন তিনি, কেননা তাঁর মনে হল 'কোনো প্রবলপক্ষের তরফে এর প্রতিবাদ বের হওয়ার একান্ত প্রয়োজন আছে।' প্রবলপক্ষ এ চিঠির উত্তর দিলেন দু'দিনের মাথায়, তবে নিতান্ত দায়সারা। জানালেন, যেটুকু 'আধুনিক সাহিত্য' চোখে পড়ে তাতে দেখতে পান 'হঠাৎ কলমের আব্রু ঘুচে আছে', কিন্তু সত্যি কথা বলতে কী, এ-নিয়ে 'এখন বাগবাত্যার ধূলো দিগ্‌দিগন্তে ছড়াবার সখ একটুও নেই' তাঁর।

'শনিবারের চিঠি' ১৩৩৪ ভাদ্র সংখ্যায় নিজের চিঠি আর রবীন্দ্রনাথের উত্তরটি ছেপে দিলেন সজনীকান্ত দাশ।

রবীন্দ্রনাথের উত্তরটা ছিল মামুলি আর দায়সারা, সজনীকান্ত নিশ্চয় এ চিঠি পেয়ে আশাহত হয়েছিলেন। কিন্তু তাতেও, গায়ে যার বাজার, বাজল। 'প্রগতি'-তে (১৩৩৪ কার্তিক) একটা কড়া উত্তর দিলেন তিনি।

> আব্রু ঘুচে যাওয়ার বিরুদ্ধে কী সাহিত্যিক কারণ আছে তা রবীন্দ্রনাথ জানালেও পারতেন। সে কি এই যে, ভদ্র শ্রেণী – উপন্যাসের নায়ক-নায়িকা হওয়া এতকাল যাঁদের একচেটে সৌভাগ্য ছিলো – ও নিম্নস্তরের লোকের মধ্যে

> সাহিত্যের দিক দিয়ে যে-ব্যবধান এতকাল ছিলো, তা হঠাৎ খসে গেছে; ... গোগোলের আমলে রুশীয় নাটক-নভেলে উচ্চপদস্থ রাজকর্মচারি ভিন্ন কোনো লোক স্থান পেতো না; সেই ব্যবধান লঙ্ঘন করে চেহ্‌হব গর্কী নিশ্চয়ই মহাপাতক করেছেন। যুবনাশ্বের গল্প যে ভালো নয়, তার একমাত্র কারণ কি এই যে, তাঁর চরিত্রগুলি পুরানো আমলের জমিদার বা বালীগঞ্জ-নিবাসী ব্যারিস্টার নয়?

প্রসঙ্গত উল্লেখ্য, রবীন্দ্রনাথের উদ্দেশে এই তীব্র (অবশ্যই আব্রু-হীন নয়) কথাগুলি যিনি প্রয়োগ করেছেন তাঁর বয়স তখন সবে আঠারো।

কথাগুলো বিস্ময়কর। নিজের গল্প লেখা নিয়ে রবীন্দ্রনাথের মনে একধরনের তৃপ্তি ছিল যে বাঙালি লেখকদের মধ্যে তিনিই প্রথম 'বাঙালী সমাজের বাস্তব জীবনের ছবি' আঁকতে পেরেছেন। সে তৃপ্তিকে, দেখা যাচ্ছে, বুদ্ধদেব বসু খুব একটা আমল দিচ্ছেন না। কিন্তু তার থেকেও বড় কথা আমাদের এ নিবন্ধের পক্ষে যেটা প্রাসঙ্গিক— তাহলে কি ওই একচেটে সৌভাগ্যবান 'ভদ্র' শ্রেণি নিরপেক্ষ কোনো সাহিত্যবোধে নিজেকে অঙ্গীকার করে দিচ্ছেন বুদ্ধদেব, ওই আঠারো বছর বয়সে? পরবর্তী প্রায় পঞ্চাশ বছরের লেখালেখি ঠিক কী সাক্ষ্য দেয়। বুদ্ধদেবের এই রবীন্দ্র-সমালোচনাকে সামনে রেখে একবার তাই পড়া যেতে পারে বুদ্ধদেবেরই ছোটোগল্পগুলি।

দুই

> ছ-বছর আগে আমি যখন প্রথম কলকাতায় যাই, তখনো আমাদের সেখানে বাড়ি হয়নি। কাজে-কাজেই ভবানীপুরের এক ব্যারিস্টারের আতিথ্য স্বীকার করতে হ'লো। বাবার সঙ্গে ওঁদের পুরোনো বন্ধুত্ব ছিলো।

বুদ্ধদেব বসুর গল্পগুলো খানিকটা কালানুক্রমে পড়তে গিয়ে প্রথম

ধাক্কাটা লাগে এইখানে, উপরে উদ্ধৃত তিনটে বাক্যে। বাক্যগুলো খোদ 'রজনী হলো উতলা' থেকে নেওয়া। সে গল্পের নায়ক ('আমি') এভাবে নিজের পরিচয় দেয় সেখানে। কলকাতায় তার 'তখনো' বাড়ি হয়নি, মানে, পরে হবে। আর, ভবানীপুরের ব্যারিস্টার তার বাবার 'পুরোনো বন্ধু'। সর্বনেশে পরিচয়, কেননা, এই রে, তার বাবা আবার ঢাকার ব্যারিস্টার নন তো? বুদ্ধদেবের রবীন্দ্র-প্রত্যুত্তরকে আমরা বলেছিলাম 'বিস্ময়কর'। বিস্ময়কর, কেননা বালিগঞ্জ আর ভবানীপুরের (বা ঢাকার) দূরত্বকে কি এতই অলঙ্ঘ্যনীয় মনে করতেন বুদ্ধদেব বসু?

'রজনী হল উতলা'-র পর বুদ্ধদেবের গল্প লেখায় অবশ্য দৃশ্যত একটা বদল চোখে পড়ে। তাঁর গল্পের নামকরণ হয়ে উঠতে থাকে একান্ত বেরঙিন ও অ-রোম্যান্টিক, যেন নিতান্ত তাড়াহুড়োয় যা-হোক একটা বসিয়ে দেওয়া, উপন্যাসে 'যেদিন ফুটলো কমল', 'তিথিডোর', বা 'রাত ভ'রে বৃষ্টি'-র পাশাপাশি মনে করা যাক এইসব গল্প নাম, 'সুপ্রতিম মিত্র', 'মা, বোন, ভাই', 'একটি জীবন', 'একটি লাল গোলাপ', 'আমি, অমিতা সান্যাল' কিংবা নিছক 'প্রেমপত্র'! খুব পরিশ্রমী বাছাইয়ের পর যে এইসব নাম খুঁজে নেওয়া হল তা নয়, বুদ্ধদেবের গল্পপাঠক মাত্রই টের পাবেন তাঁর গল্পনামের এই আশ্চর্য নির্ভারতা।

আশ্চর্য, কেননা, তাঁর গল্পগুলো যে প্রকৃত পক্ষে ঠিক ততটাই সহজতা আত্মস্থ করে নিল তা কিন্তু মোটেই নয়। 'সহজতা' কথাটা একটু ব্যাখ্যাসাপেক্ষ। বুদ্ধদেবের গদ্যভঙ্গিমার বিবরণ দিতে গিয়ে শঙ্খ ঘোষ লিখেছিলেন এইসব বিশেষণ, "স্বতশ্চালিত স্রোতের মতো বেগবান, লাবণ্যময়, তরঙ্গভঙ্গিল।" আর তাঁর মনে হয়েছিল সে গদ্যের প্রাবল্যে "হতভাগ্য পাঠককে তিনি আয়ত্ত করে ফেলেন ভাষারই আপ্যায়নে, প্রবলজোরে তাকে ভাসিয়ে নিয়ে যান আপনস্রোতের অনুকূলে।" 'ছন্দোময় জীবন' বইতে শঙ্খ ঘোষ একথা বলেছিলেন অবশ্য প্রাবন্ধিক বুদ্ধদেবকে লক্ষ করে, কিন্তু সামগ্রিকভাবে

কথাসাহিত্যিক বুদ্ধদেবের গদ্যচালও এইরকমই সর্বগ্রাসী। ফলে, গল্পনামগুলো যখন ওইরকম প্রতিহত-করা মামুলি হতে পারে তখন গল্পভাষার সেই একই প্রাবল্য, কিংবা একটু বেশিই হবে, পাঠককে আরও সদর্থে দিশেহারা করে দেয়।

কিন্তু, ভাষার এই বৌদ্ধ তরঙ্গমালার বাইরে দাঁড়িয়ে তাঁর গল্পে অন্য ভাষাভঙ্গির দেখা পাওয়া কি সম্ভব ছিল? এ প্রশ্নের উত্তর খুঁজতে আমাদের গল্পের বিষয়ের দিকে তাকাতে হয়, আর তখন খুব আলগা পাঠকও খেয়াল করতে পারে যে, বুদ্ধদেবের গল্প, প্রধানত 'ভদ্রলোক'-এরই কাহিনি।

কিন্তু, কাকে বলছি আমরা 'ভদ্রলোক'? ঠিক চলিত অর্থ নয়, এ নিবন্ধে একটি সুনির্দিষ্ট বৈশিষ্ট্যে ব্যবহার করা হল এই শব্দ। 'ভদ্রলোক' বলতে আমরা এক্ষেত্রে বোঝাতে চাইছি শহুরে, মধ্যবিত্ত (বা উচ্চ-মধ্যবিত্ত), হিন্দু, বুদ্ধিজীবী শ্রেণিকে। এই চারটি বৈশিষ্ট্যকে এবার আলাদা করে দেখে নেওয়া যাক।

বুদ্ধদেবের অধিকাংশ গল্প যে কলকাতা বা ঢাকায় বেড়ে উঠে স্বস্তি লাভ করে, সে খবর অনেকেই রাখেন। এই দুটো শহরের বর্ণনায় যেন তাঁর গদ্যভাষার সমস্ত নির্ঝর খুলে যায়, সমস্ত আবেগ কেঁপে ওঠে শেষ বিকেলের হাওয়ার মতো মনকেমনের ছন্দে। গ্রামীণ রূপকলার অনেক মনোহর বিবরণ বাংলা সাহিত্য দেখেছে, কিন্তু শহরের যন্ত্রণা আর প্রেম, আশ্লেষ আর মনকেমন-এর এত আশ্চর্য রেখালেখ্য বুদ্ধদেবের আগে-পরে অন্য কোথায় মিলবে আর? ধরা যাক, 'একটি লাল গোলাপ' গল্পের এই রোম্যান্টিক এসপ্ল্যানেড—

> এসপ্ল্যানেডের মোড়ে এসে প্রতাপ একটু দাঁড়ালো। কার্জন পার্ক পার হ'য়ে তার চোখ গেল চৌরঙ্গিতে, নানারঙের আলো-গাঁথা মালা, যুদ্ধের পর জেল্লা ফিরেছে, ডাকছে ঝলমল ক'রে এসো এসো, এসো এসো—নেশার মতো লাগলো প্রতাপের। ... একশো-আলো-জ্বলা মেট্রো-সিনেমার তলায় আশ্চর্য ভিড়। ... হাজার হাজার গাড়ি ছুটছে

> পথ জুড়ে আনন্দের খোঁজে; হাজার দোকানে আনন্দের পশরা সাজানো। এসো। এসো, এসো। ... আছে, সে-ও আছে, তারও আছে, এই আনন্দ তারও, একশো-আলো-জ্বালা সিনেমা-তলার মতো উজ্জ্বল জীবন—এও তার।

কারোর যদি মনে হয়, এ হল নিপাট ভোগবাদের হাতছানির বিবরণ, তাকে মনে করিয়ে দেব 'একটি সকাল ও একটি সন্ধ্যা'-র সেই অলৌকিক সকাল, এবার অবশ্য কলকাতা নয়, ঢাকা—

> আজ আকাশ কূলে কূলে নীল, কানায় কানায় উজ্জ্বল, দিগন্ত থেকে দিগন্ত অবারিত। ... তীব্র তপ্ত রোদ্দুরে পৃথিবী ভেসে যাচ্ছে, সে-তাপে তেজ আছে, ক্লেশ নেই, কেননা হাওয়া এখনো গরম হয়ে উঠতে পারে নি, কালকের বৃষ্টির স্পর্শটুকু এখনো সে ছড়িয়ে দিচ্ছে পৃথিবী ভ'রে। ... এর মদির আনন্দময় মূর্তিটি পরিপূর্ণ করে অন্য কোথাও কি প্রকাশিত হতে পারতো, যেমন হয়েছে এই ঢাকায়, পুরান পল্টনে?

জোড়া উদ্ধৃতির একঘেয়েমি সত্ত্বেও, ঢাকা বা কলকাতাকে নিয়ে বুদ্ধদেবের তীব্র ও উচ্চকিত আবেগ চোখ এড়িয়ে যাওয়ার উপায় নেই। উপায় নেই বুদ্ধদেবের গল্পে মধ্যবিত্ত-নির্ভরতাকে অস্বীকার করারও। তাঁর যে-গল্পের নাম হয় 'ফেরিওলা', সে-গল্পেও কিন্তু ঠিক ফেরিওলার জীবনযাপনের কোনো বিবরণ ধরা থাকে না, বরং হয়ে ওঠে নীলিমা-শান্তনুর মধ্যবিত্ত চাওয়া-পাওয়ার উদ্ভাস। 'প্রশ্ন' গল্পে অসুস্থ সন্তানের শিয়রে দাঁড়িয়ে ভবকুমারের মনে হয়েছিল, "সানুকে কি মানায় এ-রকম বড়োলোকি রোগ বাধিয়ে বসা? সমুদ্রের ধারে নিয়ে না-গেলে যার চিকিৎসা হয় না?" এ কি নিতান্ত বিত্তহীনতার যন্ত্রণা? তা যে নয়, সেটা সহজেই বোঝা যায় সানুর পড়াশুনার টেবিলের দিকে তাকালে; কেননা তার টেবিল জুড়ে শোভা পায়, "বাঁধানো 'সন্দেশ', চলতি বছরের 'মৌচাক', 'আবোল তাবোল', কাগজের মলাটে ছবিভরা সংক্ষিপ্ত 'টেমপেস্ট' "। টেবিলের দিকে তাকাতে তাকাতে

আমাদের শুধু এটুকু মনে রাখা চাই যে, প্রাক্-স্বাধীনতা মধ্যবিত্ততা (এ গল্প ১৯৩১-এর) আর খোলা-অর্থনীতির আজকের মধ্যবিত্ততার মধ্যে বিত্তকাঠামোর কিছু পরিবর্তন ঘটে গেছে। অসুখ হলে 'চেঞ্জে' নিয়ে যাওয়া সেসময় ছিল একান্তই বড়লোকি অভ্যাস।

বুদ্ধদেব বসুর গল্পে অ-হিন্দু চরিত্রের দুর্লভতা নিয়ে বেশি কথা বলা উচিত হবে না। শুধু এটুকু মনে রাখাই যথেষ্ট হবে যে, আজকের গা-ছমছমে ঋণাত্মক হিন্দুত্ববাদের সঙ্গে কোনো দূরতম সমীকরণেও আমরা একে মেলাতে চাইছি না। এ হল কেবল একধরনের অভ্যাস, ব্যতিক্রম বাদ দিলে সব বাঙালি লেখকদেরই এ অভ্যাস বহুকালের, সেটা এমনিতে দোষেরও কিছু না, শহরগ্রন্থনায় রাজাবাজার আর শোভাবাজার যদি কখনো না-মিলতে পারে, সাহিত্যে মিলবে কী করে!

যে-বিষয় নিয়ে কথা কখনো ফুরোবার নয়, সেটা হল উল্লিখিত 'ভদ্রলোক' শ্রেণির চতুর্থ মাত্রা—বুদ্ধিজীবিতা। এখানে জানিয়ে রাখা ভালো যে, ইংরাজি Intelectual-এর প্রতিশব্দ হিসেবে অগত্যা ব্যবহার করা হচ্ছে এই 'বুদ্ধিজীবী' শব্দ, কৃষিজীবী বা শ্রমজীবী-র সঙ্গে যার দুস্তর প্রকৃতিগত পার্থক্য আছে।

অবশ্য, যদি নিতান্ত জীবিকা অর্থেই ধরা যায়, তাহলেও এটা কি না লক্ষ করে পারা যায় যে, বুদ্ধদেব বসুর একের-পর-এক গল্পে নায়ক (বা নায়িকা) হয়ে ওঠে অধ্যাপক কিংবা সাহিত্যিক! ভালো হত তাঁর সমস্ত গল্প নিয়ে একটি পূর্ণাঙ্গ সমীক্ষা করতে পারলে, কিন্তু সে আরও একটু বড়ো পরিসরের কাজ ভেবে আপাতত মুলতুবি রইল। তবু বুদ্ধদেবের গল্প নিয়ে কথা বলতে বসলে চট্ করে যে গল্প-নামগুলি মনে পড়ে, সেখানেও অধ্যাপক-সাহিত্যিকের ভিড় চোখে পড়ার মতো নয় কি? 'জ্বর' (১৯২৮) গল্পে রমাকান্ত বসু ইংরেজির অধ্যাপক, তাঁর আড্ডামহলের সকলেই তাঁর পেশানিযুক্ত। আড্ডায় কথা ফুরিয়ে গেলে ইনি গলসওঅর্দির 'Swan Song'-এর প্রসঙ্গ তুলে নতুন করে কথা শুরু করেন। এই গল্প 'রেখাচিত্র' গল্পগ্রন্থের অন্তর্গত, তাই এ তথ্য এখানে অপ্রাসঙ্গিক হবে না যে, 'রেখাচিত্র' বইটির আটটি গল্পের

পাঁচটিরই নায়ক হয় অধ্যাপক, নয়তো লেখক/ কবি!

একইভাবে ১৯৩১-এর 'বিরূপাক্ষ দেবের কাহিনী'-র বিরূপাক্ষ ওরফে পার্বতীকুমার বিশ্বাস কবি, 'তখনকার পক্ষে একটু আধুনিক ধরণের'; ১৯৩৯-এর 'সুপ্রতিম মিত্র' গল্পের 'আমি' বিশ্ববিদ্যালয়ের অধ্যাপক পি.আর.এস ও পি.এইচ.ডি-র যুগ্ম শোভায় অলঙ্কৃত, সম্প্রতি 'প্রাচীন বাংলার লুপ্ত ইতিহাস উদ্ধারের চেষ্টায়' মশগুল। খোদ সুপ্রতিম মিত্র 'ভাষাবিদ, পণ্ডিত ও শিল্পী, বিরল প্রতিভার অধিকারী'; ১৯৪৫-এর 'অসমাপ্ত গল্প'-এর 'আমি' ফের ইংরাজির অধ্যাপক, সম্প্রতি 'সাহিত্য ও নৃতত্ত্ব' নামে একটি স্বরচিত বইয়ের প্রুফ দেখায় ব্যস্ত; ১৯৫৭-র 'একটি জীবন' গল্পের গুরুদাস ভট্টাচার্য জগত্তারিণী স্কুলের হেডপণ্ডিত, ভাষাচর্চা তাঁর জীবনব্যাপী সাধনা; এবং শেষপর্যন্ত ১৯৬৮-র 'অনুদ্ধারণীয়' গল্পের বিনায়ক দত্ত লেখক, লেখাই তাঁর জীবন, লেখাই তাঁর মৃত্যুর ফরমান!

একটু ইচ্ছে করেই, উপরের উদাহরণগুলো বেছে নেওয়া হল 'বুদ্ধদেব বসুর শ্রেষ্ঠ গল্প' (দে'জ/ ২০০০) বইটি থেকে। সেই বইয়ের ১৯টি গল্পে এতজন অধ্যাপক/ লেখক পাশাপাশি সহাবস্থান করছেন—এ তথ্য কি কিছু বুঝতে সাহায্য করে? নাকি বাড়তি তথ্য হিসেবে এটাও বলতে হবে যে, ধরা যাক, আমাদের উল্লিখিত শেষ গল্প 'অনুদ্ধারণীয়' যে গল্পগ্রন্থের অন্তর্গত—সেই 'প্রেমপত্র' (১৯৭২) বইটির ছটি গল্পের ছজন মুখ্য চরিত্রই অধ্যাপক! নামগল্প 'প্রেমপত্র'-এর বিরূপাক্ষ 'ইন্দো-য়োরোপীয় ভাষাতত্ত্বে বিশেষজ্ঞ', 'অনুদ্ধারণীয়'-র বিনায়ক দত্তর কথা তো আগেই বলা হল, 'মৃত্যুর আগে জাগরণ'-এর দেবকীদাস মুখোপাধ্যায় অধ্যাপক তো বটেই, তার সঙ্গে সঙ্গে পিশাচ সংহিতার ইংরাজি অনুবাদে মগ্ন, সঙ্গে রোমান ভাষায় শব্দতত্ত্ব নিয়ে চর্চা করেন, 'প্রেমিকারা' গল্পের 'আমি'-র শেলফ ভরা থাকে 'নতুন-কেনা' বইয়ে—টোমাস মান-এর উপন্যাস, রিলকের কবিতা, সফোক্লিস-এর একটা চমৎকার নতুন অনুবাদ; অন্যদিকে 'ভূস্বর্গ' গল্পের সিদ্ধেশ্বর বাবুও—হ্যাঁ, অধ্যাপক—উপরন্তু

'মহাভারতে মানুষ ও দেবতা' নামে একটি বইয়ের লেখক; আর শেষ গল্প 'আমি, অমিতা সান্যাল'-এর 'আমি'-টি 'হিরন্ময়ী মহিলা বিদ্যাপীঠে দর্শনের অধ্যাপিকা'!

'অনুদ্ধারণীয়' গল্পটিকে ঘিরে এক অসামান্য নিবন্ধে ('বিনায়ক বুদ্ধদেব') শঙ্খ ঘোষ দেখিয়েছিলেন কীভাবে গল্পের নায়ক বিনায়কের মধ্যে লেখকেরই আত্ম-প্রক্ষেপণ ঘটে চলে, এমনকী শেষপর্যন্ত এটাও শঙ্খ ঘোষের নজর এড়ায় না যে, বিনায়ক আর বুদ্ধদেব শব্দদুটি সমার্থক-ও বটে! আমরা হয়তো এরই সূত্র ধরে বলতে পারি যে, 'প্রেমপত্র' গল্পের সবকটি মুখ্য চরিত্রই কোনো-না-কোনো ভাবে স্বয়ং লেখককেই প্রকাশ করে চলে, কিংবা আরও একটু সাহস করে এতটাও হয়তো বলতে পারি যে, তাঁর সমগ্র জীবনে সৃষ্টি করা অজস্র—চোখে পড়ার মতো সুপ্রচুর—অধ্যাপক/ লেখকেরা অংশত ব্যক্তি-বুদ্ধদেবেরই ছায়া!

পুরনো আমলের জমিদার বা বালিগঞ্জ নিবাসী ব্যারিস্টারের গল্প/ উপন্যাসের নায়ক হয়ে ওঠার 'একচেটে সৌভাগ্য'-কে ধিক্কার জানিয়েছিলেন বুদ্ধদেব, সঙ্গত ছিল সেই প্রতিবাদ, (যদিও রবীন্দ্রনাথের জন্য খুব সুপ্রযোজ্য ছিল বলে তো মনে হয় না), কিন্তু সেই একচেটিয়া জবরদস্তি ঘুচিয়ে বুদ্ধদেব যে আর-এক ধরনের 'একচেটে সৌভাগ্য'-বান শ্রেণির জন্ম দেন—আমরা যার নাম দিচ্ছি 'ভদ্রলোক' শ্রেণি, সে বিষয়ে বিতর্কের কোনো অবকাশ আর থাকে না।

তিন

কিন্তু, মধ্যবিত্ত বুদ্ধিজীবী শ্রেণির এই রমরমা বুদ্ধদেবের গল্পের শিল্পসাফল্যকে কি কোনোভাবে প্রভাবিত করে। করলে, কীভাবে? তার একটা জবাব দেওয়া যাক এইবার।

'অনুদ্ধারণীয়' গল্পের অমিত, বিপ্লবী অমিত, বিনায়ক দত্তের

চোখে-চোখ-রেখে তীব্র শ্লেষে বলেছিল, "আপনি কিনা এতই সংবেদনশীল যে ছাপার অক্ষরে দশ পাতা জুড়ে বর্ণনা করতে পারেন ঘুম থেকে তন্দ্রা পেরিয়ে পুরো জেগে ওঠার তিন মিনিট সময়! আপনার কি মনে হয় আপনি ক্ষমার যোগ্য?" অমিত ক্ষমা করেনি বিনায়ককে, কিন্তু আমি ভাবি, সত্যিই কি বিনায়ক দত্ত পারতেন এতটাই! কী অসম্ভব আর অমিত শক্তির অধিকারী হলে সম্ভব হয় এ-জিনিস! বাংলা ভাষায় কে ধরতে পারবেন ওই অমোঘ অথচ গোপন, তীব্র অথচ সংক্ষিপ্ত তিন মিনিটকে, ওইভাবে? ভাবতে ভাবতে আমার মনে পড়ে—আর কারও নয়—বুদ্ধদেব বসুরই নাম, অমিতের মতো শ্লেষে নয়, একনিষ্ঠ মুগ্ধতায়।

পারতেন, ভাবছি আমি। কিন্তু তার কি কোনো দৃষ্টান্ত আছে সত্যিকারের? অনেক টুকরো মুহূর্তের কথাই নিশ্চয় মনে পড়বে অনেক পাঠকের যেখানে গল্প চলতে চলতে, জীবনের অভ্যস্ত আর দৈনন্দিন বিবরণ ধরে এগোতে এগোতে বুদ্ধদেবের গল্প সহসা মোড় নেয় আচম্বিত কবিতালোকের দিকে, ছোটো জীবন সরে গিয়ে জ্বলে ওঠে এক বৃহৎ আর মায়াময়—অনেক সময় মৃত্যুময়-ও বটে—এক মহাসময়ের আলো। সেইখানে হাতধরাধরি করে দাঁড়িয়ে থাকেন এক কবি আর কথাসাহিত্যিক, আর সেইখানেই বুদ্ধদেবের গল্প পৌঁছে যায় অনাস্বাদিত তৃপ্তিলোকে।

'অনাস্বাদিত' কথাটা হয়তো খুব বাড়াবাড়ি হল না। 'অসামান্য মেয়ে' গল্পগ্রন্থে 'রাধারাণীর নিজের বাড়ি' নামে একটি গল্প আছে। রাধারাণী আর গিরিজাপ্রসন্নের মধ্যবিত্ত সংসারের গল্প, গিরিজা কলকাতার 'সওদাগরি হৌসে' পঁচাত্তর টাকা মাইনেয় কেরানির চাকরি করেন। কেরানি-জীবনের প্রতি বুদ্ধদেবের বিতৃষ্ণা খুব গোপন থাকে না। এ গল্পে যখন তিনি জানান,

> কেরানি-জীবনের চাইতে ভালো তার (গিরিজার) পক্ষে কিছু হতে পারে না, সে তা ভালোবাসে। কখনো কিছু ভাববার দরকার হয় না, বেশি কথা বলতে হয় না, ঘাড় গুঁজে কলম

চালিয়ে গেলেই হলো। এ গল্প শেষপর্যন্ত পৌঁছয় এক অবিশ্বাস্য নিয়তিবাদে, রাধারাণীর বাড়ি তৈরির উচ্চাকাঙ্ক্ষার পরতে পরতে জড়িয়ে থাকে তাঁর সন্তানের একের পর এক মৃত্যু। গল্পের শেষে যেদিন তাঁর বাড়ি তৈরি হল অবশেষে, সাঙ্গ হল গৃহপ্রবেশ, তার পরের দিন তার খোকা সিঁড়ি থেকে পড়ে গেল, হাসপাতালে নিয়ে যাওয়া হল তাকে, বেলা চারটের সময় খবর এল—খোকা মারা গেছে।

শুনে রাধারাণী বললে, 'জানতুম।'

এই কুটিল নিয়তিবাদ ভালো। কিন্তু নতুন কিছু নয়, বুদ্ধদেবের নিজস্ব শক্তির পরিচায়ক-ও নয় তা। এ গল্প এরকম ভাবে—বা হয়তো এর থেকেও মর্মন্তুদ আর নিস্পৃহ বিবরণে—লিখতে পারতেন মানিক বন্দ্যোপাধ্যায় বা জগদীশ গুপ্ত।

তাহলে, বুদ্ধদেবের স্বধর্ম অনাস্বাদিত শিল্পশিখর অর্জন করে কোথায়? আমরা হয়তো দেখে নিতে পারি অন্য একটা গল্প, 'মৃত্যুর আগে জাগরণ'।

কিছু নেই এ গল্পে। আঘাত-প্রত্যাঘাত, নিয়তি বা পুরুষকার, জটিল বা সরল মানবহৃদয়—নেই। আছেন দেবকীদাস মুখোপাধ্যায়—একমনে একটা কাজে ব্যস্ত—"খৃষ্টাব্দ উনিশ-শো পঁয়ষট্টিতে, কলকাতার শুকলাল কর্নানি হাসপাতালের এক কামরায়, পঁচাত্তর বছর বয়সে, রোদে অথবা বৃষ্টিতে মেশা এক ভাদ্রের দিনে, শান্তভাবে ও ধীরে মারা যাচ্ছেন" তিনি—এই যা।

মৃত্যু বললেই যে সব ভয়াবহ ছবি মনে আসে, এ ঠিক তেমন নয়, নাকে তাঁর অক্সিজেনের নল লাগানো, হাত দুটো কোমরের উপর ভাঁজ করা, কিন্তু মুখের উপর শান্ত একটা শ্রী ছায়া বুলিয়ে রেখেছে, মৃত্যুর কালিমা যাকে স্পর্শ করতে পারে না। জাগরণের দূরতম পরিধি থেকে তাঁর কখনো নিজের লাইব্রেরির কথা মনে পড়ছে, কখনো আবছায়ায় মনে পড়ছে বাকি রয়ে গেল পিশাচ সংহিতার ইংরেজি অনুবাদ, আর এক নারী ... লুপ্তির শেষ সীমায় পৌঁছে দেবকীদাস

একবার অবশিষ্ট ক্ষীণতম চৈতন্য দিয়ে আঁকড়ে ধরার চেষ্টা করেন স্মৃতি, তারপর—

> আজ সকাল থেকে সব অবান্তর দৃশ্য লুপ্ত হয়েছে; এখন তাঁর অন্ধকার সুনির্দিষ্ট ও অবিচ্ছিন্ন, তাই আরামদায়ক। কোনো রোমশ জন্তু, নৈশ, অস্পষ্ট, অন্ধকারের সুড়ঙ্গ-পথে নড়ছে, নিঃশব্দে, তীব্র গন্ধ ছড়িয়ে, স্পর্শময়। শ্যাওলার স্পর্শ, কদম্বের, ঘাসের মধ্যে লুকিয়ে-থাকা চোরকাঁটার; আর গন্ধ — এক উষ্ণ, সজীব, উন্মাদক ঘ্রাণ, অন্ধকারে আশা ছড়িয়ে, এক বিপুল, অচিন্ত্য নগজাগরণের প্রতিশ্রুতি নিয়ে। সারাদিন ধরে খেলা চললো তাঁর সঙ্গে ঐ অস্পষ্ট সত্তার; তারপর আহ্নিক আকাশে সূর্য যখন অস্ত যায়, দেবকীদাস সর্বাঙ্গ দিয়ে অনুভব করলেন সেই স্পর্শ — প্রতি রোমকূপে তার শিহরণ, দংশন, প্রভুত্ব — এক অনির্বচনীয় আনন্দ ও যন্ত্রণায় নিমজ্জিত হয়ে। কিন্তু, সেই জন্তুর নাম ভালোবাসা, না ভগবান, না মৃত্যু, তা বোঝার মতো ক্ষমতা তাঁর ছিলো না — এক অমেয় অনুভূতির মধ্যে নির্ভেদ ও নির্বাক হয়ে গিয়েছিল মানুষের সব ধারণা ও কল্পনা। সূর্যাস্তের আগেই ডাক্তাররা তাঁকে মৃত বলে ঘোষণা করলেন।

নিজের পড়াশুনার দীনতা মাথায় রেখেও—হয়তো ঝুঁকি হয়ে যাবে—একথা বলে ফেলা যাক যে, এরকম গল্প বাংলা ভাষায় আর কখনো লেখা হয়নি। এই হল সেই মায়াময় মহাসময়ের আলো—যার আস্বাদ বুদ্ধদেব তাঁর গল্পের অক্ষরে মিশিয়ে দিতে পারেন। প্রতিদিনের তুচ্ছ জীবনের মধ্যেই একটু আলগা হয়ে দাঁড়ানো—পদ্মপাতায় যেমন টলটল করে জলবিন্দু—তেমনি করে জীবনের অজস্র মুহূর্ত নির্মাণ করে চলেন বুদ্ধদেব বসু, তাঁর গল্পে, সেইখানেই তাঁর গল্প সমগ্র বাংলা গল্পের পরম্পরায় নিজস্ব এক মাত্রা যোগ করতে পারে।

কিন্তু, ধরা যাক, রাধারাণী বা তার স্বামী গিরিজাপ্রসন্ন কি হতে পারত এই 'মৃত্যুর আগে জাগরণ' কালের রচয়িতা, মৃত্যু কি ঠিক

একই নির্বেদ একইরকম আতুর নিয়ে আসত তাদেরও মনে? মনে হয় না, তা সম্ভব ছিল। দৈনন্দিনকে যে খানিকটা নিরাসক্তি নিয়ে দেখতে পারে না, মৃত্যু তার কাছে তীব্রভাবেই আসে। এই নিরাসক্তি নিশ্চয়ই 'অনুদ্ধারণীয়'-র অমিতের পছন্দ হবে না, না-হোক, তবু এটাই বুদ্ধদেবের স্বধর্ম।

এবং, তাঁর শ্রেষ্ঠ গল্পগুলো তাঁর এই স্বধর্মেরই প্রকাশক। দিনযাপনের গ্লানির বিবরণে নয়, তাঁর গল্প শিল্পরূপের শ্রেষ্ঠত্ব অর্জন করে ভাবনার বৈভবে। তাই তাঁর গল্পের নায়করাও হয়ে যান ভাবুক—Intelectuals—সদর্থে—অধ্যাপক, না হলে কবি, নচেৎ তীব্র পড়ুয়া। গল্পকার হিসেবে বারবার এ ধরনের চরিত্রের কাছে ফিরে আসা তাঁর পক্ষে অবশ্যম্ভাবী ছিল বলেই মনে হয়।

ভ্রমণ থেকে ভুবনে: অলোকরঞ্জনের বিশ্ব

'ভ্রমণে নয়, ভুবনে'। পণ্ডিতপ্রবর শ্যামাপদ চক্রবর্তী বেঁচে থাকলে বুঝিয়ে দিতেন এই অপহ্নুতি অলংকারের মহিমা। বইয়ের বাঁধা সংজ্ঞায় লেখা থেকে উপমানকে অস্বীকার করে উপমেয়-র প্রতিষ্ঠা। কী-সব বাজে কথাই-না বইতে লিখতে হয়। আসলে এ-এক আশ্চর্য অলংকার যেখানে না মানেই হ্যাঁ, বিয়োগই আসলে সংযোগের গোপন সূত্র। ভ্রমণে নয়, ভুবনে। এই না কথার মধ্যে দিয়েই প্রতিষ্ঠা হল ভ্রমণ আর ভুবনের যুক্তপথের, ভ্রমণকথা স্বস্তি পেল ভুবনকথায় এসে, পথ গিয়ে মিশল ঘরে।

অলোকরঞ্জন দাশগুপ্ত-র জীবনটাও কি আসলে এটাই নয়? নানা ভিন্ন অর্থে বিশ্বপথিক তিনি, আর সেই বড় বিশ্ব তাঁর ঘরও হয়ে ওঠে অনায়াসে। ১৯৮২ থেকে প্রায় ছ'বছর ধরে 'দেশ' পত্রিকার পাতায় ধারাবাহিকভাবে প্রকাশিত হত অলোকরঞ্জনের কলাম, 'জার্মানির চিঠি' শিরোনামায়। প্রতি সংখ্যায় নয় অবশ্যই, মাঝে মাঝে, খুবই ছেড়ে ছেড়ে। তারই থেকে তৈরি হল 'দ্রুতনির্বাচিত' এই সংকলন-গ্রন্থ, ১৯৮৮-এর নভেম্বরে বেরোলো আনন্দ পাবলিশার্স থেকে। বইয়ের সামনে 'কথাচ্ছলে' এই লেখাগুলোকে অলোকরঞ্জন বলেছেন 'কড়চা', কিন্তু এর প্রতিটি লেখাই নিছক-কড়চার অতিরিক্ত তাৎপর্য নিয়ে আসে, গ্রন্থনামে সেই তাৎপর্যের সারাৎসার ধরা দেয়। আমরা আপাতত সেই তাৎপর্যকে একটু খুঁজে নিতে চাই।

ইংরিজিতে যাকে 'travelogue' বলে, তার থেকে এ-বইয়ের চরিত্রব্যবধান একেবারে মৌলিক। এই বাক্য লেখার সময় আমরা ভুলছি না যে ট্র্যাভেলগ-ও ঠিক সাইট-সিয়িং-এর বিবরণমাত্র নয়। মাসিক ভ্রমণপত্রিকার পাতাগুলোয় তথ্যবিবরণ-সহ যে-সব বেড়ানোর ঠিকঠিকানা প্রকাশিত হয়, ট্র্যাভেলগ নিশ্চয়ই তার থেকে মহত্তর ব্যঞ্জনা নিয়ে আসে। শ্রেষ্ঠ ট্যাভেলগগুলোতে ধরা দেয় একটা বিশেষ স্থান-কালের জীবনযাপনের গড়ন, মানুষ, মানুষের সংস্কৃতি। এই অর্থে তা হয়ে ওঠে এক পরিপূর্ণ 'দেখা'। কিন্তু অলোকরঞ্জনের এই বইতে এর পরেও একটা আশ্চর্য কাণ্ড ঘটে। বিশেষ স্থান-কালের 'দেখা' থেকেই শুরু হয় তাঁর লেখা, তারপর চকিতে কখন ওই স্থান-কালের চৌহদ্দিটাও টপকে যান তিনি, তখনই তাঁর লেখা প্রবেশ করে ভ্রমণ থেকে ভুবনের পথে, পাঠক হিসেবে আমরাও কখন ঢুকে পড়ি সাংস্কৃতিক তর্কের জগতে।

কথাগুলো একটু বুঝিয়ে বলা দরকার। আর বুঝিয়ে বলতে গেলে, একটু সাহস করে, খোদ রবীন্দ্রনাথের একটা বইয়ের শরণাপন্ন হতে চাই আমরা, ১৮৮১ সালে প্রকাশিত সেই বই, 'য়ুরোপ-প্রবাসীর পত্র'।

কিন্তু সুদুর সেই উনিশ শতকের সতেরো-আঠারো বছর বয়সি এক তরুণের লেখা এই বইটির সঙ্গে কি মিলিয়ে দেখা ঠিক হচ্ছে আমাদের আলোচ্য বইটির? এই প্রশ্নের উত্তরে শুধু এই সচেতনবার্তাটা দিয়ে রাখা যাক যে, আমরা আসলে 'মেলাতে' চাইছি না, কোনো ভালো-মন্দ লঘু-গুরুর জাজমেন্টও আমাদের লক্ষ্য নয়, আমরা শুধু দেখতে চাইছি চরিত্রের তফাৎটা, সেই তফাৎ থেকে এই বইয়ের সংরূপগত অবস্থানবিন্দুটি স্পষ্ট হবে বলেই আমাদের বিশ্বাস।

তফাৎ অবশ্য হবার কথাই ছিল। সেদিনের ইউরোপ ছিল তরুণ রবীন্দ্রনাথের কাছে সব-অর্থেই 'প্রবাস', আর জার্মানি অলোকরঞ্জনের বাসভুমি, এই লেখাগুলো যখন তিনি লিখছেন তখন এক দশকেরও বেশি সময় কাটিয়ে দিয়েছেন জার্মানিতে। কিন্তু এটাই সব কথা নয়। এটা জার্মানির 'চিঠি' আর ওটা 'পত্র', নামের এই আক্ষরিক মিল

সত্ত্বেও দুটো বইয়ের লক্ষ্যই আসলে ভিন্ন। তরুণ রবীন্দ্রনাথ ট্র্যাভেলগ লেখার জন্য 'বন্ধুদের দ্বারা অনুরুদ্ধ', অলোকরঞ্জন ট্র্যাভেলগ ছেড়ে বেরোতে চান। তার মানে এ-নয় যে রবীন্দ্রনাথের বইতে ইউরোপের কোনো হাতে-গরম ভূগোল বিবরণ পাওয়া যাবে। (এইখানেই পরবর্তী 'য়ুরোপ-যাত্রীর ডায়ারি'-র সঙ্গে এই বইয়ের মস্ত তফাত, 'ডায়ারি', মূলত বিবরণপ্রধান বই।) বরং টিন্-এজ রবীন্দ্রনাথ এই বইতে তুলনা করে দেখতে চাইবেন দুটি সভ্যতার, ভারতীয় আর বিলিতি, ফলে 'য়ুরোপ-প্রবাসীর পত্র' ভরে থাকবে নারীস্বাধীনতার তর্কে, আচার-আচরণের কথায়, গেরস্থালির সম্পর্কগুলির বিশ্লেষণে। ফলে 'পত্র'-এর পাতাগুলিতে পাওয়া যাবে এইসব আশ্চর্য উদ্ভাসন:

> বিলিতি-বাঙালিরা যে দেশে ফিরে গিয়ে খুঁতখুঁত করেন ও বলেন আমাদের দেশে 'home' নেই, বিলেতেই যথার্থ 'home' আছে, তাঁরা বোধহয় এই অর্থ করেন যে — বিলেতের পরিবারে একটা স্বাধীন উচ্ছ্বাসের ভাব আছে। বাবা-মা ভাই-বোন স্ত্রী-পুত্রে মিলে হাসি গল্প গানে অগ্নিকুণ্ডের চার ধার উচ্ছ্বাসময় করে তোলে। সমস্ত দিনের পরিশ্রমের পর বাড়িতে এসে একটা উল্লাস—একটা মেশামেশির ভাব দেখতে পাওয়া যায়। এক ঘরে শ্বশুর তাঁর দুই-চারটি বৃদ্ধ বন্ধু জুটিয়ে তামাক খেতে খেতে এখনকার ছেলেপিলেদের অশাস্ত্রীয় ব্যবহারে কলির দ্রুত উন্নতির আশঙ্কা করছেন, ... আর-এক ঘরে স্বামী তার দুই-একটি যুবা বন্ধু জুটিয়ে নিন্দালাপ করছেন—এরকম চিত্র এখনকার কেউ কল্পনা করতে পারে না।

তরুণ রবীন্দ্রনাথের কাছে এই হল 'home'-এর একটা ঠিকঠাক চেহারা, যা কেবল গুরুজনের দমচাপা রাশভারী শাসনে তটস্থ হয়ে থাকে না বরং সব-বয়সি আর সব ধরনের মানুষের হাত-পা ছড়ানোর একটা অনায়াস জায়গা করে দিতে পারে। 'য়ুরোপ-প্রবাসীর পত্র'-এ এইভাবে নিছক ভ্রমণবিবরণ আর থাকে না তাই, হয়ে ওঠে জীবনবিবরণ।

কিন্তু অলোকরঞ্জন দাশগুপ্ত-র এই বই, 'ভ্রমণে নয়, ভুবনে' এর থেকে আরও খানিকটা ভিন্নরকমের।

২

"ভ্রমণভীরু মানুষ হিসেবে নিজের কাছে নিজেরই দুর্নাম আছে আমার।" এ স্বীকারোক্তি স্বয়ং অলোকরঞ্জনের। দুটি দূরবর্তী মহাদেশের সাংস্কৃতিক সেতু গড়ে তোলার প্রচেষ্টায় যিনি প্রায় গোটা জীবনটা ব্যয় করে যাচ্ছেন তাঁকে তো আর ঘরকুনো বলা চলে না। হতে পারে, নিছক রোমাঞ্চকারী প্রমোদভ্রমণে তাঁর মতি নেই বড়ো একটা। বস্তুত, নানা নতুন-নতুন জায়গায় বেড়াবার জীবনব্যাপী সুযোগ পেয়েও অকাতরে তা ছেড়ে দিয়েছেন কেন, এ-প্রশ্নের ঢাল হিসেবে তিনি নিজের কাছে সাজিয়ে তোলেন ব্রেশ্‌টের এই কবিতা,

আমি জানতাম, নির্মিত হয়েছে নগরনগরী
সে সব জায়গায় আমি যাইনি।
আমার মনে হয়েছে, তাদের জায়গা পরিসংখ্যাতত্ত্বে,
ইতিহাসে নয়।
জনতার প্রজ্ঞা দিয়ে তৈরি হয় নি এমন
সুন্দর নগরনগরী থাকলেই বা কী আসে যায়

('অযথা নষ্ট, মূল্যবান সময়'/
অনুবাদ, অলোকরঞ্জন দাশগুপ্ত)

এই কবিতায় বেশ গোলমেলে শব্দবন্ধের মুখোমুখি হই আমরা, 'জনতার প্রজ্ঞা'। 'জনতার প্রজ্ঞা'-র স্পর্শ যেখানে নেই সেখানে পৌঁছে যেতে ব্রেশ্‌ট—আর অলোকরঞ্জনও—বিশেষ আগ্রহী নন। ঝাঁ চকচকে নগরনগরীর গড়ে ওঠায় আছে প্রয়োজনের তাগিদ। প্রজ্ঞা আর প্রয়োজন আলাদা কথা।

আলাদা, তা ঠিক। কিন্তু প্রয়োজনের থেকে মুখ ফিরিয়ে শুধু

প্রজ্ঞার সন্ধানে ঘুরে বেড়ানোর মধ্যে দিয়ে কি ওই 'জনতা'-র থেকেই বিচ্ছিন্ন হয়ে যাওয়ার বিপজ্জনক সম্ভাবনা তৈরি হয়ে যায় না? অলোকরঞ্জন যে-ভুবনের ছবি আঁকতে চান তা কি তাহলে জনবিচ্ছিন্ন এলিটিস্ট ভুবন? এই প্রশ্নের উত্তর পেতে আমরা শরণাপন্ন হতে চাই অলোকরঞ্জনেরই অন্য-একটা বইয়ের। সে বইয়েরও নাম গভীর দ্যোতনাময়, 'শিল্পিত স্বভাব'। সেই বই-এর একটি লেখায় অলোকরঞ্জন সাক্ষ্য মানেন মানুষের ইতিহাসের সবচেয়ে বড়ো 'জনতা'-পন্থী তাত্ত্বিকের; কার্ল মার্কস।' *Economic and Philosophic Manuscript of 1844*-এ মার্কস বলছেন যে শিল্পিত স্বভাবের দাবি মানুষের কাছে সভ্যতার প্রাথমিক দাবি হতে পারে না, তা ঠিক—

> এ-কথা নির্ধারিত রূপে বলা শক্ত কোথায় বুভুক্ষু মানুষের আহারের সঙ্গে পশুর খাদ্যগ্রহণের তফাৎ রয়েছে। ক্লিষ্টকাতর দারিদ্র্য-পীড়িত মানুষের পক্ষে সূক্ষ্মতম নাট্য-আস্বাদন সম্ভব নয় ...

কিন্তু 'মানুষ' কথাটার সত্য তাৎপর্য প্রয়োজন-অতিরিক্ত কিছুর মধ্যেই খুঁজতে হয়, মার্কস জানাচ্ছেন,

> পশুরা নিজেদের সন্ততিকুলের অব্যবহিত প্রয়োজনবোধ মেটাতে কিছু তৈরি করে, ... মানুষ করে নিখিল অর্থে ... জৈব প্রয়োজন নিরপেক্ষ হয়ে সৃষ্টি করে, এবং তখনই যথার্থ সৃষ্টি করে যখন সে ওই প্রয়োজনসমূহ থেকে মুক্ত।
>
> (মার্কস-এর লেখার অনুবাদ অলোকরঞ্জনের)

এরপর নিশ্চয়ই আর প্রজ্ঞা ব্যাপারটাকে জনতা-বিচ্ছিন্ন একটা নিদারুণ ব্যাপার বলে চালানো যাবে না। মানুষকে খুঁজতে চান বলেই অলোকরঞ্জন খুঁজতে বেরোবেন মানুষের শিল্পিত স্বভাবকে, মানুষের প্রজ্ঞাকে। আর ঠিক এইখানে অন্যসব ট্র্যাভেলগের থেকে দূরে সম্পূর্ণ মৌলিক একটা চরিত্র অর্জন করে নেবে এই বই, 'ভ্রমণে নয়, ভুবনে'।

কিন্তু এই যে বলা হল মানুষের শিল্পিত স্বভাব, এই মানুষ কারা? এ কি শুধু গ্যোয়েটে, শিলার, হাইনে? শুধু শেক্সপীয়র, ব্রেশ্‌ট, রবীন্দ্রনাথ? বলা বাহুল্য, তা নয়। এঁরা তো আছেন বটে, কিন্তু এঁদেরই সঙ্গে হাত ধরাধরি করে দাঁড়িয়ে থাকেন অনেক আটপৌরে মানুষ, আমাদের আশেপাশেই থাকেন যাঁরা অনেকসময়, আর এইভাবে তৈরি হয় বড়ো এক মানববন্ধন, সেই বন্ধনের খবর দিতে দিতে চলে এই বই।

সেইরকম একজন 'সাধারণ' মানুষ, জার্মানির এক শহরের এক রিকশাচালক। শহরের নাম 'এরলাভেন', বাংলায় যার মানে করলে দাঁড়ায় 'অর্জন'। শহরের ইঁট-পাথর তো আর এই নামের তাৎপর্যকে সার্থক করে তুলতে পারবে না, তার জন্য দরকার মানুষ, মানুষের প্রজ্ঞা। যেমন এই রিকশাচালকটি। জার্মানির ব্যস্তসমস্ত রাস্তার ধারে একাকী এবং অকস্মাৎ এক সাইকেল-রিকশা দেখে যখন অলোকরঞ্জন বিহ্বল, তখন চালকই এগিয়ে এসে আলাপ জোড়ে তাঁর সঙ্গে, বলে, "সত্যি বলুন তো, কেন অবাক হচ্ছেন?" তখন অলোকরঞ্জনকে কবুল করতে হয় যে এই বস্তুটি ভারতীয় উপমহাদেশের নিজস্ব বলেই তাঁর ধারণা ছিল! এবার অন্যপক্ষের কথা বলবার পালা। সে অলোকরঞ্জনের দিকে ছুঁড়ে দেয় একগুচ্ছ প্রতিপ্রশ্ন, যে প্রশ্নের অভিঘাত তোলা আধুনিক গ্যাজেট-শোভন সেমিনারের পক্ষে কখনো সম্ভব হত না। সে বলে, "আপনারা সাইকেল-রিকশাকে সত্যি-সত্যিই একটি শুদ্ধ মাধ্যম বলে গ্রহণ করেন কি না। না, না, আপনাকে দ্রুত কোনো উত্তর দেবার সুযোগ দিতে চাইনে। আপনি কি মনে করেন না, ভারতবর্ষ ইয়োরোপের যাবতীয় ভুলগুলি পুনরাবৃত্তির জন্যই তৎপর হয়ে উঠেছে? পেট্রল পুড়িয়ে পরিবেশ কলুষিত করার বদলে সাইকেল-রিকশার তীব্র প্রচলনই কি সভ্যতার সংরক্ষণ নয়?"

এই হল আরেকরকমের ভ্রমণকথা, যেখানে মিশে থাকে ব্রেশ্‌ট-কথিত 'জনতার প্রজ্ঞা'। অলোকরঞ্জনের বলা এই গল্প পড়তে পড়তে আমার আবারও মনে পড়ে রবীন্দ্রনাথের প্রথম বিলেতবাসের

সময়কার একটা অভিজ্ঞতার কথা। সেই যে, টনব্রিজ ওয়েল্স্ শহরের রাস্তা দিয়ে যাওয়ার সময় রবীন্দ্রনাথ দেখেছেন একজন লোক রাস্তার ধারে দাঁড়িয়ে আছেন, ছেঁড়া জুতোর ভিতর দিয়ে তার মোজাবিহীন পা দেখা যাচ্ছে, আর বোতামের অভাবে বুকের খানিকটা খোলা। ভিক্ষা করা সে দেশে নিষিদ্ধ, সে-ও ঠিক মুখ ফুটে চাইছে না কিছু, কিন্তু এমন করে তরুণ রবীন্দ্রনাথের মুখের দিকে সে তাকালো যাতে তার অভাব আর প্রত্যাশা দুই-ই ধরা পড়ে। রবীন্দ্রনাথ তাকে একটি পয়সা দিলেন। যে-সে পয়সা নয়, অল্প বয়সের কোমল হৃদয়বত্তার গুণেই হয়তো-বা, একেবারে একটি স্বর্ণমুদ্রা। দিয়ে, চলে আসছেন তিনি, পিছন থেকে ছুটে এল সেই মানুষ, লজ্জিত কণ্ঠে বলল, "মহাশয়, আপনি আমাকে ভ্রমক্রমে একটি স্বর্ণমুদ্রা দিয়াছেন।" অর্থের তার প্রয়োজন বটে, তা-ই বলে তো ভুল-করে-দিয়ে-দেওয়া এতখানি টাকা নিয়ে নেওয়া যায় না। 'য়ুরোপ-প্রবাসীর পত্র'-এ নয় অবশ্য, আমাদের সবারই মনে পড়বে, এই বিবরণ পাওয়া যাবে 'জীবনস্মৃতি'-র পাতায়।

রবীন্দ্রনাথ সারাজীবনে বহুবার বলেছেন যে, ইউরোপীয় সভ্যতা শুধু 'বস্তুগত' আর যত আধ্যাত্মিকতার জিম্মেদারি শুধু ভারতবর্ষের, এর থেকে অহংসর্বস্ব বাজে আস্ফালন আর-কিছু হয় না। উনিশ বছরের টনব্রিজ ওয়েল্স্-এর অভিজ্ঞতা তাঁর কাছে এক আধ্যাত্মিক অভিজ্ঞতাই ছিল আর অলোকরঞ্জনও এরলাভেন শহরের ওই রিকশাচালকের দিকে তাকিয়ে টের পান, "অবিকল সন্ন্যাসীর মুখায়তনে তিনিও আমার দিকে তাকিয়ে আছেন।" উনিশ শতকের ইংলন্ড আর বিশ শতকের জার্মানি মিলে যেতে থাকে আমার মতো কোনো কোনো পাঠকের কাছে। মেলে বটে, তবে এই দুই অভিজ্ঞতার তফাতটাও খেয়াল করবার মতো। রবীন্দ্রনাথের অভিজ্ঞতা ছিল একজন মানুষের মূলত হৃদয়বত্তার প্রকাশ, আর জার্মানির রিকশাওয়ালা যেন মেধাজীবী, ভাবুক। বস্তুত, অলোকরঞ্জনের ভুবন ভরে থাকে এই ভাবুকতাতেই, এই শব্দটিই যেন এই বইয়ের একটা কেন্দ্রীয় শব্দ হয়ে দাঁড়ায়। অবশ্য আমাদের এতক্ষণের আলোচনায় কি

এরকম ভুল সংকেত পৌঁছচ্ছে যে এমন-সব টুকরো টুকরো গল্পকথার মধ্যে দিয়ে অলোকরঞ্জন তাঁর সামগ্রিক বক্তব্য পেশ করেছেন? না, তা যদি হত তবে তো এ-বইকে 'কড়চা' বলাই ঠিক ছিল। নিছক গল্পকথার বুনট নয়, কবিতা-গান-নাটক, নানা ডিসকোর্স—এ সবের মধ্যে দিয়ে ফুটে ওঠে লেখকের বিশ্ববীক্ষা।

৩

বিশ্ববীক্ষা কথাটা অনেক বড়ো, এর মোট তাৎপর্য বুঝে নিতে গেলে তো আদত বইটিই পড়ে নিতে হবে। কিন্তু একটা প্রসঙ্গকে বইয়ের আনাচেকানাচে ঘুরে ফিরে আসতে দেখি: 'ভারতবর্ষ' ভারতবিদ্যাচর্চার স্বাধিকার নিয়ে জার্মানিতে গেছেন তিনি, তাঁর ভ্রমণে, তাঁর ভুবনে ভারতবর্ষ এসে পড়তে বাধ্য।

যাকে আমরা 'যন্ত্রসভ্যতা' বলি, জার্মানি অনেকদিন ধরে তার অন্যতম লীলাস্থান। এখন, যান্ত্রিক অসভ্যতার যে পাপ তার তো কিছু প্রতিক্রিয়াও তৈরি হবে। সেমিনারে, পথে, আড্ডায় অলোকরঞ্জন দেখতে পান এমন অনেক মানুষকে যাঁরা এর থেকে পরিত্রাণ খুঁজছেন। কিন্তু কোথায় আছে সেই ত্রাণ? অলোকরঞ্জন দেখেন, "এখানকার তরুণ বয়সী ভাবুকদের অনেকেই ভারতীয়তার দিকে যাত্রা করেছে। তাদের চালচলন নালন্দাময়, চাহনিতে ভেসে আছে সবরমতীর ছায়া।"

এই লাইন পড়ে ভারতবাসী হিসেবে বেশ একটু উচ্ছ্বসিতই হয়ে উঠি প্রথমে। তারপর গা ছমছম করে। ভারতবর্ষ সম্বন্ধে এক অতিসরলীকৃত ধারণার চক্করে এঁরা পড়ে নেই তো? ভারতবর্ষ মানে যেন এক অলীক তপোবন যেখানে মলয় বাতাস বয় আর শ্বেতবস্ত্র পরিহিত সৌম্য তাপসগণ ... । পাঠক হিসেবে আমি অন্তত উদগ্রীব হয়ে উঠি এই কথাটা জানবার জন্যে যে অলোকরঞ্জন কীভাবে মোকাবিলা করবেন এর? না কি তিনি তপোবনপন্থী মঙ্গলের

ধারণাতেই স্বস্তি বোধ করবেন? ভাবি, অলোকরঞ্জন কি এখানে মনে করিয়ে দিতে চাইবেন না 'গোরা'-র ভারতবোধের কথা, বহু স্তরীয় জিজ্ঞাসা আর আত্মদহনে ভরপুর যে ভারতবোধ? বিশেষত যে-জার্মান তরুণটির সঙ্গে তাঁর কথা চলছে তখন—ডানিয়েল তার নাম—সে রবীন্দ্রনাথকে পড়েছে অনেকখানি।

আমার এই উদ্‌গ্রীব প্রশ্নসম্ভার নিয়ে পরের লাইনগুলো পড়তে পড়তে আমি পুরস্কৃত বোধ করতে থাকি। 'গোরা' নয়, অলোকরঞ্জন ডানিয়েলকে বলে যেতে থাকেন—মন্ত্রাচ্ছন্নের মতো—জীবনানন্দের এইসব আশ্চর্য পঙ্‌ক্তিমালা:

> সহজ লোকের মতো কে চলিতে পারে
> কে থামিতে পারে এই আলোয় আঁধারে
> সহজ লোকের মতো; তাদের মতন ভাষা কথা
> কে বলিতে পারে আর; কোনো নিশ্চয়তা
> কে জানিতে পারে আর?

প্রায় হাততালি দিয়ে উঠতে ইচ্ছে করে আমার। কোনো সহজ একরৈখিক ভারতবর্ষ নয়, তার্কিক জটিল বহুস্তরান্বিত ভারতবর্ষই আমাদের স্বদেশ, জার্মান তরুণটি বুঝুন আর না-ই বুঝুন, অলোকরঞ্জনের ভারতবোধ আমায় নতজানু করে!

যে-লেখাটি থেকে এই প্রসঙ্গটি নেওয়া তার শিরোনাম, 'মরমী সহজ যান'। এইরকম ভাবেই কোনো লেখায় তর্কসূত্রে উঠে আসেন গান্ধীজি ('এরিশ ফ্রীড ও দুই তরুণ'), কোনো লেখার কেন্দ্রে এসে দাঁড়ান রবীন্দ্রনাথ ('কবির জয়জয়ন্তী'), আর সবমিলিয়ে জার্মান সংস্কৃতির সঙ্গে ভারতসংস্কৃতির বিনিময়ের তাজা প্রত্যক্ষ ছবি আমাদের সত্যি সত্যি অন্যরকম এক ভ্রমণের আস্বাদ এনে দেয়। অবশ্য গান্ধী-রবীন্দ্রনাথ-জীবনানন্দ নিয়ে তর্কবিতর্কগুলি নয়, আমাদের কাছে এই বইয়ের মূল আকর্ষণ হয়ে থেকে যান অনেক নাম-না-শোনা বর্ণিল মানুষজন—ওই সাইকেলরিকশার চালকটির মতো। সেরকম আর-একজন মানুষ শ্রীমতী ফ্রাউ প্রেমসার। হমবোল্ট বিশ্ববিদ্যালয়ের

প্রাক্তন অধ্যাপিকা ইনি, আদ্যন্ত ভারতপ্রেমী, একটা সময়, যৌবনে, দক্ষিণ ভারতীয় এক সতীর্থের সঙ্গে চিরদিনের মতো ভারতবর্ষে চলে আসতে চেয়েছিলেন, কঠোরচেতা পিতার ঘোর অসম্মতিতে তা হয়নি। অতঃপর সারাজীবন ভারতচর্চাই হয়ে ওঠে এই একাকী নারীর তপশ্চর্যার কেন্দ্র। ইনি, অবশেষে একদিন ভারতবর্ষে এলেন, জীবনে এই একবারই। কোন কাজে এলেন? সেই দক্ষিণ ভারতীয় সতীর্থের পুত্রের বিবাহ-উৎসবে যোগ দিতে। তারপর, অলোকরঞ্জন জানাচ্ছেন, "প্রার্থিত মৃত্তিকায় পা রাখতেই তাঁর মনে হল, এ দেশ এক স্বর্গ, দৈন্যদশার ভিতরেও যার সত্তার ঐশ্বর্য অনিঃশেষ।" আমার স্বদেশ অনেক সময়েই আমার অভ্যাসে পরিণত হয়ে যায়, ফ্রাউ প্রেমসারের মতো মানুষদের গল্প সেই অভ্যাসের দাসত্ব থেকে আমাদের মুক্তি দিতে পারে তখন।

এই বইয়ের সিংহভাগ জুড়ে আছে জার্মান সাহিত্য আর শিল্পের সাম্প্রতিকতম বিবরণ—সেটাই থাকবার কথা—আদতে 'জার্মানির চিঠি'-ই তো লিখতে বসেছেন অলোকরঞ্জন। তবে 'বিবরণ' শব্দটা একটা হয়তো ঠিক বলা হল না, কেন না এর কোনো কথিকাই তথ্যভার উইকিপিডিয়ার সমধর্মী তো নয়, প্রতিটা লেখার মধ্যেই আছে এক ধরনের জার্নি, আর কিছু না হোক, পাঠকমনকে সচল করে দেবার দেদার আয়োজন তো প্রত্যেক লেখাতেই ছড়িয়ে আছে। ১৯৮২ থেকে এই লেখাগুলোর সূচনা। এই ১৯৮২ হল মহাকবি গ্যোয়েটের মৃত্যুর দ্বিশতবর্ষ। মৃত্যুর দেড়শো বছর? সেটাও কি কোনো উদ্‌যাপনের লজিক হতে পারে? বাঙালি পাঠককে সে প্রশ্ন করে অবশ্য কোনো লাভ নেই, আমরা তো প্রতি বচ্ছর বাইশে শ্রাবণ ধুমধাম করেই 'পালন' করি। গ্যোয়েটে কিন্তু জার্মানির রবীন্দ্রনাথ নন, আমাদের প্রতিদিনের বেঁচে-থাকার পার্বণে যেমন রবীন্দ্রনাথ অপরিহার্য, ১৯৮২ পর্যন্ত অন্তত গ্যোয়েটে তেমন ছিলেন না। কিন্তু একটু আশ্চর্য হয়ে অলোকরঞ্জন খেয়াল করেন, এবার যেন জার্মানি প্রবলভাবে জাতির একজন 'হিরো' খুঁজছে, সদর্থে, 'নিজের অস্তিত্ব

আর উত্তরণের গরজে' আর তাই যেন খুঁজে পেয়ে যাচ্ছে গ্যোয়েটের মধ্যে নতুন করে। ফলে সহসা বিস্ফোরণের মতো 'সমস্ত গণমাধ্যমেই তাঁর কীর্ত্তিপতাকা সঞ্চারিত, উনিশশো বিরাশির প্রতিটি দিন প্রকাশ্যত তাঁরই নামে উৎসর্গিত।' কোথাও কি আমরা মিল পাচ্ছি ১৯৬১-র সঙ্গে এই ১৯৮২-র। স্বাধীনতা পরবর্তী উদ্বাস্তুদীর্ণ বাঙালিও কি জাতি হিসেবে সেদিন রবীন্দ্রনাথে মুক্তি খুঁজে নিতে চায়নি? নিশ্চয়ই এই বাক্যটা নিয়ে তর্ক করা সম্ভব, তবু মনে হয়, সমগ্র জাতির অবিসংবাদী নায়ক হিসেবে রবীন্দ্রনাথের প্রতিষ্ঠা বোধহয় ১৯৬১-র আগে হয়নি।

এক সংস্কৃতি থেকে অন্য সংস্কৃতি পর্যন্ত সংযোগের পদচিহ্ন এভাবেই ছড়িয়ে থাকে এ বইয়ের অক্ষরমালায়। কিন্তু শুধু সংযোগ? সংস্কৃতির বিরুদ্ধতা কিছু নেই? আছে বৈকি। তবে বলা বাহুল্য সেটাও ওই প্রাচ্য ও পাশ্চাত্য নামক দুটো বর্গকে এক মধ্যরেখার দুধারে হাজির করে মিল-অমিল দেখাবার ভঙ্গিমায় নয় কখনোই। তৃতীয় বিশ্ব আর নিসর্গের বিরুদ্ধে পশ্চিমের মহাশক্তিবর্গ (জার্মানি সহ) যে জুলুম চালাচ্ছে তার বিরুদ্ধে বন শহরে প্রতিবাদসভা ডাকা হয়েছে, পঁয়ষট্টি মাইল জুড়ে নিরন্তর মানববন্ধন তৈরি করা হবে। কিন্তু এত মানুষের সমাগম-সম্ভাবনায় 'বাহান্নটি স্পেশাল ট্রেন' দেওয়া হয়েছে শুনে ভারতবাসী হিসেবে বিহ্বল লাগে! এখানে বিরুদ্ধ যে-কোনো প্রতিবাদকে বানচাল করে দেবার চেষ্টাই তো ক্ষমতাসীনের একটা বড় কাজ! স্পেশাল ট্রেনের খবরে বিহ্বল লেগেছিল, প্রতিবাদীদের লিফলেটের বয়ান পড়ে প্রায় মূর্ছিত হবার উপক্রম হয় আমাদের। সেই লিফলেটে কমরেডদের কড়াভাবে জানানো হয় যে গাড়ির কামরা একটু নোংরা করা যাবে না, করলে তাদেরই ফিরে গিয়ে তা পরিষ্কার করে দিতে হবে। স্টেশনে নেমেই পোস্টার-স্লোগান নিয়ে আদিখ্যেতা শুরু করবার চেষ্টা না-করাই ভালো, তাতে অন্য সহযাত্রীদের অসুবিধা হতে পারে! নিজেকে আর অপরের অধিকারকে এইভাবে সম্মান করবার সংস্কৃতি এখনও কি ভারতবর্ষ অর্জন করে উঠতে পেরেছে? বড়ো অর্থে পশ্চিমী রাষ্ট্রগুলির বিরুদ্ধে নানা কারণে তর্জনী তুলতে

পারি আমরা, কিন্তু নিবিড় অর্থে পশ্চিমের মানুষের কাছ থেকে অনেক কিছু শেখার রয়ে গেছে আমাদের। হেনরিখ হাইনের এক মূর্তি বসবে শহরের পার্কে, তৈরি হল এক বিমূর্ত অবয়ব, নয়নসুভগ নয় কিন্তু প্রবল ব্যঞ্জনাময়। সে-মূর্তি বসল ছোটোদের খেলার পার্কে। সেখানে ঘুরতে গিয়ে অলোকরঞ্জন দেখলেন শিশুরা কেউ কবির মাথায় চড়ে বসেছে, কেউ-বা নাক ধরে ঝুলছে। পৌত্তলিক আমাদের মন, এ তো প্রায় ফৌজদারি অপরাধ বলে গণ্য হত আমাদের দেশে। জার্মান সংস্কৃতি বোধ কিন্তু ব্যাপারটাকে আর-একরকমভাবে দেখতে শেখায়। 'জন্ম নির্বাসিত কবি হাইনে শেষ পর্যন্ত তাঁর উপযুক্ত অবসর পেয়েছেন এই পার্কে, যেখানে ছেলেরা করে খেলা।' এই হল সংস্কৃতির বিরুদ্ধতারও দু-একটা চকিত ছবি!

বিশ শতকের আশির দশকে তৈরি হওয়া এই বই, যার কেন্দ্রে রয়েছে জার্মানিবাসের অভিজ্ঞতাপুঞ্জ, সে-বই পড়তে বসবার আগেই তার থেকে দুটো ব্যাপার আশা করে বসে থাকি আমি। প্রথম, চার দশক আগেকার সেই মর্মান্তিক সময়পর্বের কোনো অবশিষ্ট আর্তি কি আজকের সংস্কৃতির মধ্যে জেগে আছে? বলা বাহুল্য, আমি নাৎসিতন্ত্র আর দ্বিতীয় মহাযুদ্ধের কথা বলতে চাইছি। ঠিক ইতিহাস বলবার মতো করে অলোকরঞ্জন এর উত্তর দেন না, এ বইয়ের গড়নটাও সেরকম নয়, কিন্তু সব মিলিয়ে এইটে বিলক্ষণ টের পাওয়া যায় যে এই জার্মানি ওই জার্মানি নিয়ে বিব্রত, আর সচেতনও। সে যেন নিজের কাঁধে তুলে নিয়েছে এক স্বেচ্ছাদায়, পুনরাবৃত্ত না-হওয়ার দায়। মানুষে-মানুষে আলোচনায় উষ্ণতায় অভিবাদনে তাই ফিরে ফিরে আসতে থাকে শান্তি, অহিংসা, গান্ধী বা মার্টিন লুথারের মতো শব্দাবলী। এদের প্রতিবাদের ভাষাও যেন নতুন পন্থার খোঁজে ব্যস্ত, হিংসা-অহিংসার টানাপোড়েন নিয়ে তাই এই বইয়ের অনেকখানি ব্যয়িত হয়, স্বাভাবিকভাবেই।

আর, পাঠক হিসেবে আমার দ্বিতীয় আশা, পশ্চিম আর পূর্ব জার্মানির সম্পর্ক, সে-বিষয়ে এ বইয়ের হিরণ্ময় অনুল্লেখ আমাকে

খানিক বিস্মিত করে। বার্লিন ওয়াল তখনও কুৎসিত দর্পে বিরাজমান, তবু জার্মান প্রাজ্ঞ মন সে নিয়ে বেশি চর্চা করে না কেন? না কি এ শুধু পশ্চিম জার্মানের নীরবতা, হয়তো পূর্বে গেলে দীর্ঘশ্বাসের শব্দ টের পাওয়া যেত আর একটু বেশি করে। হ্বোলফ বীয়ারমানের একটি কবিতার উল্লেখ করেছেন লেখক এক জায়গায়, সেখানে চকিতে একবার পূর্ব-পশ্চিম বরাবর বেদনারেখাটার আভাস পাই বটে:

জার্মান শীতে স্প্রে-নদীটি বইছিল
পুবদিক থেকে পশ্চিম বার্লিনে
সাঁৎরে গেলাম সেই পথে একদিন
উচাঁনো পাঁচিল ছাপিয়ে রেললাইনে...

কিন্তু এর বাইরে, পূর্ব জার্মানি যেন পশ্চিমের স্মৃতিপট থেকে সম্পূর্ণ মুছে গেছিল সেদিন এইরকম মনে হতে থাকে। এতটা কেন হতে পারল, সেটা একদিন স্বয়ং অলোকরঞ্জন দাশগুপ্তর কাছ থেকেই জেনে নিতে হবে।

মধ্যবিত্ত, মেসবাড়ি, ঘনাদা

একটি মেসবাড়ির মিথ...

'সাড়ে চুয়াত্তর' ছবিটার সেই বিখ্যাত মেসবাড়িটার কথা মনে আছে? অন্নপূর্ণা বোর্ডিং হাউস? নানান বয়সি পুরুষরা দিব্যি নিজেদের মধ্যবিত্ত লিবিডো নিয়ে দিন গুজরান করছিল, হঠাৎ সেখানে এসে হাজির হল এক পরিবার, আর সে পরিবারের কন্যা রমলা ঘটনাচক্রে সুচিত্রা সেনের মতো সুন্দরী! তার ফলে কী হুলুস্থুলুটাই না হয়েছিল, সে কথা আজ প্রায় সব বাঙালিরই জানা। বিশ শতকের দ্বিতীয় বা তৃতীয় দশক থেকে কলকাতায় একের পর এক গজিয়ে উঠতে থাকে এই নতুন এক ফেনোমেনোন, মেসবাড়ি। 'সাড়ে চুয়াত্তর' তারই এক আশ্চর্য দৃশ্যরূপ। উনিশ শতকেও কলকাতার দিকে গ্রাম-মফমফস্সলের অনিবার্য যাত্রার গল্প ছিল, ঔপনিবেশিক শহরের চরিত্রের মধ্যেই এ গল্প থাকে, কিন্তু তখনও পর্যন্ত মেসবাড়ির প্রয়োজন ছিল কম। আসলে গ্রামীণ অর্থনীতির সর্বনাশের ব্যাকড্রপে কলকাতার মোহময়ী আকর্ষণের তুঙ্গবিন্দুতে পৌঁছতে বিশ শতক পর্যন্ত গড়িয়ে গিয়েছিল।

তাছাড়া, উনিশ শতকে আত্মীয়-কুটুম্বের বাড়ির দরজাও হয়তো সবটা বন্ধ হয়ে যায়নি। রবীন্দ্রনাথের 'ছুটি' গল্পের ফটিক কলকাতায় পড়তে যায়, তার মামার ভরসায় আর ত্রৈলোক্যনাথ মুখোপাধ্যায়ের 'কঙ্কাবতী' (১৮৯২) উপন্যাসের খেতুও কলকাতায় যেতে পারে দূর-

সম্পর্কের জ্ঞাতি রামহরি মুখোপাধ্যায়ের সৌজন্যে।

কিন্তু উনিশ পেরিয়ে বিশ শতকে এসে পড়তেই অপুর কলকাতার বাসস্থান হয়ে ওঠে পঞ্চানন দাসের গলির এক মেস। ফলে এই মেসবাড়ি নামক ঘটনাটির দেখা পেতে শুরু করলাম আমরা বিশ শতকের প্রায় প্রতিটি কথাকারের আখ্যানে, রবীন্দ্রনাথে বা শরৎচন্দ্রে, শরদিন্দু বা প্রেমেন্দ্র মিত্রে। এই যাবতীয় মেসবাড়ির মধ্যে বাংলা সাহিত্যে সর্বাধিক খ্যাতিমান হতে পেরেছে দুটি। একটি ওরিজিনাল, মানে একেবারে রক্তমাংসের এক ভদ্রলোক সে মেসবাড়ির দোতলার এক ঘরে অর্ধশতাব্দীরও বেশি সময় ধরে অধিষ্ঠিত ছিলেন, ভদ্রলোকের নাম বাঙালি পাঠককে বলে দেওয়ার দরকার নেই, মেসবাড়ির ঠিকানাটাই আপাতত যথেষ্ট পরিচয় হবে, ১৩৪ মুক্তারামবাবু স্ট্রিট। আর-একটি, বাংলার প্রথম সর্বজনীন দাদার আবাসস্থান, বাহাত্তর নম্বর বনমালি নস্কর লেন। কেমন এই মেসবাড়িটি?

এই বিখ্যাত মেসে প্রথমবার বিখ্যাততর ঘনাদার এসে পৌঁছনোর খবর আমরা জানতে পারি 'ঘনাদা এলেন' গল্পে। চার 'মূর্তিমান', শিশির-শিবু-গৌর-সুধীর মিলে 'শহুরে আস্তানা' খোঁজার তাগিদে একদিন পৌঁছে গেলেন বাহাত্তর নম্বরে। 'সামান্য একটু-আধটু' মেরামতি আর চুনকাম করিয়ে, তার 'কয়েকটা' ঘরে এঁরা ঢুকে পড়েছেন। মাঝের একটা ঘরকে নির্দিষ্ট করা হল আড্ডাঘর বলে। তারপর সেখানে অকস্মাৎ একদিন যখন এসে হাজির হচ্ছেন সেই আশ্চর্য লোকটি বয়স যাঁর হতে পারে ত্রিশ থেকে ষাট, যা-খুশি—ধারালো কুড়ল মার্কা মাঝারি মাপের চেহারা—তাঁর জন্য অগত্যা নির্দিষ্ট করে দিতে হচ্ছে তেতলার নেড়া ছাদের ঘরখানি।

তার মানে এই মেসবাড়িটির দখলিস্বত্ব কার, ভাড়া দিতে হয়, নাকি হয় না—এসব প্রশ্নের কোনো সদুত্তর কিন্তু মিলছে না। আমরা এও জানি যে এই বিখ্যাত পাঁচ বাসিন্দা ছাড়া আরও অনেকে এই মেসের বোর্ডার ছিলেন নানা সময়ে, ঘনাদা সিরিজের প্রথম গল্প 'মশা'-য় আমরা পেয়েছিলাম বিপিনকে। এছাড়াও বিভিন্ন গল্পে বাপি

দত্ত, সুশীল চাকী, ধনু চৌধুরিদেরও দেখা পেয়েছি আমরা। এমনকী নাম-না জানা অনেক বোর্ডারও যে এই মেসে থাকত তারও প্রমাণ মিলবে 'হাঁস' গল্পে। সেখানে আমরা পাব এইরকম কয়েকটা বাক্য,

> খাওয়া-দাওয়াটা বেশ ভালোই হয়েছিল। মফস্‌সলে যাদের বাড়ি তাদের কল্যাণে শুক্রবার রাতের খাওয়াটা আজকাল এই রকমই হয়। শুক্রবারের পর শনিবার হাফ হলিডেতে তাঁরা সকাল সকাল বাড়ি যান আর ফেরেন সেই সোমবার সকালে। ... মফস্‌সলিদের মধ্যে বাপি দত্ত একজন।

এই বাক্যবিন্যাস থেকেই পরিষ্কার যে এই মেসের সদস্যসংখ্যা আমরা যতটুকু অনুমান করি তার থেকে অনেকটা বেশি হওয়াই সম্ভব।

সব মিলিয়ে মনে হয়, এত যে বিখ্যাত মেসবাড়ি, বাংলা সাহিত্যের বিখ্যাততম, তবুও এর ধরনধারণ, এর ইতিহাস-ভূগোল, এর অর্থনীতির জায়গাটা কিন্তু বেশ, ঘোলানো, সবটা খুব স্বচ্ছ নয়। বাংলা সাহিত্যে এমন ঘোলানো মেসবাড়ি কিন্তু বেশ দুর্লভই। ব্যোমকেশের প্রথম গল্প 'সত্যান্বেষী' মনে পড়বে নিশ্চয়ই অনেক পাঠকের। কী নিপুণ অনুপুঙ্খে সে মেসের বর্ণনা দেওয়া আছে, তা তো চোখ এড়িয়ে যাওয়ার নয়। বাড়িওয়ালা অনুকূলবাবুর হাতে 'মাসের গোড়ায় বাড়িভাড়া ও খোরাকি বাবদ' যে পঁচিশটি টাকা গুণে দিতে হত, সে কথারও উল্লেখ করতে ভোলেননি অজিত ওরফে শরদিন্দু। 'সিজনের মাঝখানে' অতুলচন্দ্র মিত্র ছদ্মনামে ব্যোমকেশ যখন এ মেসে হাজির হয়, তখন তার জন্যও একটা ঘর দিব্যি জুটে যায়—এমন কোনো ক্রমপ্রসারমান নয় শরদিন্দুর এই মেস (যেমনটি মনে হয় বাহাত্তর নম্বরকে!), ফলে অজিতের সৌজন্যে অজিতেরই ঘরের সহ-বাসিন্দা হয়ে থাকতে হয় ব্যোমকেশকে।

তবু বাহাত্তর নম্বরকে টেক্কা দিতে পারেনি কেউ। এই মেসবাড়ির অনুপুঙ্খ যতই অস্বচ্ছ হোক, এর বাসিন্দাদের চরিত্রের সঙ্গে মিলে গেছে গ্রাম-মফস্‌সল থেকে কাজেকম্মে-পড়াশোনায় কলকাতায়

আসা অগণিত মানুষের মেসজীবনের স্মৃতি। ঘনাদাকে তাই ছোটোরা একরকমভাবে পড়ে, বড়োরা পড়ে আরেকরকমে।

মধ্যবিত্তের রোমান্স...

ঘনাদার গল্প মূলত কিশোরদের জন্যই লেখা, সেকথা মানছি। কিশোরদের জন্য বলেই এই মেসে কখনোই এসে পড়ে না কোনো মহিলা, মেসের সামনের রাস্তাতেও না, রাস্তার পাশের গলিতেও না। এই মেসের বাসিন্দারা গালাগাল দেন কি না, পর্নোগ্রাফি গড়েন কি না, দেওয়ালে মুভি-স্টারের ছবি টাঙান কি না, জানার কোনো উপায় নেই। অথচ রবীন্দ্রনাথের 'ডিটেকটিভ' গল্পের সেই মেসবাড়িটির কথা ভাবুন। (মেসবাড়ি কথাটা অবশ্য রবীন্দ্রনাথ ব্যবহার করেননি, বলেছেন 'বাসা'। কিন্তু সেটা যে মেস-ই, তাতে কোনো সন্দেহ নেই।) সেখানে অন্য বোর্ডারদের অনুপস্থিতির সুযোগ নিয়ে কলেজ-পড়ুয়া মন্মথ দিব্যি ডেকে নিতে পারে তার 'বাল্য-প্রণয়ীকে'! মেসবাড়ির সঙ্গে জড়িয়ে আছে বাঙালি মধ্যবিত্তের ঝিমিয়ে-পড়া রোমান্সের শুশ্রূষার হাতছানি, কিশোরপাঠ্য বলেই ঘনাদার গল্পে তার তীব্র অনুপস্থিতি।

কিন্তু 'রোমান্স' আছে। তারই নাম ঘনাদা। ঘনাদার গল্প ঠিক অ্যাডভেঞ্চারের গল্প নয়। অ্যাডভেঞ্চারের জার্নি, শিহরণ, রোমাঞ্চ ঘনাদার নেই। ঘনাদা এসেনশিয়ালি কল্পবিজ্ঞানও নয়। বিজ্ঞান ঘনাদার গল্পে একটা বড়ো জায়গা নিয়ে থাকে বটে, কিন্তু প্রোফেসর শঙ্কুর মতো ঘনাদা নিজে বিজ্ঞানী তো ননই, তাঁর গল্পেও মিরাকিউরল বড়ি, অ্যানইহিলিন পিস্তল বা এয়ার-কন্ডিশনিং পিল-এর উদ্দাম পক্ষবিস্তার নেই। আর ঘনাদা গোয়েন্দাও নয়। অনেক গল্পেই টুকরো-টাকরা রহস্যের মুখোমুখি হতে হয় ঘনাদাকে, এমনকী স্বয়ং পরাশর বর্মাও কয়েকটি গল্পে হাজির হয়ে যান, কিন্তু গোয়েন্দা গল্পের স্বাদ পাবার জন্য তো আর কেউ ঘনাদা খোলে না। ঘনাদা তাহলে কীসের গল্প?

আমাদের মনে হয়, ঘনাদা আসলে বাঙালি মধ্যবিত্তের

মেসবাড়িরই গল্প। স্বাধীনতা-উত্তর, দেশভাগ-উত্তর বিপর্যস্ত বাঙালি নাগরিক মধ্যবিত্তের শক্তি আর শুশ্রূষার সবচেয়ে বড়ো দুটো জায়গা ছিল তার কল্পনা আর তার কথা। কথানিপুণ বাঙালি, ট্রেনে-বাসে রাজাউজির-মারা বাঙালি স্বঘোষিত বুদ্ধিজীবিতার অহংসর্বস্ব বাঙালি। মাড়োয়ারি, বিহারি, মাদ্রাজি 'ওরা'-র সঙ্গে 'আমাদের' যে তফাতরেখা আমরাই খাড়া করে তুলেছি ঠিক সেখানেই তো দাঁড়িয়ে থাকে সবজান্তা বাঙালি।

ভেবে দেখুন, ঘনাদা গোয়েন্দা নন, বিজ্ঞানী নন, পর্বতারোহী নন, নাবিক নন। তিনি সবজান্তা। আমাদের কিশোর-রোমান্স আর বয়স্ক-রোমান্স—দুইই ঘনাদায় এসে স্বস্তি পায়। আর সেই সঙ্গে যোগ করে নেওয়া যায় বাঙালির সুবিখ্যাত কল্পনাপ্রিয়তাকে। বাংলার বাইরে পা রাখতেও অপছন্দ করেন যে কবি, তাঁরই কবিতায় ফিরে ফিরে আসতে থাকে মিশর, ব্যাবিলন, সুমেরু, লিবিয়া, জার্মান, তাঁরই কবিতার ভরসায় বাঙালি মানসভ্রমণ সেরে নেয় বিম্বিসার অশোকের ধূসর জগতে। বাঙালির উপন্যাস লেখা শুরু হয় ইতিহাস-রোমান্সের কল্পলোক ছেনে। ঘনাদাও বাঙালিকে সেই কল্পলোকে নিয়ে যেতে পারে। 'মশা' গল্পটাতেই তো আমরা জেনে চমৎকৃত হয়ে যাই যে,

> গত দুশো বছর ধরে পৃথিবীর হেন জায়গা নেই যেখানে তিনি যাননি, হেন ঘটনা ঘটেনি যার সঙ্গে তাঁর কোনো যোগ নেই।

ব্যাস, তবে তো মিটেই গেল। সঙ্গে সঙ্গে তিনি চিরকালের বাঙালির দোসর হয়ে গেলেন।

এ-হেন ঘনাদার সঙ্গে যে মেসবাড়ির অনুষঙ্গটি চমৎকার মিলে যাবে তাতে আর সন্দেহ কী! মেসবাড়ির বাসিন্দাদের কাজটা ঠিক কী? 'ঘনাদা সমগ্র'-র ভূমিকা থেকে জানা যাচ্ছে এরা সবাই নাকি কোনো-না-কোনো বাস্তব চরিত্রের আদলে তৈরি। শিবু হলেন শিবরাম চক্রবর্তী, গৌর নাকি চলচ্চিত্র পরিচালক গৌরাঙ্গপ্রসাদ বসু, শিশির আসলে নাকি অভিনেতা শিশির মিত্র আর স্বয়ং প্রেমেন্দ্র মিত্রেরই ডাক নাম সুধীর! কিন্তু এ তথ্য জেনে ঘনাদার পাঠক হিসেবে

আমাদের অতিরিক্ত কোনো সুবিধে হয় না, আমাদের মনে রাখতে হয় এ-মেসবাড়ির বাসিন্দারা নেহাতই সোম-শুক্রের চাকুরিজীবী আর শনিবার হাফ-ডে। অর্থাৎ সংখ্যাগরিষ্ঠ বাঙালি—কেরানিসংকুল বৈচিত্র্যহীন জীবন। প্রেমেন্দ্র মিত্রেরই লেখা অনবদ্য ছোটোগল্প 'শুধু কেরানী'-র ওই লাইনগুলো মনে করা যাক,

> আফ্রিকা জুড়ে কালো কাফ্রি জাতের উদ্বোধন—হুঙ্কারে সাদা বরফের দেশের আকাশ কেমন করে শিউরে উঠছে, সে খবর তারা রাখে না। হলুদবরণ বিপুল মৃতপ্রতিম জাতি একটা কোথায় কবরের চাদর ছুঁড়ে ফেলে খাড়া হয়ে দাঁড়িয়েছে তাজা রক্তের প্রমাণ দিতে, সে খোঁজ রাখবার তাদের দরকার হয় না।

তাহলে অফিসের বাইরে কেমন করে সময় কাটায় তারা? একবিংশ শতক হলে বলতাম, নির্ঘাত সেই মেসে এসে যেত একটি টিভি, সারা সন্ধ্যে সবাই মিলে দেখত বুদ্ধিজীবীর অর্থহীন এবং অন্তহীন কচকচানি, না-হলে বিশ্বকাপ ক্রিকেট। ১৯৪০–৫০-এর দশকে প্রেমেন্দ্র মিত্র টিভিহীন তাদের জন্য জোগাড় করে এনে দিয়েছিলেন ঘনাদাকে। যে খবর এতদিন রাখেনি সে, রাখবার দরকার হয়নি, মহাবিশ্বের সেই সব যাবতীয় হুলুস্থুলু তারা চোখের সামনে লাইভ দেখতে পেল ঘনাদায়, মেসবাড়ির দীনতা মুহূর্তে পালটে গেল বিশ্বকেন্দ্রের মহত্ত্বে, শিবু-গৌর-শিশিরদের ঘনাদাকে বরণ করে নিতে একটুও দেরি হল না। ঘনাদা মধ্যবিত্ত কেরানি-বাঙালির ইচ্ছাপূরণের গল্প হয়ে উঠল। প্লেট বোঝাই শিক কাবাব কিংবা হরি ময়রার বাদশাহি শিঙাড়া অথবা প্লেটের পর প্লেট ল্যাংচা খেতে খেতে কেউ বিশ্ব-উদ্ধার করছে, এ গল্প তো আসলে আমাদের সকলেরই। ঘনাদা কে, ঠিক কী করেন তিনি, মানে তাঁর পেশা কী, ইত্যকার খবর আমরা কেউ রাখি না। কিন্তু তাঁর তিনটি স্থাবর সম্পত্তি—গড়গড়া, ছোটো কঙ্গল জড়ানো বিছানা আর একটা পুরোনো রংচটা ঢাউস তোরঙ্গ—চল্লিশ-পঞ্চাশের দশকের

নাগরিক নিম্নমধ্য-মধ্যবিত্ত বাঙালির সর্বজনীন সম্পত্তির অন্তর্গত হয়েই ঘনাদার শ্রেণিচরিত্রটিকে পরিস্ফুট করে দেয়।

ঘনাদার 'লুক'...

সম্প্রতি প্রকাশিত 'টইপাড়ায় টহলদারি' নামের চমৎকার বইটিতে লেখক শুভেন্দু দাশমুন্সী আমাদের মনে করিয়ে দিয়েছেন যে আজ আমরা ঘনাদাকে যে চেহারায় দেখি, প্রথম প্রকাশের কাল থেকেই তিনি সে চেহারার অধিকারী ছিলেন না। প্রতুল বন্দ্যোপাধ্যায় থেকে শুরু করে নরেন্দ্র দেব পর্যন্ত নানা শিল্পীর নানা বিচিত্র চেহারার ঘনাদাকে পাবার পর অজিত গুপ্তর ঘনাদাই জয়ী হন। যে ঘনাদা পাঠকের দরবারে প্রতিষ্ঠা পেয়েই গেছেন, সে সম্পর্কে অন্যরকম মতামত দেওয়ার আগে কনফিডেন্স-এর খুব অভাব দেখা দেওয়ার কথা তবু কিঞ্চিৎ সাহস সঞ্চয় করে হয়তো বলেই ফেলা যায় যে ঘনাদার এই 'লুক' প্রশ্নাতীত না-ও হতে পারে। এ কথা ঠিকই যে স্বয়ং প্রেমেন্দ্র মিত্রই বলে গেছেন তাঁর 'রোগা লম্বা শুকনো হাড় বার করা' চেহারার বর্ণনা। ফলে নরেন্দ্র দেব যখন দিব্যি একটা নাদুসনুদুস ভুঁড়ির জোগান দেন আর সঙ্গে জুড়ে দেন ছোটো বাটারফ্লাই গোঁফ তখন লেখকের বর্ণনা থেকে অনেকখানি সরে আসেন তিনি, ফলে সে চেহারাকে সহজেই অগ্রাহ্য করা যায়।

কিন্তু এই সময় 'ঘনাদা' বললে যে চেহারা চোখের সামনে ভেসে ওঠে, তা-ই বা কেমন? ধরা যাক, আনন্দ পাবলিশার্স প্রকাশিত সহজলভ্য ও পপুলার 'ঘনাদা সমগ্র'-র তিনটে খণ্ডের প্রচ্ছদে যে ঘনাদা বিরাজমান, কেমন দেখতে তিনি? সমীর সরকারের আঁকা সেই ঘনাদার মুখ সম্পূর্ণ লাবণ্যহীন, সরলরেখায় ভরপুর। টকটকে লাল তাঁর ঠোঁট, উজ্জ্বল সবুজ তাঁর চোখের মণি! কেন? তাঁর চোয়াল যেন পাথরে কোঁদা, তাঁর ভুরু উল্টোনো ভি (^)-এর মতো কৌণিক। যেন হিন্দি সিনেমার কোনো ক্রূর খলনায়ক তিনি। কেন? সমীর

সরকারকে দোষ দিয়ে লাভ নেই। ১৯৫৬ সাল থেকে যখন অজিত গুপ্ত ঘনাদা সিরিজের ছবি আঁকতে শুরু করলেন, তখন থেকেই ঘনাদার রূপবদল শুরু। অজিত গুপ্তর ঘনাদাই ধীরে ধীরে 'প্রতিষ্ঠা' পেল, সমীর সরকারের ঘনাদা সেই অজিত গুপ্তর ঘনাদারই প্রতিরূপ।

অথচ প্রথম থেকেই ঘনাদা কিন্তু এমন ছিলেন না। বিশেষত ঘনাদার আদি রূপকার প্রতুলচন্দ্র বন্দ্যোপাধ্যায়ের ঘনাদা কিন্তু ছিলেন নিতান্তই মধ্যবিত্তসুলভ, যেন-বা বেশ মৌতাতপন্থী, রোগা আর লম্বা বটে কিন্তু যত্নে পাট করে আঁচড়ানো চুল, টিকোলা নাকটি সত্ত্বেও তা ক্রূর হয়ে ওঠে না কখনো, আর চোখ দুটো তো বেশ ছোটো আর মায়ায় ভরা। অজিত গুপ্ত-পন্থী ঘনাদাকে আজ মুছে দেওয়া সম্ভব নয়, কিন্তু আজও কেউ হয়তো ঘনাদার গল্প পড়তে পড়তে টের পেয়ে যেতে পারে প্রতুলচন্দ্রেরই ঘনাদা যেন তার সামনে দাঁড়িয়ে আছে, মধ্যবিত্ত, আয়েশি, বকুনি-সর্বস্ব, অথচ নিদারুণ ভীরু। আর তাই, মায়ায়ভরা একখানা মুখের অধিকারী। ভীরু সারল্য ঘনাদার যে চেহারায় অনুপস্থিত, তাকে প্রশ্নাতীত বলে মেনে নিতে আমার অন্তত অসুবিধে হয়।

ভীরু সারল্যের তাৎপর্য বোঝাতে ওঁর যে কোনো গল্পই বেছে নেওয়া যেতে পারত, আমাদের আপাতত মনে পড়ছে, ধরা যাক, 'কাঁচ' গল্পটা। এ গল্পে শিবু এসে ঘনাদাকে জানায় যে এক বক্সিং প্রতিযোগিতার রেফারি হতে হবে তাঁকে। এ আর কী-এমন শক্ত কাজ? ঘনাদা যখন প্রায় সানন্দে রাজি হয়ে গেছেন, তখন জানা গেল এই প্রতিযোগিতার একজন বক্সার বেশ গোলমেলে, 'একটু মেজাজ বিগড়োলে কে রেফারি কে প্রতিদ্বন্দ্বী তার হুঁশই থাকে না', ফলে 'এ পর্যন্ত পাঁচজন রেফারিকে সে হাসপাতালে পাঠিয়েছে, একজন তো আর ফেরেই নি।'

তারপর থেকে ঘনাদা বেপাত্তা। 'ঘরদোর ছাদ থেকে বাথরুম পর্যন্ত' সব তন্ন তন্ন করে খুঁজেও তাঁকে পাওয়া যায়নি। পাওয়া অবশ্য গেল অনেক পরে, 'ঘনাদা খাটের তলায় মেঝেতে উপুড় হয়ে শুয়ে আছেন।'

রেফারিগিরির ভয়ে যিনি প্রায় চব্বিশ ঘণ্টা খাটের তলায় গিয়ে লুকোন তাঁর চোখদুটো কি খুব মায়াভরা হওয়া বাঞ্ছনীয় ছিল না? কিন্তু গল্পের তো এখানে শুরু। ঘনাদা খাটের তলা থেকে বেরিয়ে আসেন হাতে একটা ভাঙা কাঁচের টুকরো। এরপর এই কাঁচ বিষয়ক সাত-পৃষ্ঠা-জোড়া একটি গল্পো আওড়ান, প্রায় গোটা আফ্রিকা মহাদেশ চষে বেড়ানো সেই গল্পের শেষে জানা গেল যে ওই কাঁচের টুকরোর জন্যই নাকি নাৎসিরা অ্যাটম বোমা বানাতে পারল না।

গল্প শেষ। এবার উপসংহার-টুকু মনে করে দেখুন। ঘনাদা চট করে শিশিরের হাতঘড়িটা দেখে নিয়ে বললেন, “তাই তো শিবু, তোমাদের ক্লাবের অনুষ্ঠানটা তো শেষ হয়ে গেল দেখছি। আজ আর গিয়ে তো লাভ হবে না কিছু।” এই হল ভীরু সারল্য। এর মধ্যে যেটুকু ফন্দির ছলাকলা আছে, তাও জটিলতাবিহীন, ক্রূরতাহীন, নির্দোষ। নিজেকে খাটের তলায় লুকিয়ে রাখার ছবিটির মধ্যেই অপার অনুকম্পা ঝরে পড়ে। এই পুরো গল্প কেরানি বাঙালির আত্মচরিত্রের সঙ্গে বেশ মিলেও যায় না কি? ঠিক এই জায়গাতে দাঁড়িয়ে বড়োরা মিলিয়ে নিতে পারেন নিজের নিজের কিশোরবেলার ঘনাদা-মুগ্ধতা। কেন মুগ্ধ হতাম আমরা ঘনাদায়? নিশ্চয়ই পাতার পর পাতায় ছড়ানো বাবুর্দা দ্বীপ আর নুপৎসে চূড়া, জেনারেল ভরনফ আর কাউন্ট কার্নেরার গল্প পড়ে কে-না রোমাঞ্চিত হয়নি! হাঙরের কামড়ে যে ঘনাদার সুড়সুড়ি লাগে এই মহতী সংবাদ জানতে পেরে কে-না হেসে উঠেছে আনমনে। পাঠ্যবইয়ের কামোফ্লেজে লুকিয়ে ঘনাদা পড়ার সন্ধ্যেগুলো আমাদের অনেকেরই ছোটোবেলার শ্রেষ্ঠ সুখস্মৃতির অংশ। কিন্তু শুধু কি এইটুকু? ছোটোবেলাতেও কি আমরা ধরতে পারতাম না ঘনাদার বাগাড়ম্বর? ঘনাদার নিত্যনতুন অ্যাডভেঞ্চারের খবর আমাদের বেশি আনন্দ দিত, না কি, শেষপর্যন্ত এইটে বুঝে আমরা কৌতুক পেতাম যে কী ডাহা-বাগাড়ম্বরে ঘনাদা থতমত খাইয়ে দিচ্ছে, শিবু-শিশিরদের!

ঘনাদা-পড়া বাঙালি পাঠককে বারবার গল্প মনে করিয়ে দেওয়া ধৃষ্টতা, তবু এখানে অন্তত একটা গল্পর কথা প্রসঙ্গত বলতেই হয়।

ধরা যাক 'অদ্বিতীয় ঘনাদা' বইয়ের 'ফুটো' গল্পটা। মেসের দেওয়ালে দেখা দিয়েছে ছোটো এক ফুটো। সেখান থেকে ঘনাদা চলে যান উত্তর মেরুর দিকে রাশিয়ার শেষ স্থলবিন্দু চেল্যুস্কিন অন্তরীপে। তারপর সেখানে ঘটে বিচিত্র এক ঘটনা। দৈর্ঘ্য, প্রস্থ, উচ্চতার পর মহাশূন্যের যে 'ফোর্থ ডাইমেনশন' আছে তা বেয়ে ঘনাদা নিমেষে চলে যান একেবারে মঙ্গলগ্রহে।

আমরা কী ভেবেছিলাম এই অংশটা পড়ে? নিশ্চয়ই হেসে উঠেছিলাম মনে মনে? ঘনাদাসুলভ আজগুবি বাগাড়ম্বরটুকু ধরে ফেলতে সেদিন আমাদের অসুবিধা হয়নি। কিন্তু আজ বড়ো হয়ে জানছি পণ্ডিত মানুষেরা এসব গল্প পড়ে অন্যরকম কথাও ভাবেন! যেমন 'ঘনাদা সমগ্র' প্রথম খণ্ডের ভূমিকায় সুরজিৎ দাশগুপ্ত আমাদের বোঝাতে চেয়েছেন,—'ফুটো' গল্পে মহাশূন্যের ফোর্থ ডাইমেনশন বা চতুর্থ মাপের জটিল গণিতকে ঘটনার রূপে উদাহরণ দিয়ে যেভাবে সরল করে তিনি বুঝিয়েছেন তা নবীন মনকে মহাজাগতিক বিজ্ঞান সম্বন্ধে আগ্রহী করবে!

এই হল মুশকিলের ব্যাপার। ঘনাদার গল্প থেকে সোজা মহাজাগতিক বিজ্ঞান? ঘনাদার গল্প পড়ার পর সে আগ্রহ আমার তো কখনো জন্মায়নি। কারুর কি জন্মেছে কখনো? একটা চিমটের উদাহরণের সাহায্যে ওই 'ফোর্থ ডাইমেনশন'-কে 'সহজ' করে বোঝাবার চেষ্টা করেছেন বটে ঘনাদা, কিন্তু সেটাকে কি অবশ্যম্ভাবী প্রেমেন্দ্র মিত্রর বোঝানোর চেষ্টা বলে ধরে নিতেই হবে? প্রেমেন্দ্র মিত্র কি ওই হাস্যকর কথাগুলো কখনো বলতে পারেন, সজ্ঞানে? ফোর্থ ডাইমেনশন তো আসলে 'টাইম', সময়। দৈর্ঘ্য, প্রস্থ, উচ্চতার সঙ্গে সময়কেও চতুর্থ মাত্রা হিসেবে গ্রহণ করে আইনস্টাইনের যে জেনারেল থিওরি অফ রিলেটিভিটির গাণিতিক প্রকাশ, তা অতিশয় দুরূহ। দুরূহ বলেই, খোদ আইনস্টাইনকেও এর সঠিক রূপ নির্ণয়ে সাহায্য নিতে হয়েছিল তাঁর এক অঙ্কবিশারদ বন্ধুর, মার্সেল গ্রোসমান তাঁর নাম। বলা বাহুল্য, প্রেমেন্দ্র মিত্রের পক্ষে সেই জটিল গণিত

বুঝে ফেলা সম্ভব ছিল না, চিমটের হাস্যকর উপমায় তা 'সহজ' করে বুঝিয়ে বলা আরও অসম্ভব! আসলে তিনি তার চেষ্টাও করেননি। আমরাও চিরকাল এই ফোর্থ ডাইমেনশন ধরে ঘনাদার শর্টকার্টে চলে যাওয়ার গল্পকে বিশুদ্ধ হ-য-ব-র-ল হিসেবে পড়েই মজা পেয়েছি। এই মজা থেকে একেবারে জ্যোতির্বিজ্ঞানে আগ্রহ পর্যন্ত চলে যেতে বললে একটু বেশিই দাবি করা হয়ে যায় বলে মনে হয়।

যাই হোক, কী হল এ গল্পের শেষে, সেটা মনে করা যাক। ঘনাদার মঙ্গলগ্রহে ঘুরে আসার বিবরণ শুনে শিবু চেপে ধরে তাঁকে,

> এই বছরেই জুন জুলাই-এর মাঝামাঝি মঙ্গলগ্রহ পৃথিবীর অত্যন্ত কাছে এসেছিল বলে শুনেছি। [ঘনাদা জানিয়েছিল, এই সবচেয়ে কাছে আসার মুহূর্তেই ঘটেছিল তাঁর মঙ্গলযাত্রা।] কিন্তু সশরীরে তখন আপনি এই মেসেই ছিলেন মনে হচ্ছে।

সেই কিশোর বয়সেই আমরা ধরতে পারতাম যে গল্পের শীর্ষবিন্দু পৌঁছোয় এর পরেই, যখন ঘনাদা সিগারেটের টিনটা 'অন্যমনস্ক' ভাবে তুলে নিয়ে ঘর থেকে বেরিয়ে যান। এই যে ধরা পড়ার পরের ছদ্ম-স্মার্টনেস, এখানেই ঘনাদা আমাদের প্রিয় হয়ে যান। তাঁর বুকনি তাঁর অ্যাডভেঞ্চারকে ছাপিয়ে দাগ কেটে যায় মনে।

আর এই আশ্চর্য বুকনির ফোর্থ ডাইমেনশনে চেপেই তো ঘনাদা চিরকালের বাঙালি মধ্যবিত্তের প্রিয় মানুষ হয়ে রয়ে যান।

বাঙালি গোয়েন্দার বিকল্প: নারায়ণ সান্যালের ‘কাঁটা’ সিরিজ

গোয়েন্দার পরাভব

বিচিত্র এক গোয়েন্দার কাহিনি শুনিয়েছিলেন স্বয়ং রবীন্দ্রনাথ। মহিমচন্দ্র তাঁর নাম এবং তাঁর জীবনের বদ্ধমূল প্রতিজ্ঞা এই যে, ‘ডিটেকটিভ লাইনে আমি সকলের সেরা হইব, একটা নাম রাখিব।’ আন্তরিক এই প্রতিজ্ঞাটি পূরণ করে ওঠা যাচ্ছিল না কেবল এজন্য যে আমাদের দেশের অপরাধীগুলো ভীরু আর নির্বোধ, অপরাধগুলো নির্জীব আর সরল। এমন কত নির্বোধ অপরাধীকে অনায়াসে ধরে ফেলে প্রবল হতাশায় মহিমচন্দ্র নীরবে তিরস্কার করেছেন তাদের, ‘গবর্মেন্টের সমুন্নত ফাঁসিকাষ্ঠ কি তোদের মতো গৌরববিহীন প্রাণীদের জন্য হইয়াছিল—তোদের না আছে উদার কল্পনাশক্তি, না আছে কঠোর আত্মসংযম, তোরা বেটারা খুনী হইবার স্পর্ধা করিস!’

উপরের উচ্চারণটির অন্তর্গত ব্যঙ্গ আমরা সকলেই ধরতে পারি। কিন্তু, কার উদ্দেশে এই ব্যঙ্গ? মহিমচন্দ্রের ব্যঙ্গ নিশ্চয়ই কোনো নির্জীব নির্বোধ অপরাধীর উদ্দেশে। কিন্তু লেখকের? ‘ডিটেকটিভ’ নামের পুরো গল্পটা পড়ে ওঠার আগেই এ-কথা বুঝতে কারোরই অসুবিধে হয় না যে এ-ব্যঙ্গের উদ্দিষ্ট স্বয়ং মহিমচন্দ্র, তার অহং, তার সেরা ডিটেকটিভ হয়ে উঠতে চাওয়ার উৎকট আত্মম্ভরী বাসনা।

কিংবা আরও একটু স্বাধীনতা নিয়ে বলা এক, গোয়েন্দা-গল্পের গোয়েন্দা নামক ধারণাই এখানে রবীন্দ্রনাথের ব্যঙ্গলক্ষ্য। সাহিত্যের গোয়েন্দা যেন স্বয়ংসম্পূর্ণ অখণ্ড এক সত্তা, এক হিরো, একক, সবার থেকে আলাদা, যেন মানব-অতিরিক্ত কোনো প্রাণী। বাস্তবে আমরা জানি, 'গোয়েন্দাগিরি' আসলে এক যূথবদ্ধতার নাম, বহু মানুষ বহু পরিশ্রম, কিছু 'বিশেষ' জ্ঞান আর আধুনিকতম 'টেকনোলজি'-র সাহায্যে উদ্‌ঘাটিত হয় রহস্যসূত্র। কিন্তু গোয়েন্দা কাহিনিতে সবসময় ভ্যান ডাইন বর্ণিত ৬ নম্বর নিয়মটি নিরঙ্কুশভাবে প্রতিষ্ঠিত হয়ে এসেছে। গোয়েন্দা সবসময় একক, বুদ্ধিবৃত্তিতে অসমান্তরাল, এমনকী অতিমানবিক। সাহিত্যের গোয়েন্দার এই-অর্থে 'হিরো' হয়ে ওঠার অ্যান্টিডোট রবীন্দ্রনাথের মহিমচন্দ্র। রবীন্দ্রনাথের হাতে মহিমচন্দ্রের এ-হেন চমকপ্রদ পরিণতির কথাটা মাথায় রেখে একবার দেখে ফেলা যাক নারায়ণ সান্যালের 'কাঁটা সিরিজ'-এর গোয়েন্দাদের। নারায়ণ সান্যালের 'কাঁটা' সিরিজের কাহিনিগুলি রহস্য গল্প নিশ্চয়ই, রহস্য সমাধানেরও গল্প, কিন্তু 'গোয়েন্দা গল্প' নয়। বস্তুত একাধিক গোয়েন্দার সচেতন অপমৃত্যু-র বিনিময়ে এখানে উজ্জ্বল হয়ে উঠতে থাকেন এক ব্যারিস্টার, বার-অ্যাট্‌-ল, পি. কে. বাসু।

আমরা বললাম 'একাধিক গোয়েন্দার' অপমৃত্যু। তার মধ্যে প্রধানতমটি নিশ্চয়ই কৌশিক আর সুজাতা, নামে নাম মিলিয়ে তাদের 'প্রাইভেট ডিটেকটিভ এজেন্সি'-র নাম হয়ে উঠল 'সুকৌশলী', বাসুসাহেবই দিলেন এই নাম। এমনকী বাসুসাহেবেরই বাড়ির পশ্চিম দিকের অংশে গড়ে উঠল এঁদের অফিস। কিন্তু ঠিক কীভাবে শুরুটা হল এই 'সুকৌশলী'-র? কাঁটা-সিরিজের প্রথম গল্প 'সোনার কাঁটা'-য় সুজাতা আর কৌশিক অনেক চরিত্রের মাঝে দুটি সাধারণ চরিত্র; দ্বিতীয় গল্প 'মাছের কাঁটা' থেকে কাঁটা-সিরিজে 'স্থায়ী' ভূমিকা শুরু হল। সেই গল্পের প্রথমে দেখি তারা দু'জনে বাসুসাহেবের কাছে এসেছেন পুরোনো হোটেল ব্যবসার ইতি টেনে, 'লাখদেড়েক টাকা ক্যাপিটাল আছে', অতঃপর কী করা যায় এইটে পরামর্শ চায় তারা।

এ-কথা সে-কথায় পৃষ্ঠা-দুয়েক অতিক্রান্ত হবার পর প্রায় আচমকা বাসুসাহেব বিচিত্র হেসে প্রস্তাব দেন 'গোয়েন্দাগিরি' করবার। সঙ্গে সঙ্গে কৌশিক কথাটা তুলে নিয়ে বলে, "কথাটা মন্দ বলেন নি। বক্‌সীমশায়ের তিরোধানের পর কলকাতা শহরে নামকরা প্রাইভেট গোয়েন্দা আর কেউ নেই। ফিল্ড আছে, কম্পিটিটার কেউ নেই"।

না, কৌশিক জানে যে, 'ব্যোমকেশ বক্‌সী ছিলেন দুর্লভ প্রতিভা। তাঁর মত গোয়েন্দা আর হবে না', কিন্তু ব্যোমকেশের 'পদাঙ্ক অনুসরণ' করে চলার কথা তো ভাবাই যায়।

তার মানে, অফিসিয়ালি, ব্যোমকেশের বিকল্প এখানে—বাসুসাহেব নন—কৌশিক। সেই কৌশিক, যে শিবপুরের বি.ই., হোটেল ব্যবসায় অভিজ্ঞ। আর? আর কিছু নয়, কেননা আর কিছু জরুরিও নয়, কেননা গোয়েন্দা হতে গেলে ঠিক কোন বিশেষ-ধরনের জ্ঞান, বিশেষ ধরনের ট্রেনিং প্রয়োজন, তা আমাদের সাহিত্যপাঠের অভিজ্ঞতায় আমরা বুঝে নিইনি কখনো। বুদ্ধি নামক একটি বায়বীয় সম্পত্তি ছাড়া 'গোয়েন্দা'-র কাছে আর কোনো বিশেষজ্ঞতার দাবি তাই বাহুল্য। বোম্যকেশ বা ফেলুদার জন্য কথাটা সত্যি, মিতিন মাসিদের জন্যও সত্যি। সবচেয়ে জনপ্রিয় বাঙালি-গোয়েন্দা ফেলুদার কথাটাই না-হয় একটু খেয়াল করে দেখা যাক। এর দ্বিতীয় কাহিনি 'বাদশাহী আংটি'-তে আমরা দেখি ফেলুদা 'দু বছর হল' একটা চাকরি পেয়েছে। সেই চাকরি থেকে ছুটি পাবে কিনা, আদৌ ফেলুদার লক্ষ্ণৌ যাওয়া হবে কিনা, এই নিয়ে বাড়ির লোকেরা ভাবিত। অবিশ্যি 'প্রথম বছর কোনও ছুটি নেয়নি বলে পনেরো দিনের ছুটি পেতে ওর কোনও অসুবিধে হল না।' তার মানে, এখনও ফেলুদা নিষ্ঠ চাকুরীজীবী, প্রফেশনাল 'গোয়েন্দা' হয়ে ওঠার পরিকল্পনা সম্ভবত তখন তাঁর মাথাতেও নেই। তারপর তৃতীয় কাহিনি 'কৈলাশ চৌধুরীর পাথর'-এ এসে দেখা গেল চাকরির পাট চুকেছে পুরোপুরি, ফেলুদা ভিজিটিং কার্ড ছাপিয়েছে, 'Prodosh C. Mitter, Private Investigator', অমৃতবাজার পত্রিকায় নিজের গোয়েন্দাগিরির জন্যে বিজ্ঞাপন দিয়েছে।

এই যে গোয়েন্দা 'হয়ে ওঠা'-র কালপর্ব, এই সময়ে তার পূর্বপ্রস্তুতি ঠিক কেমন? ঠিক কীসের জোরে ফেলুদা চাকুরীজীবী থেকে রহস্যজীবী হয়ে উঠল? একেবারে প্রথম কাহিনি 'ফেলুদার গোয়েন্দাগিরি'-তে বলা আছে, তোপশের জবানিতে, "বা রে—তুমিই তো রহস্যজনক ঘটনা খুঁজছিলে। বললে, অনেক ডিটেক্‌টিভ বই পড়ে তোমারও বুদ্ধিটা ডিটেক্‌টিভ বুদ্ধিটা খুব ধারালো হয়ে উঠেছে।" এই হল পূর্বপ্রস্তুতির প্রথমভাগ: ডিটেকটিভ বই পড়া, তাতে ডিটেকটিভ বুদ্ধি নামক কিছু-একটা ব্যাপার ধারালো হয়ে ওঠে। 'বাদশাহী আংটি'-তে আর একটু বিস্তারে প্রস্তুতির কথাটা জানা যায়। তোপশের বিবৃতি অনুযায়ী তার পুরো অংশটাই এখানে পুনরুদ্ধৃত করা যাক:

> আমি কিন্তু জানি ওই বয়সে ফেলুদার মতো বুদ্ধি খুব কম লোকের হয়। আর ওর মনের মতো কাজ পেলে ওর মতো খাটতে খুব কম লোক পারে। তা ছাড়াও ও ভাল ক্রিকেট জানে, প্রায় একশো রকম ইন্ডোর গেম বা ঘরে বসে খেলা জানে, ডান হাত আর বাঁ হাত দু হাতেই লিখতে জানে। আর ও যখন স্কুলে পড়ত তখনই ওর মেমারি এত ভাল ছিল যে দুবার পড়েই পুরো 'দেবতার গ্রাস' মুখস্থ করেছিল।
>
> কিন্তু ফেলুদার যেটা সবচেয়ে আশ্চর্য ক্ষমতা, সেটি হল—ও বিলিতি বই পড়ে আর নিজের বুদ্ধিতে দারুণ ডিটেকটিভের কাজ শিখে নিয়েছে।

দেখাই যাচ্ছে, ঘুরে-ফিরে ডিটেকটিভ বই পড়া ব্যাপারটা খুব গুরুত্বপূর্ণ হয়ে উঠছে ডিটেকটিভ হয়ে ওঠার প্রস্তুতির জন্যে। এর অতিরিক্ত কোনো ট্রেনিং-এর প্রয়োজন পড়ছে না মোটেই। 'কাঁটা' সিরিজে বাসুসাহেব একটি 'বিশেষ' বিদ্যার অধিকারী, তিনি ব্যারিস্টার। তাই তিনি 'গোয়েন্দা' নন।

যিনি 'গোয়েন্দা', কৌশিক, অতঃপর কাঁটা সিরিজ জুড়ে কী

তার ভূমিকা? আসলে প্রৌঢ় থেকে বৃদ্ধত্বের দিকে হেঁটে চলা এক ব্যারিস্টারের হয়ে নানান জায়গায় ছুটে বেড়ানো এক যুবকের ভূমিকায় স্থায়ী হয়ে ওঠে গোয়েন্দা কৌশিক। বস্তুত, 'ষড়ানন রবীন্দ্রমূর্তির কাঁটা' (২০০৮)-তে স্বয়ং কৌশিকের জবানিতেই আমরা জেনে যাই যে, "মামুর বয়স প্রায় আশি ছুঁই ছুঁই, ফলে গোয়েন্দা হিসাবে ছুটোছুটির কাজগুলো আমাদেরই করতে হয়।"

বাক্যটি গোলমেলে। 'গোয়েন্দা হিসাবে' ছুটোছুটি মানে? তার দু-একটা নমুনা দেখা যাক। ধরা যাক, এক কথা-বলা ময়না কোনো কাহিনির মুখ্য 'ক্লু'। কোথা থেকে কেনা হয়েছে সেই ময়না সেটা জানা জরুরি। মুশকিল হল, এ কাহিনির পটভূমি চেনা কলকাতা নয়, অচেনা কাশ্মীর। তাই বাসুসাহেব যখন আদেশ করেন কৌশিককে যে, "তুমি ওবেলা শ্রীনগর বাজারটা চযে ফেল। দেখ, এখানে অমন কোনও দোকান আছে কিনা—যারা টিয়া, ময়না, বদরিকা ইত্যাদি বেচে।" তখন কৌশিকের জন্য, আর তার বিবাহিত পত্নী সুজাতার জন্যও পাঠকের কিছু মমতা জন্মাতে পারে। এমনকী সদাবাধ্য কৌশিকও কখনো কখনো প্রশ্ন করে বসে, "এটা রীতিমত, 'ওয়াইল্ড-গুজ-চেজ' হয়ে যাচ্ছে না বাসু মামা?"

কিন্তু পাঠক হিসেবে আমরা খুব স্পষ্ট জেনে যাই যে কাঁটা-সিরিজে গোয়েন্দা কৌশিকের মুখ্য দুটো কাজের একটা হল এইটে—গুজ চেজিং। দ্বিতীয় কাজটা কী সেটা আর একটু পরে বলা যাবে, আপাতত এই ধাবমান গোয়েন্দাটির বায়বীয় বুদ্ধির একটু পরিমাপ নেওয়া যাক।

উপরে, কাশ্মীরের পটভূমিকায় যে গল্পটি উল্লেখ করা হল, ১৯৮০-তে প্রকাশিত সেই গল্পের নাম 'উলের কাঁটা'। সেই গল্পেই সুজাতা একবার যখন বাসুসাহেবকে একটা আলগা প্রশ্ন জিজ্ঞাসা করতে গেছিল, বাসু, 'একটু ধমকের সুরে' বলে উঠেছিলেন, "তুমিও যে কৌশিকের মতো নিরেট হয়ে উঠছ সুজাতা!"

এই হল গোয়েন্দা সম্পর্কে এক ব্যারিস্টারের মার্কশিট। এবার ক্লায়েন্ট। 'অ-আ-ক-খুনের কাঁটা'-য় (১৯৮৭) বিকাশ নামের এক

ক্লায়েন্ট এসেছেন বাসুসাহেবের কাছে, একটি ঘটনার তদন্ত করবার দাবি নিয়ে। বাসু বলেন, "তোমরা ভুল করছ। আমি গোয়েন্দা নই—"। তার উত্তরে এবার বিকাশ, "ফর্মালি আমরা 'সুকৌশলী'কেই এনগেজ করব, কিন্তু যদি নিশ্চিন্ত হই যে, তার পিছনে আপনার ব্রেনটা আছে"।

ঠিক এই বাক্যটিতে এসে গোয়েন্দা নামক একটি বর্গের চূড়ান্ত পরাভব ঘটে। বিশেষ করে প্রাইভেট ডিটেকটিভ নামক বর্গটির। ব্যক্তিগত বায়বীয় বুদ্ধিমাত্র-সম্বল-করা প্রাইভেট ডিটেকটিভ-এর এই পরাভব-বিন্দু থেকে জন্ম হয় অন্য এক নায়কের, এবার এক বিশেষজ্ঞ নায়ক, এক ব্যারিস্টারের। বুদ্ধির ফ্যান্টাসি থেকে রহস্যকাহিনি এসে হাত পাতে—অন্তত খানিকটা—তন্ত্রের কাছে, সিস্টেমের কাছে, বিশেষজ্ঞতার বাস্তব চৌহদ্দির কাছে। রবীন্দ্রনাথের ডিটেকটিভটি আত্মঘোষিত বুদ্ধির ব্যায়াম দেখাতে গিয়ে বড্ড নাকাল হয়েছিল, কাঁটা-সিরিজের পি. কে. বাসু রবীন্দ্রনাথের হাতে পড়লেও অতখানি নাকাল হতেন বলে তো মনে হয় না!

অবশ্য কৌশিক তো শুধু নয়, কাঁটা-সিরিজ জুড়ে আরও অনেকগুলি গোয়েন্দা-র সলজ্জ পরাভব-মুহূর্ত রচিত হতে থাকে। তেমনই আরেকজন রজত গুপ্ত। ১৯৯৫-এ প্রকাশিত 'দ্বি-বৈবাহিক কাঁটা'-য় এঁর দেখা মিলবে। কৌশিক নিজেকে ব্যোমকেশের পদাঙ্ক অনুসরণকারী বলেছিল, আর ইনি হলেন একেবারে সরাসরি সত্যান্বেষী। সাক্ষীর কাঠগড়ায় তুলে বাসুসাহেব এঁকে কীভাবে নাকাল করতে থাকেন তার পূর্ণাঙ্গ বিবরণ দেওয়া এখানে বাহুল্য হবে, তবে অচিরেই আমরা জেনে যাই যে ইনি টাকার বিনিময়ে বিশ্বাসভঙ্গ করে থাকেন, মিথ্যে বলতে আটকায় না, এমনকী ব্ল্যাকমেলিং-ও করেন কখনো কখনো। আর জেরার শেষে, জটিল নানা বাঁকের পর প্রমাণিত হয়, এই গোয়েন্দা—রজত গুপ্তই—আসল অপরাধী, খুনী। 'সত্যান্বেষী'-র এমন লাঞ্ছনা নারায়ণ সান্যালের স্ব-কল্পনা নয়, তা ঠিক। গার্ডনারের 'দা কেস অব দ্য বাইগেমাস স্পাউস' অবলম্বনে লেখা এই গল্প। কিন্তু কার-সবাইকে ছেড়ে গার্ডনারকে বেছে নেবার

দায়িত্ব তো শেষ পর্যন্ত নারায়ণ সান্যালের উপরেই বর্তায়, আর সেই আর্থে আর্ল স্ট্যানলি গার্ডনারের স্টেটমেন্ট হয়ে ওঠে কাঁটা সিরিজের লেখকেরও থিসিস—হয়তো তাঁর নিজের অজান্তেই। সেই থিসিসে গোয়েন্দারা ক্রমাগত কোণঠাসা হতে থাকেন। কিন্তু তাহলে, কী পড়ে থাকে তার বিকল্পে।

প্রভাব

আমরা ভুলে যাচ্ছি না যে, নারায়ণ সান্যাল নিজেই বারবার জানিয়ে দিয়েছেন যে তাঁর লেখা প্রতিটি রহস্য কাহিনিই কোনো-না-কোনো বিদেশি গল্পের অবলম্বনে লেখা। 'কাঁটা' নামধারী এই সিরিজের মোট গল্পের সংখ্যা পঁচিশ। এই পঁচিশের মধ্যে দশটি আগাথা ক্রিস্টির গল্প অবলম্বনে। একেবারে শেষ দুটির উৎসে আছেন স্যার আর্থার কোনান ডয়েল, বাকি তেরোটির অবলম্বন আর্ল স্ট্যানলি গার্ডনার।

কিন্তু উৎসে যিনিই থাকুন, পি. কে. বাসুর আদল তৈরি হয়ে উঠেছে গার্ডনারের সৃষ্ট চরিত্র 'বার-অ্যাট-ল' পেরি মেসন-এরই ছবি অবলম্বনে। 'কাঁটা'-গুচ্ছ জন্ম নেবার আগে, 'নাগচম্পা' উপন্যাসে এই পি. কে. বাসুকে আমরা প্রথমবার দেখতে পাই। 'নাগচম্পা'-কে লেখক সেজন্য বলেন 'ট্রায়াল বল'। এ-উপন্যাসে অবশ্য বাসুসাহেব 'কনফার্মড ব্যাচেলার', পেরি মেসন-এর মতোই। ট্রায়াল বলটির পর কাঁটা সিরিজের মূল খেলা শুরু হতেই বাসুসাহেব কীভাবে বিবাহিত বনে গেলেন, সে ইতিহাস কিঞ্চিৎ কৌতুকপ্রদ। ১৯৬৮-তে প্রকাশিত 'নাগচম্পা' অবলম্বনে ১৯৭৪-এ তৈরি হল এক বাংলা কাহিনিচিত্র 'যদি জানতেম।' পি. কে. বাসুর ভূমিকায় সেখানে অভিনয় করলেন উত্তমকুমার। বোধকরি সেকালে উত্তমকুমারকে 'নায়িকাহীন' রাখতে ভরসা পাননি পরিচালক, ফলে এই চলচ্চিত্রে দেখা দিলেন বাসুসাহেবের এক সহধর্মিনী, অবশ্য পঙ্গু তিনি, হুইল চেয়ারে আসীনা, তাঁর নাম রানু। রানুর ভূমিকায় অভিনয় করলেন রুমা গুহঠাকুরতা।

এই সিনেমা বাণিজ্যিক সাফল্য লাভ করল। ১৯৭৪-এর মার্চ মাসে সিনেমাঘরে এল 'যদি জানতেম', অক্টোবর নাগাদ বইপাড়ায় এলো প্রথম 'কাঁটা'-টি 'সোনার কাঁটা', সেখানে দেখা গেল বাসুসাহেবের পত্নী হসেবে বহাল আছেন রানু, পঙ্গু, হুইলচেয়ার নির্ভরশীলা! সাহিত্য থেকে তৈরি হল সিনেমা, তারপর সেই সিনেমাটি বদলে দিল তার প্রাথমিক উৎস—সাহিত্যকেই, এমন না সচরাচর ঘটে না।

অবশ্য এখানে আরও খানিকটা টিপ্পনির প্রয়োজন আছে। আগেই বলা হল পেরি মেসন, 'নাগচম্পা'-র আদি-বাসুসাহেবের মতো, ব্যাচেলার। যদিও মেসনের এক মহিলা সেক্রেটারি আছেন, ডেলা স্ট্রিট তাঁর নাম, মেসনের গল্পগুচ্ছে তাঁদের পারস্পরিক অনুরাগও খুব সংগুপ্ত থাকে না। অবশ্য অনুরাগ সত্ত্বেও কখনো বিয়ে হয়ে উঠতে পারে না মেসন আর ডেলা স্ট্রিট-এর। নারায়ণ সান্যাল রানুকে সিনেমার খাতিরে মেনে নিতে বাধ্য হলেও, শেষপর্যন্ত এই ডেলা স্ট্রিট-এর আদলেই গড়ে নেন। রানু বাসুসাহেবের স্ত্রী, এবং সেক্রেটারিও বটে!

রানুর মতো, এই সিরিজের আর-এক স্থায়ী চরিত্র সুজাতাও সরাসরি গার্ডনারের-গল্প-নিরপেক্ষ একটি উদ্ভাবন। গার্ডনারের গল্পে পেরি মেসনের এক গোয়েন্দা-সহকারীকে আমরা দেখি, তাঁর নাম পল ড্রেক। কাঁটা-প্রবাহে কৌশিক চরিত্রটি তার বঙ্গীয় রূপান্তর। কিন্তু কৌশিকের স্ত্রী সুজাতার অনুরূপ কোনো চরিত্র গার্ডনারে নেই। এই সামান্য দু-একটি পার্থক্য বাদ দিলে নারায়ণ সান্যাল কোনো গল্পে কোনো মৌলিক বদল ঘটাবার চেষ্টা করেননি। গল্পগুলো কার্যত ভিন-ভাষায় লেখা কাহিনির বঙ্গানুবাদ। অবশ্য সবক্ষেত্রেই পরিবেশ পরিস্থিতিকে এদেশীয় করে তোলা হয়েছে বলে বাঙালি পাঠক হিসেবে পড়তে গিয়ে অযথা হোঁচট খেতে হয় না।

উপরের কথাগুলো কাঁটা-সিরিজের ইম্প্রেশনিস্টিক রসগ্রহণে মনে না-রাখলেও হয়তো চলে যায়, কিন্তু অ্যাকাডেমিক বিচারের ক্ষেত্রে এগুলি একটি জরুরি সমস্যার জন্ম দেয়। তা হল এই যে,

নারায়ণ সান্যালের এই গল্পধারার বিচার কি আসলে গার্ডনার বা ক্রিস্টি বা কোনান ডয়েলের বিচারের নামান্তর হয়ে ওঠে না? কাঁটা-সিরিজের আলোচনা করতে বসে তাহলে কি শুধু এই কথাটুকুই বলার থাকে যে বঙ্গীয় রূপান্তর হিসেবে এগুলি কতটা যোগ্য হয়ে উঠল?

'কথক' কে?

নারায়ণ সান্যালের এই গল্পগুলো পড়তে পড়তে একটা সমস্যা—মূল-কাহিনি নিরপেক্ষ ভাবেই—বেশ জটিলতা তৈরি করতে থাকে। তা হল, আখ্যানগুলির কথক (Narrator) কে, কার জবানিতে এই আখ্যান পড়ছি আমরা? গল্পগুলো গোড়া থেকে পড়তে শুরু করলে মালুম হয় যে এ হল সর্বজ্ঞকথন প্রেক্ষিত (Authorial narrative situation) থেকে লেখা গল্পধারা। কথক এমন কেউ, যিনি কাহিনির সব চরিত্রের বাইরে দাঁড়িয়ে আছেন, অথচ তিনি সব জানেন, সব ঘটনা এবং সবার আঁতের কথাও। কাহিনি-বৃত্তের বাইরে দাঁড়িয়ে থাকেন বলেই সব চরিত্র তাঁর কাছে প্রথম পুরুষ বা Third Person। বাসুসাহেব আর তাঁর স্ত্রীর কথা বলতে গিয়ে কথককে ব্যবহার করতে হয় 'ওঁরা' সর্বনামটি ('মাইথনে বেড়াতে গিয়েছিলেন ওঁরা'), আবার সুজাতা-কৌশিকও তাঁর কাছে 'অপর' ('সেই টাকাতেই হোটেল-বিজনেস শুরু করেছিল ওরা স্বামী-স্ত্রী')। সর্বজ্ঞ-কথকের এই চেনা রীতিটি বুঝে নিতে পাঠকের বিন্দুমাত্র অসুবিধে হয় না।

কাঁটা-সিরিজের দ্বিতীয় বই 'মাছের কাঁটা'-য় (১৯৭৫) এই 'কথক' বিষয়ে প্রথমবার একটি রহস্যময় বাক্যের মুখোমুখি হই আমরা। এক বিচারক বাসুসাহেবের মক্কেলকে নির্দোষ ঘোষণা করবার পর যখন একান্তে বাসুকে বলেন, "কিন্তু রহস্যটা যে কিছুই পরিষ্কার হল না..." তখন সে-রহস্য জিইয়ে রেখেই বাসু উত্তর দেন, "আমার এক অনুগত ভক্ত আছে। সে গোয়েন্দা গল্প লেখে। কিছুদিনের মধ্যেই তার লেখা ছাপা বই বাজারে বেরুবে। আপনাকে না হয়, এক কপি

কমপ্লিমেন্টারি পাঠিয়ে দিতে বলব।”

কিন্তু কে এই বাসু সাহেবের ‘ভক্ত’, যিনি লিখে চলেছেন কাঁটা-সিরিজ? অষ্টম বই ‘সারমেয় গেণ্ডুকের কাঁটা’ (১৯৮৯)-য় এসে তার একটা পাকাপাকি সদুত্তর মেলে বলে মনে হয়। এই বই, প্রথমবার, আমরা লক্ষ করি, উত্তম পুরুষের জবানিতে লেখা। ‘কথক’ এখানে স্বয়ং কৌশিক। তাই বাসুসাহেব এখানে সর্বত্র ‘বাসুমামা’, ওঁর স্ত্রী সর্বত্র ‘রাণীমামীমা’। এখানে কৌশিক এই অকপট স্বীকারোক্তি দিয়ে শুরু করে তার গপ্পো :

> পি. কে. বাসুর কাহিনীগুলি মুখে মুখে জানিয়ে দিতুম আমার এক অভিন্নহৃদয় বন্ধুকে। সে-ই সাজিয়ে-গুছিয়ে ‘কাঁটাসিরিজ’-এর গোয়েন্দা গল্প লিখে ছাপতে দিতো। এবার সে বলেছে তার সময় নেই। সে নাকি কীটপতঙ্গ, কেঁচো-বিছের জগতে ব্যস্ত—অর্থাৎ ‘না-মানুষ’ নিয়ে। ... তাই এ গল্পটা উত্তমপুরুষে লিখতে বাধ্য হয়েছি।

সব সমস্যা মিটল তাহলে। আপাতত, এই গল্পের কথক কৌশিক। কিন্তু এর আগে কৌশিকের ‘এক অভিন্নহৃদয় বন্ধু’-ই সর্বজ্ঞ কথকের জবানিতে গল্পগুলো শোনাচ্ছিলেন আমাদের। বাসুসাহেবের হয়ে ছুটোছুটি করে দেওয়া ছাড়া কৌশিকের আর-যে দ্বিতীয় কাজটার কথা বলতে চাইছিলাম আমরা, সে হল এই, বাসুসাহেবের কোনো কোনো ‘কেস’-এর গল্পগুলি লিখে ফেলা। আর সাধারণভাবে কৌশিকের যে ‘অভিন্নহৃদয় বন্ধু’ গল্পগুলি লেখেন, তাঁর নাম কী? তাঁর নাম নিশ্চিতভাবেই ‘নারায়ণ সান্যাল’, কেননা, ‘সারমেয় গেণ্ডুকের কাঁটা’ বেরোবার আগের বছর (১৯৮৮) বেরিয়েছে সান্যালমশায়ের দু-দুটি বই, যাদের নাম ‘না-মানুষী বিশ্বকোষ (এক)’ এবং ‘না-মানুষের কাহিনী’। পরের বছর (১৯৯০) বেরোতে চলেছে ‘না-মানুষী বিশ্বকোষ (দুই)’। ফলে ‘না-মানুষ’ নিয়ে ব্যস্ত উক্ত ‘অভিন্ন হৃদয়’ বন্ধুটিকে শনাক্ত করে নিতে কোথাও কোনো অসুবিধা হয় না। ‘সারমেয় গেণ্ডুকের কাঁটা’ (১৯৮৯)-র প্রায় চার বছর পর প্রকাশ পেল কাঁটা-পরিবারের

নবম সদস্যটি—'কৌতূহলী কনের কাঁটা' (১৯৯৩) ততদিনে না-মানুষ থেকে আবার মানুষে উৎসাহ ফিরে এসেছে বলেই বোধহয়, ফিরে গেছে সর্বজ্ঞ কথকের জিম্মায়, 'অভিন্নহৃদয় বন্ধু' সান্যালমশাই নিজেই ফের গল্প বলার দায়িত্ব তুলে নিয়েছেন।

'কথক' সমস্যার এ হেন স্বস্তিকর সিদ্ধান্ত যখন প্রায় স্বতঃসিদ্ধ হয়ে আসছে, তখনই জেগে উঠতে শুরু করল নতুন সমস্যা। একের-পর-এক গল্পে উল্লিখিত হতে থাকল যে, অন্য কেউ নয়, কৌশিকই এসব কাহিনির কথক ও লেখক। যেমন, ১৯৯৬-এর 'বিশের কাঁটা'-য় হঠাৎ আমরা দেখলাম স্বয়ং বাসুসাহেব কৌশিককে অনুরোধ করছেন, "কৌশিক, তুমি যদি জালানের কেসটা নিয়ে 'কাঁটা সিরিজে'র কোনো গোয়েন্দা গল্প লেখ... তাহলে বইটার নামকরণের অধিকারটা আমাকে দিও।"

কিন্তু এ না-হয় অনুরোধ মাত্র। কৌশিকই লিখেছে, তা তো আর প্রতিষ্ঠিত হচ্ছে না এই অনুরোধ থেকে। বস্তুত, উত্তমপুরুষে নয়, গল্প এখনও সর্বজ্ঞ কথকের জবানিতে চলছে বলে আমরা ধরে নিতে পারি, বাসুসাহেবের অনুরোধ সত্ত্বেও কৌশিক তার অভিন্নহৃদয় বন্ধুটিকে দিয়েই গল্প বলিয়ে নিচ্ছে। কিন্তু সে সিদ্ধান্তও অটুট থাকে না যখন 'মোনালিজার কাঁটা' (২০০১)-য় বাসুসাহেবকে আমরা বলতে শুনি, "এ বছর কৌশিক তার 'কাঁটা সিরিজের' জন্য আরও বেশি রয়্যালটি পাবে। ভাল, ভাল।" এই বাক্যটি উচ্চারণের সঙ্গে সঙ্গে কৌশিক হয়ে ওঠে স্বয়ং নারায়ণ সান্যালের অল্টার-ইগো, আর তখন দুটো গুরুতর সমস্যা মীমাংসার অতীত হয়ে যায়।

এক] কৌশিকই যদি 'কথক'/ লেখক হয়, তাহলে সে উত্তমপুরুষে কাহিনি বিন্যস্ত না করে সর্বজ্ঞকথনভঙ্গিমা গ্রহণ করে কেন?

দুই] কৌশিক চরিত্রটি যেভাবে এই কাহিনিধারায় উপস্থাপিত হয়, তা কি আদৌ নারায়ণ সান্যালের অপর-সত্তা হয়ে ওঠার যোগ্য? সেই কৌশিক যে 'বেচারাথেরিয়াম'-এর তাৎপর্য বোঝে না, কেননা তার সুকুমার রায় পড়া নেই ('অ-আ-ক-খুনের কাঁটা'), আর তাই

প্রবল তাচ্ছিল্যে বাসুসাহেব তাকে বিদ্রুপ করে ওঠেন, "সুকুমার রায়ের নাম শুনেছ? শোননি! না শোনাই স্বাভাবিক, যেহেতু তিনি সিনেমা করতেন না! অন্তত সত্যজিৎ রায়ের নামটা শুনেছ? ঐ যে, যে ভদ্রলোক 'পাঁচালীর পথে' না কী যেন একখানা পিক্‌চার তুলেছেন? বিভূতি মুখুজ্জে না বলাইচাঁদ বাঁড়ুজ্জে কার যেন লেখা বইটা। শোননি?" অথবা সেই কৌশিক যে 'মহামহোপাধ্যায়' শব্দটির শুদ্ধরূপ জানে না বলে বলে 'মহোমহাপাধ্যায়', সে কি হতে পারে নারায়ণ সান্যালের বিকল্প? সে কি লিখতে পারে এইসব কাহিনি? কৌশিককে কথক করে তোলার প্রচেষ্টাই কাঁটা-সিরিজের সবচেয়ে দুর্বল পরিকল্পনা।

এখানে, একটু দ্বিধার সঙ্গে, একটা প্রশ্ন অবশ্য তোলাই যায়। সে হল, 'কাঁটা সিরিজ' বিক্রি বাবদ রয়্যালটি পাচ্ছে কৌশিক, এ কথা লিখলে সে যে নারায়ণ সান্যালের অপর সত্তা হয়ে ওঠে, সেটা কি নারায়ণ সান্যাল নিজে খেয়াল করতে পারছিলেন আদৌ? এরকম স্ববিরোধী একখানা প্রশ্ন তুলতে হল এইজন্যে যে, কাঁটা সিরিজের গল্পগুলো মন দিয়ে পড়লেই টের পাওয়া যায়, আর কেউ নন, খোদ বাসুসাহেবের মধ্যেই নারায়ণ সান্যাল গেঁথে দিয়েছেন তাঁর নিজের আদত-অভ্যাস-রুচি-চর্চার নানা মাত্রাকে। একটা উদাহরণই এখানে যথেষ্ট হবে। 'যম দুয়ারে পড়ল কাঁটা' কাহিনিটির একেবারে গোড়ায় বাসুসাহেব সম্পর্কে বলা আছে ঠিক এই কথাগুলো:

> বাসুসাহেব আজ আদালতে যাননি। সারাদিন একটি বই পড়ছেন: 'ম্যামলস অব দ্য ওয়ার্ল্ড'—ই. পি. ওয়াকারের লেখা। দুনিয়ার তাবৎ স্তন্যপায়ী জীবের বিষয়ে হঠাৎ কেন এই কৌতূহল বলা শক্ত। তবে ওঁর ধরনটাই ঐ রকম। ক্রমাগত বিষয় থেকে বিষয়ান্তরে উত্তরণ। যেন 'জ্যাক অব অল ট্রেডস্' হবার ব্রত নিয়ে ধরাধামে অবতীর্ণ হয়েছেন।

চেনা যাচ্ছে এই মানুষটিকে? 'ক্রমাগত বিষয় থেকে বিষয়ান্তরে উত্তরণ'—এই বাক্য কি খোদ নারায়ণ সান্যাল সম্পর্কেই সবচেয়ে অব্যর্থ নয়। আমাদের মনে পড়ে যায়, 'কাঁটায় কাঁটায়, গ্রন্থমালার প্রথম খণ্ডের ভূমিকায় তিনি নিজেই নিজের সম্বন্ধে লিখেছিলেন, "বিষয় থেকে বিষয়ান্তরে যাবার... প্রবণতা আমার অন্তর্লীন চারিত্রিক বৈশিষ্ট্য"। আর স্তন্যপায়ী জীব সম্পর্কে বাসুসাহেবের 'হঠাৎ' আগ্রহী হয়ে ওঠারও তো কোনো ব্যাখ্যা আখ্যান-সূত্রে পাওয়া যাবে না, বরং আমরা সকলেই বুঝে নিতে পারি, এখানে আসলে 'না-মানুষী বিশ্বকোষ'-এর লেখক নারায়ণ সান্যালের পাঠরুচি বাসুসাহেবের মধ্যে প্রতিস্থাপিত হয়েছে মাত্র।

আর একটা কথা। মার্চ ১৯৭৫-এ গ্রন্থাকারে প্রকাশিত এবং ১৯৭৪ সালে লিখিত 'কাঁটা সিরিজ'-এর দ্বিতীয় গল্প 'মাছের কাঁটা'-য় আমরা দেখি বাসুসাহেবের বয়স 'পঞ্চাশের কাছাকাছি।' অন্যদিকে লেখকের মৃত্যুর (ফেব্রুয়ারি ২০০৫) তিন বছর পর ২০০৮-এ প্রকাশিত শেষ 'কাঁটা' 'ষড়ানন রবীন্দ্রমূর্তির কাঁটা'-য় বাসুসাহেব 'প্রায় আশি ছুঁই ছুঁই'। এই হিসেবটা দেখার সঙ্গে সঙ্গে আমাদের খেয়াল হয়, এ কার বয়সের হিসেব কষছি আমরা? বাসুসাহেব, নাকি খোদ তাঁর স্রষ্টার? ১৯৭৪-এ নারায়ণ সান্যালের বয়স যে ঠিক পঞ্চাশ (জন্ম ১৯২৪) আর মৃত্যুকালে তাঁর বয়স হয়েছিল ৮১, এই সমাপতনকে আকস্মিক বলে মেনে নিতে আমরা প্রস্তুত নই।

ফলে, একদিকে বাসুসাহেবের মধ্যে নারায়ণ সান্যালের আত্মপ্রক্ষেপ, অন্যদিকে ধীরে ধীরে কৌশিক হয়ে উঠেছে লেখকের অপর সত্তা, এই স্ববিরোধিতাকে দুঃখের সঙ্গে স্বীকার করে নিয়েই আমাদের 'কাঁটা সিরিজ' পড়ে ফেলতে হয়।

গোয়েন্দার বিকল্প

আর্ল স্ট্যানলি গার্ডনার সৃষ্ট পেরি মেসনের ছায়ায় (নারায়ণ সান্যালের ভাষায় 'পেনম্রাবলম্বনে') গড়ে উঠলেন পি. কে. বাসু। বাংলা গোয়েন্দা গল্পের ধারায় পেরি মেসনকে এনে হাজির করানোই নারায়ণ সান্যালের মহত্তম অবদান বলে মনে হয়। কেননা পেরি মেসন তথা পি. কে. বাসু আসলে প্রাইভেট ডিটেকটিভ বা অ-সরকারি গোয়েন্দার চেনা ধারণার একটি বিকল্প প্রস্তাব রচনা করে চলেন।

সে-কথাটা বুঝে নেবার আগে অবশ্য বলা দরকার যে বাসুসাহেবের সেই অনাস্বাদিত বিকল্প হয়ে ওঠার পথে গুরুতর কতকগুলো বাধাও তৈরি করে রেখেছেন স্বয়ং লেখক। আগে বলা হয়েছে 'কাঁটা সিরিজ'-এর ২৫টি গল্পের মধ্যে ১২টি গার্ডনারের গল্প অবলম্বনে লেখা নয়, বরং ক্রিস্টি এবং কোনান ডয়েল থেকে হাতফেরতা পাওয়া। এই ১২টি গল্পে বাসুসাহেব মুখ্য ভূমিকায় হাজির থাকলেও, তাঁকে যথার্থ ক্রিমিনাল ল-ইয়ার হিসেবে নির্মাণ করে নেবার কোনো চেষ্টা নারায়ণ সান্যাল আদৌ করেন-না, হোম্স বা পোয়ারোর ধাঁচে তিনি যেন হয়ে যান নিছক একজন অবিকল্প 'প্রাইভেট ডিটেকটিভ'। অন্য ১৩টি গল্পের মতো এই গল্পগুলোয় কোনো কোর্টরুম সিচুয়েশন তৈরি হয় না। কোর্টরুমে বাদী-বিবাদী-সাক্ষ্য-জুরি-করোনার-জজ সমেত সর্বসমক্ষে ধীরে ধীরে রহস্য উন্মোচিত হয় না। ফলে গার্ডনার-প্রভাবিত তেরোর সঙ্গে অন্য বারোর আস্বাদনগত তফাত ঘটে যেতে থাকে, বস্তুত তারই ফলে ওই বিকল্প-গোয়েন্দার প্রস্তাবটি বাঙালি পাঠকের সামনে যেন সম্পূর্ণত মেলে উঠতে পারে না!

কাকে বলছি এই বিকল্প-গোয়েন্দার প্রস্তাব? সাহিত্যের পাতায় যে চেনা গোয়েন্দার ছবি দেখতে অভ্যস্ত, তাকে বারবার আক্রান্ত, এমনকী নস্যাৎ হতে দেখি গার্ডনারের গল্পে। ফলত, নারায়ণ সান্যালের গল্পেও। এ-নিবন্ধের শুরুতে গোয়েন্দা নামক বর্গটির আমূল পরাজয়ের নানা নমুনা আমরা দেখতে চেষ্টা করেছি। এ-বার বোঝবার চেষ্টা করব

পি. কে. বাসু তার বিকল্প হয়ে উঠতে পারেন কোন অর্থে। আপাতত একটি গল্পের সাক্ষ্য মানবো আমরা। গার্ডনারের 'দ্য কেস অব দ্য হন্টেড হাজব্যান্ড' অবলম্বনে নারায়ণ সান্যাল লিখলেন 'ঘড়ির কাঁটা'। এই গল্পে খুন হয়েছেন কমলেশ মিত্র, পুলিশের চোখে অভিযুক্ত তাঁরই বন্ধু ডক্টর প্রকাশ সেনগুপ্ত। গোয়েন্দা গল্পের সাধারণ নিয়ম হিসেবেই আমরা জানি, পুলিশ যাঁকে সন্দেহ করে তিনি কিছুতেই প্রকৃত অপরাধী হন না, পুলিশের পাশ কাটিয়ে গোয়েন্দাই শেষপর্যন্ত আসল অপরাধীকে চিহ্নিত করে সকলের স্বস্তিবিধান করেন। কিন্তু কীসের জোরে গোয়েন্দা এভাবে পাশ কাটিয়ে বিজয়ী হয়ে যান? না, গোয়েন্দার 'বুদ্ধি' পুলিশের থেকে বেশি। 'বুদ্ধি' ব্যাপারটা কী? ওই যা গোয়েন্দার বেশি থাকে।

পেরি মেসনের কাহিনি এই 'বুদ্ধি' নামক একটি বায়বীয় উত্তরাধিকারের অতিরিক্ত কিছুর সন্ধান দিতে চায়। কখনো কোনো গোয়েন্দা গল্পে কি আমরা দেখেছি যে গোয়েন্দা সন্দেহ করছেন পোস্টমর্টেম রিপোর্টকে অথবা ব্যালাস্টিক এক্সপার্ট-এর সাক্ষ্যকে? দেখিনি, কেননা ওইসব রিপোর্টে বুদ্ধি পরীক্ষিত হয় না, নিরীক্ষিত হয় 'টেকনিক্যালিটি', 'বিশেষজ্ঞতা'। আমাদের বর্তমান আলোচ্য 'ঘড়ির কাঁটা' হল তেমন এক গল্প যেখানে বাসুসাহেব চ্যালেঞ্জ করে বসেন পোস্টমর্টেমের পদ্ধতিকেই। বাসু এক, অটোপ্সি-সার্জেনকে কাঠগড়ায় তুলে প্রশ্ন করেন, "মৃত্যুর সময়টা আপনি কীভাবে নির্ধারণ করলেন? রিগর মার্টিস দেখে?" সার্জেন তখন মৃত্যুর সময় নির্ধারণের পদ্ধতি ব্যাখ্যা করে জানান, পাকস্থলী ও অন্ত্রে যেসব অর্ধজীর্ণ ভুক্তাবশেষ পাওয়া যায় তার রাসায়নিক পরীক্ষা করে বলা যায়—আহার গ্রহণের কত পরে মৃত্যু হয়েছে। ব্যাস, সঙ্গে সঙ্গে এই পদ্ধতিটিকেই চ্যালেঞ্জ করে বসেন বাসুসাহেব। তাঁর যুক্তি, 'শেষ' আহার গ্রহণ কখন হয়েছে সে-তথ্যে যদি ভুল থেকে যায় তাহলে এই পদ্ধতিতে তো মৃত্যুসময়-নির্ধারণেও গুরুতর গলদ হয়ে যাবে। বস্তুত, আমরা জানি, এ-গল্পের কিনারা হয় এই পোস্টমর্টেম রিপোর্টের বিবরণকে নস্যাৎ করেই।

আর এইভাবে রচিত হয় শখের গোয়েন্দা ধারণার এক বিকল্প প্রস্তাব। বুদ্ধি-র একটা স্পর্শগ্রাহ্য রূপও আমরা প্রত্যক্ষ করতে শুরু করি, তা আসলে হয়ে ওঠে বহু-বিশেষজ্ঞতার মিলিত এক দ্যুতি, আইন, ক্রিমিনোলজি, শারীরবিজ্ঞান, অস্ত্রবিজ্ঞান।

এই অর্থে পেরি মেসন বা বাসুসাহেব যে শুধু বিকল্প-গোয়েন্দা হয়ে ওঠেন তা নয়, তাঁদের গোটা কাহিনিই চেনা গোয়েন্দা গল্পের ছক থেকেই মৌলিক ভাবেই আলাদা হয়ে যায়। 'মৌলিক ভাবে', কেননা গোয়েন্দা-গল্পের সাধারণ লক্ষ্য অপরাধী 'কে' তা উদঘাটন করা, বড়ো জোর হাতে-নাতে তাকে ধরিয়ে দেওয়া। কিন্তু ন্যায়ালয়ে সেই অপরাধ সপ্রমাণ করার দায় গোয়েন্দাকে কখনো নিতে হয়নি। বাসু সাহেবের মূল লক্ষ্য কিন্তু ঠিক এইটাই, আদালতের নিয়ম মেনে প্রমাণের দায়।

কিন্তু দুটো ব্যাপার কি মোটের উপর একই নয়? সাধারণভাবে গোয়েন্দা গল্পগুলোতেও আমরা দেখতে পাই না যে গল্পের শেষে এক বড়ো বৈঠকে সবাই মিলিত হন এবং নায়ক গোয়েন্দা যুক্তি পরম্পরায় অপরাধীর পরিচয় উন্মোচিত করেন?

বাসুসাহেবের গল্প পড়লে পাঠক নিজেই বুঝে নিতে শেখে যে ওই বৈঠকি যুক্তিবিন্যাস আর কোর্টরুম যুক্তির পারম্পর্য মৌলিকভাবেই আলাদা। কোর্টে কাউকে এমন কিছু বলতে বাধ্য করা যায় না যা তার নিজের বিরুদ্ধে যায়। এমন কোনো প্রশ্নের উত্তর চাওয়া যায় না যা 'কনক্লুসিভ'। মানে কাউকে এ-প্রশ্ন করা যাবে না যে তিনি এ ব্যাপারে কী 'মনে করেন'। সাক্ষীর 'মনে করা' বা অনুমান আদালতের এভিডেন্স হিসেবে গ্রাহ্যও হবে না। 'যম দুয়ারে পড়ল কাঁটা' আখ্যানটি থেকে একটি আদালত-মুহূর্ত এখানে উদ্ধৃত করা যেতে পারে:

> এ. পি. পি. জানতে চান, চৈতালীর সঙ্গে লাগেজ কী ছিল?
>
> —লাগেজ কিছুই ছিল না, ছিল শুধু একটা কালো ভ্যানিটি ব্যাগ।
>
> —সেই ভ্যানিটি ব্যাগটিকে আপনি কি কোনো কারণে

> বিশেষভাবে লক্ষ করেছিলেন?
> —আজ্ঞে হ্যাঁ, আমার মনে হয়েছিল সেই ভ্যানিটি ব্যাগটায় ঠেলে ঠুলে এমন একটা কিছু ঢোকানো হয়েছে যার জন্য ওর শেপটাই বেঢপ হয়ে গেছে। আমার মনে হয়েছিল সেটা একটা...
> বাসুসাহেব বলে ওঠেন, অবজেকশন। সাক্ষীর অনুমান...
> কিন্তু সাক্ষী সে-কথায় কর্ণপাত না করে তার বাক্যটা শেষ করে: রিভলবার!
> বিচারক প্রতিবাদীর আপত্তি মেনে নেন। মামলার নথি থেকে সাক্ষী-উচ্চারিত শেষ বাক্যটি কেটে বাদ দেওয়া হয়।

চৈতালী বসুর ব্যাগে যে রিভলবারই ছিল, 'অনুমিত' সাক্ষ্যের উপর ভিত্তি করে সেটা প্রমাণ করার চেষ্টা এখানে গ্রাহ্য করছে না আদালত। অবশ্য, এই দৃশ্যে সেটা বাসুসাহেবের পক্ষে যাচ্ছে, কেননা চৈতালী এখানে বাসুসাহেবের মক্কেল। কিন্তু আমরা বুঝতে চাইছিলাম, অপরাধীকে 'ধরা' আর তার অপরাধ আদালতে 'প্রমাণ' করার তফাতটা কোথায় হয়ে যায়। এমন কোনো কিছু প্রামাণ্য বলে গ্রাহ্য হবে না যা 'হেয়ার-সে' অর্থাৎ অন্যের মুখে শোনা। উনি সেদিন আমাকে ও-কথা বলেছিলেন—এ জাতীয় বাক্য যদি সত্যিও হয় আদালতের কাছে তা গ্রহণযোগ্য নয়। করা যাবে না কোনো 'লিডিং কোশ্চেন', প্রশ্নের মধ্যেই যেখানে 'ফ্যাক্ট' বা ঘটনা ভরে দেওয়া থাকে! অর্থাৎ এ প্রশ্ন আদালতে অবৈধ যে, "মিস্টার খুরশেদ, আপনিই প্রথম মৃতদেহটি আবিষ্কার করেন, তাই না?" ('উলের কাঁটা')। একই কারণে এ-প্রশ্নও করা চলবে না, "তাই আপনি শুক্রবার... পরেশ পালের বাড়ির কাছাকাছি লুকিয়ে রইলেন?" ('দ্বি-বৈবাহিক কাঁটা')

ফলে 'কে' অপরাধী, এই আদি প্রশ্নটির থেকেও জরুরি হয়ে উঠতে থাকে 'কীভাবে' সেই অপরাধী দোষী সাব্যস্ত হবে, বস্তুত প্রতিটি গল্পের কোর্টরুম দৃশ্যগুলো আলাদাভাবে হয়ে উঠতে থাকে পৃথক গল্প, সাধারণ গোয়েন্দা গল্পের শেষে বৈঠকি দৃশ্যের থেকে

মৌলিকভাবেই যা ভিন্ন। এই প্রসঙ্গে আর-একটি আদালত দৃশ্যের বিবরণ দেওয়ার লোভ সামলানো শক্ত। 'মাছের কাঁটা' গল্পে পি. কে. বাসু লড়ছেন আসামী সুপ্রিয় দাশগুপ্তর হয়ে। আসামী দাঁড়িয়ে আছেন আদালতের নির্দিষ্ট ঘেরাটোপে। বাসুসাহেব সাক্ষী হিসেবে কাঠগড়ায় তুলেছেন সুপ্রিয়র স্ত্রী সুবর্ণ দাশগুপ্তকে। সরকার পক্ষের উকিল নিরঞ্জন মাইতি। এরপর আদালত চলতে থাকে এইভাবে:

—আপনার নাম?
—মিসেস সুবর্ণ দাশগুপ্ত।
—স্বামীর নাম?
—মিস্টার সুপ্রিয় দাশগুপ্ত।...
—আপনার স্বামী বর্তমানে কোথায় আছেন?

(এখানে এই নিবন্ধের পাঠককে আর-একবার মনে করিয়ে দেওয়া যাক: এই প্রশ্নটিই আদালতে এইভাবে করা যায় না যে "আপনার স্বামী কি বর্তমানে আপনার উল্টোদিকে আসামীর কাঠগড়ায় দাঁড়িয়ে আছেন?" করা যায় না, কারণ এটা 'লিডিং কোশ্চেন', উত্তরটা অনেকখানি প্রশ্নের মধ্যেই ভরে দেওয়া আছে এখানে। আদালতের প্রশ্নোত্তর আর সাধারণ গোয়েন্দা-গল্পের বৈঠকি প্রশ্নোত্তরের এইখানেই তফাত হয়ে যায়।)

—আমি জানি না।
—অবজেকশন য়োর অনার! জানেন না মানে কী?—লাফিয়ে ওঠেন মাইতি।
জাস্টিস ভাদুড়ী ভ্রুকুটি করেন। একবার সাক্ষী একবার বাসুসাহেবের দিকে তাকিয়ে দেখেন। বাসুকে কিছু বলতে যান, তারপর মনস্থির করে মাইতিকেই বলেন, অবজেকশন অন হোয়াট গ্রাউন্ডস্?
—ওঁর স্বামী জলজ্যান্ত চোখের সামনে দাঁড়িয়ে আছেন, আর উনি বলছেন 'জানি না'।

> জাস্টিস ভাদুড়ী বাসুসাহেবের দিকে ফিরে বলেন, আপনি কিছু বলবেন?
>
> —আমি কী বলব? আমি তো শুনছি এখন। আমি সাক্ষীকে প্রশ্ন করেছি, তিনি জবাব দিয়েছেন। সহযোগী 'অবজেকশন' দিয়েছেন, তার কারণ দেখাচ্ছেন না। এখন কী বলতে পারি আমি?
>
> —য়ু আর পারফেক্টলি রাইট টেকনিক্যালি—জজসাহেব মাইতির দিকে ফিরে বলেন, কী আপত্তি এ প্রশ্নোত্তরে তা তো বলবেন?
>
> —এ তো ডাহা মিথ্যে কথা—ফুঁসে ওঠেন মাইতি।
>
> —সো হোয়াট! সেটা জেরায় প্রমাণ করবেন। মিথ্যা সাক্ষী দেওয়ার জন্য সাক্ষীর বিরুদ্ধে মামলা আনতে পারেন, অনেক কিছু করতে পারেন; কিন্তু বর্তমান মামলায় বাধা দিচ্ছেন কোন অধিকারে?
>
> মাইতি অসহায় ভাবে বসে পড়েন।

উদ্ধৃতি একটু দীর্ঘ হল। কিন্তু যে-পাঠক 'কাঁটা সিরিজ' পড়েননি তিনি কেবলমাত্র উপরের অংশটুকু পড়লেই বুঝতে পারবেন, সময়ে সময়ে কোর্টরুম সিচুয়েশন তার নিজস্ব 'টেকনিক্যাল' বাধ্যবাধকতার কারণেই কী রোমাঞ্চকর জায়গায় পৌঁছে যেতে পারে। গোয়েন্দা গল্পের যে চেনা স্বাদে আমরা অভ্যস্ত এর স্বাদ তার থেকে আলাদা।

বাসু সাহেবকে বারবার আগ্রহ নিয়ে পড়তে ইচ্ছে করে ওই কোর্টরুম দৃশ্যগুলির রোমাঞ্চকর মুনশিয়ানার টানে। কিন্তু মুশকিল হল, গার্ডনারের বাইরে বেরোলে নারায়ণ সান্যাল নিজস্ব কল্পনায় কোনো কোর্টরুম দৃশ্য তৈরি করার চেষ্টা করেন না, ফলে কাঁটা-সিরিজে পাশাপাশি দু'ধরনের গল্প পড়তে পড়তে পাঠককে এগিয়ে যেতে হয়। আমরা আগেই বলেছি, মোট ১২টি গল্প গার্ডনার-প্রভাবিত নয়। সেই গল্পগুলো ঠিক কেমন করে গড়ে ওঠে, আর তার ফলে কী ধরনের অ্যাকাডেমিক সমস্যা তৈরি হয়, তা একটু বুঝিয়ে বলা

যাক। 'কাঁটা সিরিজ'-এর শেষ গল্প 'ষড়ানন রবীন্দ্রমূর্তির কাঁটা' গ্রন্থাকারে প্রকাশিত হল ২০০৮ সালে। এই গল্প কৌশিকের জবানিতে উত্তমপুরুষ কথনভঙ্গিমায় লেখা। গল্পটি আর্থার কোনান ডয়েলের 'দ্য অ্যাডভেনচার অফ দ্য সিক্স নেপোলিয়নস্' অবলম্বনে গড়ে তোলা। বেছে বেছে রবীন্দ্রনাথের কিছু মূর্তি চুরি করছে কেউ, তারপর সেগুলোকে টুকরো টুকরো করে ভেঙে ফেলা হচ্ছে। রহস্যময় এই কাহিনির বিবরণ বাসুসাহেব শোনেন কলকাতা পুলিশের অ্যাসিস্টেন্ট কমিশনার নিখিল দাশের কাছ থেকে। গল্পটা বলে নিখিল বাসুসাহেবকে জিজ্ঞাসা করেন, "আপনি কী পরামর্শ দেন?" বাসুসাহেব জবাব দেন, "আমি কী পরামর্শ দেব? এটা আইনের এক্তিয়ারে এসেছে বটে কিন্তু আদালতের এক্তিয়ারে তো এখনো আসেনি। তুমি বরং 'সুকৌশলী'র সঙ্গে পরামর্শ করো।"

কলকাতা পুলিশের 'ডিটেকটিভ ডিপার্টমেন্ট'-এর সর্বোচ্চ কর্তা কেন 'সুকৌশলী'-র মতো এক মামুলি বেসরকারি ডিটেকটিভ এজেন্সিকে নিয়োগ করতে যাবে, সেই প্রশ্ন আমরা এখানে তুলছি না। সব দেশের সব গোয়েন্দা কাহিনিতেই কম-বেশি এই সমস্যাটা থাকে। বাসুসাহেবের জবাবের অন্য দিকটা বরং একেবারেই যথার্থ, এইটাই খেয়াল করবার মতো। তিনি ব্যারিস্টার, যতক্ষণ কোনো কেস আদালতের এক্তিয়ারে না আসছে, 'রিটেইনার' দিয়ে যতক্ষণ কেউ না তাঁকে কোনো কেস-এ নিয়োগ করছে, ততক্ষণ তাঁর কী করার থাকতে পারে। ঘটনাও তা-ই ঘটে, নিখিল বলেন, "তাই করছি, কৌশিক। তোমাদের বিল এবং এক্সপেন্সেস আমরা মেটাব।"

তারপর কী হয়? নিখিল ও-কথা বলার পরের লাইন থেকে ক্রমশ অপ্রাসঙ্গিক হয়ে যেতে থাকে 'সুকৌশলী', বাসুসাহেবই আসলে তদন্তের দায়িত্ব তুলে নেন, আশি বছর বয়সে তিনি ছুটে যান সল্টলেক, কৃষ্ণনগর, পূর্ব কালিয়াচকে। তিনিই রহস্য উন্মোচন করেন, ক্রিমিনালকে হাতেনাতে পাকড়াও করে কলকাতা পুলিশ! ফলে, শুধু যে সুকৌশলীই অপ্রাসঙ্গিক হয়ে যায় তা-ই নয়, বাসুসাহেবের

'ব্যারিস্টার' পরিচয়টাও অবান্তর হয়ে থাকে এই কাহিনিতে। গার্ডনারের পেরি মেসন আর কোনান ডয়েলের হোমস-কে জুড়তে চাওয়ার চেষ্টায় কিছু অসঙ্গত ফাঁক থেকেই যায়।

বাসুসাহেব আদ্যন্ত পেরি মেসনের 'পেনাম্রাবলম্বনে' গড়ে উঠলেই আমাদের মতো পাঠক অধিক তৃপ্ত হত, এ বিষয়ে কোনো সন্দেহ নেই।

পর্ব ৭

বাঙালি, বিবেকানন্দ ও যুক্তিবাদের সমস্যা

লাজুক যুক্তিবাদ

জ্ঞান দু'প্রকার। বহির্বিষয়ক আর অন্তর্বিষয়ক। এখন, কে-না-জানে, অন্তর্বিষয়ক জ্ঞানই সকল জ্ঞানের সেরা, সত্যের আসল ঠিকানা রয়েছে সেখানেই। কিন্তু এ-ও ঠিক যে বহির্বিষয়ক জ্ঞান সম্বন্ধে যথেষ্ট ওয়াকিবহাল হওয়াটা জরুরি, স্থূল কী সে সম্বন্ধে ভালোভাবে জানা থাকলে সূক্ষ্ম কী তা আরও ভালোভাবে টের পাওয়া যায়।

এবার বাকি রইল ভাগবাঁটোয়ারা। বিজ্ঞানের আওতায় গেল বহির্বিষয়ক, বাইরের জ্ঞান ছোটো জ্ঞান নিয়ে 'ওরা' থাকবে। ফলে এ-ও পূর্বতসিদ্ধ হয়ে গেল যে 'সত্য'-এর নাগাল ওই 'ওরা' কোনোদিনই পাবে না। সত্য এল 'আমাদের' ঘরে। 'অন্তর্ব্বিষয়ক যে জ্ঞান, সে-ই সনাতনধর্ম্মের প্রধান ভাগ।' সকলেই খেয়াল করবেন শেষ বাক্যটি উদ্ধৃতি চিহ্নের মধ্যে ভরা আছে। বিবেকানন্দ নয়, ওটা বঙ্কিমিবাচন, সরাসরি 'আনন্দমঠ' থেকে নেওয়া। বস্তুত উপরে জ্ঞান-বিষয়ক যে-তত্ত্ব ফাঁদা হল তার পুরোটাই ওই উপন্যাস থেকে কর্জ নিয়ে নিজের ভাষায় চালিয়ে দেওয়া।

আশ্চর্য হল, বিবেকানন্দের নিষ্ঠপাঠক নিশ্চয় খেয়াল করবেন যে উপরের কথাগুলো স্বয়ং বিবেকানন্দ-বাণী বললেও কিছুমাত্র ভুল বলা হত না, বস্তুত বক্তৃতার পর বক্তৃতায় বিবেকানন্দ জ্ঞানের এই

স্ব-অপর বিভাজন তৈরি করেন, পাশাপাশি দাঁড় করান বিজ্ঞান আর ধর্মকে, তারপর (বক্সিং-এর রেফারি যেমন সহসা তুলে ধরেন জয়ীর হাত, তেমনই) বক্তৃতার শেষে পৌঁছে ধর্মীয় জ্ঞানচর্চা সুনির্দিষ্টভাবে জয়ী ঘোষিত হয়।

১৮৯৬ খ্রিস্টাব্দে দ্বিতীয়বার ইংলন্ডে পৌঁছে একটা বক্তৃতা দিলেন বিবেকানন্দ, যার শিরোনাম 'Reason and Religion', বাংলায় 'বাণী ও রচনা'-র তৃতীয় খণ্ডে যার অনুবাদ মিলবে 'যুক্তি ও ধর্ম' নামে। সেখানে স্বীকার করলেন তিনি, যেখানেই ধর্ম আর আধুনিক যুক্তিবাদের সংঘাত হচ্ছে সেখানেই বেশ কাহিল হয়ে পড়ছে ধর্মের অবস্থা, মনে হচ্ছে যেন এভাবে বেশিদিন চলতে থাকলে 'ধর্মের সব সৌধই ভাঙিয়া চুরমার হইয়া যাইবে।' কিন্তু, পরক্ষণেই বিবেকানন্দের আশ্বাস, উপরের আশঙ্কাটি সম্পূর্ণ অমূলক। কেননা যুক্তি-বিজ্ঞানের আক্রমণে ধর্মের মধ্যে 'যা-কিছু খাদ আছে' শুধু সেগুলিই বিনষ্ট হচ্ছে, ধর্মের যা সারভাগ তা অটুটই আছে। বস্তুত তাঁর ঘোষণা:

> সমস্ত ধর্ম যে-সত্যের সন্ধানে রত, যে-সত্যের তুলনায় জড়বিজ্ঞানের সব জ্ঞানই গৌণমাত্র, আমরা সেই সত্যের সন্ধান পাইয়াছি; ইহাই একমাত্র সত্যজ্ঞান।[১]

এই তর্কের কোনো প্রতিযুক্তি তৈরি করা আপাতত আমাদের উদ্দেশ্য নয়। আমরা কেবল সকৌতুকে লক্ষ করতে চাই যে এই উনিশ শতকে পৌঁছে বঙ্কিম বা বিবেকানন্দকে ধর্ম আলোচনায় ধর্মসভায় ধর্মপ্রসঙ্গে কথা বলতে গিয়েও বারবার টেনে আনতে হচ্ছে বিজ্ঞানকে, কিছুতেই তাকে পাশ কাটিয়ে যেতে পারছেন না তাঁরা। অথচ, ওঁদেরই যুক্তির দিক থেকে এটা হবার কথা ছিল না। ওঁদেরই দাবি মতো, বহু সহস্র বছর আগে সত্যের সন্ধান পাওয়া হয়ে গেছে ধর্মের, কাজ শেষ করে বসে আছেন সনাতনপন্থী ঋষিমুনিরা। আর বিজ্ঞান সবে গুটি গুটি পায়ে গৌণ-জ্ঞানের চর্চা শুরু করেছে, কী-সব দু-একটা মামুলি ছোটো-সত্য আবিষ্কার করে নিজেকে ভেবে নিচ্ছে তিস্-মার-খান।

এই দুইকে কি পাশাপাশি বসানো উচিত, ধর্মেরই কি গৌরবহানি হয়ে যাচ্ছে না তাতে, এ যেন দেশের প্রধানমন্ত্রী রাস্তায় দাঁড়িয়ে পায়ে-পা-দিয়ে ঝগড়া করছেন এক চুলোহীন অপোগণ্ডের সঙ্গে, প্রধানমন্ত্রীকে কি তা মানাচ্ছে?

উনিশ শতক-উত্তর ধর্মভাবুক বাঙালির ট্রাজেডির উৎস নিহিত হয়ে আছে ঠিক এইখানে। বাঙালি আর উনিশ শতকের কথায় পরে আসছি, ট্রাজেডির কথাটা আগে একটু বুঝে নেওয়া যাক। আর এ-বাবদে আমরা সাক্ষ্য মানব 'বৃহদারণ্যক উপনিষদ'-কে। জনকরাজার রাজসভায় বসে মহামুনি যাজ্ঞবল্ক্য ব্রহ্মসম্বন্ধীয় উপদেশ দিচ্ছেন। অন্য তপস্বী-বিপ্রগণ প্রশ্ন করছেন তাঁকে, উত্তর দিচ্ছেন যাজ্ঞবল্ক্য। চমৎকার-সব সেই প্রশ্নমালার শেষে উঠে দাঁড়ালেন সাধ্বী গার্গী বাচক্রবী, তাঁর প্রথম জিজ্ঞাসা, হে যাজ্ঞবল্ক্য, সমস্তই যখন জলে ওতপ্রোত, তখন জল কাহাতে ওতপ্রোত? যাজ্ঞবল্ক্য উত্তর দিলেন—হে গার্গী, বায়ুতে।

—বায়ু কাহাতে ওতপ্রোত? প্রশ্ন গার্গীর।
—অন্তরীক্ষসকলে।
—অন্তরীক্ষসকল কাহাতে ওতপ্রোত?
—গন্ধর্বলোকসকলে।
—গন্ধর্বলোকসকল কাহাতে ওতপ্রোত?
—আদিত্যলোকসকলে।
—আদিত্যলোকসকল কাহাতে ওতপ্রোত?
—নক্ষত্রলোকসকলে।...

এইভাবে প্রশ্নোত্তর চলতে চলতে গার্গীর প্রশ্ন যখন 'ব্রহ্মলোকসকলে' এসে পৌঁছোলো, তখন একটু থামলেন যাজ্ঞবল্ক্য। তারপর তিনি বলে উঠলেন, "হে গার্গী অতিপ্রশ্ন করিবেন না। আপনার যেন মুণ্ডপাত না হয়।" 'বৃহদারণ্যক উপনিষদ'-এর তৃতীয়াধ্যায় ষষ্ঠ ব্রাহ্মণে পাওয়া

যাবে এই সংলাপমালা, স্বামী গম্ভীরানন্দ সম্পাদিত 'উপনিষদ্ গ্রন্থমালা' নির্ভর করে এখানে উদ্ধৃত করা হল।

বোঝাই যাচ্ছে, আধুনিক বৈজ্ঞানিক সংস্কৃতির মূল যুক্তিকাঠামোটাই এখানে বিপর্যস্ত হয়ে আছে। এতে উত্তরদাতা তো দিব্বি পার পেয়ে যাচ্ছেন, এমনকী প্রশ্নকর্ত্রীরও বিশেষ হেলদোল নেই কেননা তিনিও ওই আপ্তবাক্যসংস্কৃতিরই মানুষ। ফলে যে-কোনো-একটা উত্তর পেলেই তিনি পরের প্রশ্নে চলে যাচ্ছেন, যেন পরের প্রশ্নে গিয়ে আগের উত্তরটাকে স্বস্তি দেওয়াই তাঁর মূল লক্ষ্য! জল কীসে ওতপ্রোত? বায়ুতে। তারপর, ঠিক এইখানেই, Reason বা যুক্তির অনুপ্রবেশের কথা ছিল, গার্গীর জিজ্ঞাসা করা উচিত ছিল যে, কীভাবে তা বুঝলেন! কিন্তু সেই প্রতিপ্রশ্নটি আর উচ্চারিত হয় না, প্রশ্নেই প্রশ্নের শেষ হয়, উত্তর জারিত হয়ে থাকে অপার বিশ্বাসে।

এখন কথা হল, উনিশ শতকের উপনিবেশের বাংলায় রামমোহন-বিদ্যাসাগরের হাতে যে তর্কসংস্কৃতির উদ্‌যাপন হল তারপরেও কি এই গার্গীভঙ্গিমা চালিয়ে যাওয়া যাবে? ভেবে দেখুন, সামাজিক সমস্যা প্রসঙ্গে রামমোহনের প্রতিটি বই আসলে সেই ধরনের তর্কের বই যেখানে বিরুদ্ধবাদীরাও প্রভূত সম্মানের সঙ্গে উপস্থিত থাকেন। সম্মান মানে সমর্থন নয় অবশ্যই, সম্মান মানে পূর্বপক্ষ হিসেবে বিরুদ্ধমতের যথাযথ উপস্থাপন। ১৮১৭-র 'ভট্টাচার্য্যের সহিত বিচার' বা তার পরের বছরের 'গোস্বামীর সহিত বিচার' কিংবা ওই বছরেই সতীদাহের বিরুদ্ধে রামমোহনের প্রথম পুস্তিকা 'সহমরণ বিষয় প্রবর্ত্তক ও নিবর্ত্তকের সম্বাদ'-এ তাঁর প্রতিপক্ষীয়রাই যে অন্যতম মুখ্যচরিত্র হয়ে ওঠেন—শিরোনামে এবং মূল তর্কে—এটাই রামমোহনপন্থী সংস্কৃতির সবচেয়ে উজ্জ্বল বৈশিষ্ট্য।

আর ঠিক এইখানেই, বিদ্যাসাগর রামমোহনের সবচেয়ে সার্থক উত্তরসূরি হয়ে ওঠেন। 'বহুবিবাহ রহিত হওয়া উচিত কিনা এতদ্বিষয়ক বিচার'-এর "দ্বিতীয় পুস্তক"-এর অধ্যায় বিভাজনের কথা হয়তো মনে পড়বে অনেকের। তারানাথ তর্কবাচস্পতির সঙ্গে তর্ক করবেন

বলে দশটি পরিচ্ছেদ জোড়া সুবিশাল প্রথম অধ্যায়টির নাম হয়ে ওঠে 'তর্কবাচস্পতিপ্রকরণ'! একইভাবে রাজকুমার ন্যায়রত্নকে পূর্বপক্ষ ধরে অধ্যায়নাম হতে পারে 'ন্যায়রত্নপ্রকরণ', ক্ষেত্রপাল স্মৃতিরত্নর সঙ্গে তর্কতাগিদে অধ্যায়নাম হয় 'স্মৃতিরত্নপ্রকরণ' কিংবা সত্যব্রত সামশ্রমীর মতবিচারের শিরোনাম হয়ে ওঠে 'সামশ্রমিপ্রকরণ'।

গড়নটা তাহলে টানা প্রবন্ধ লিখে যাবার নিরাপদ স্বস্তির নয়। উনিশ শতকের ভোর হল তার্কিক গণতন্ত্রের মন্ত্রসাধনায়। কিন্তু উনিশ শতকের ধর্মভাবুক কাকে প্রতিপক্ষ হিসেবে খাড়া করবেন? বিজ্ঞানকে? এ তো আর ১৬৩৩-এর ভ্যাটিকান নয় যে গ্যালিলিওর কীর্তি নস্যাৎ করে দেওয়া যাবে বেশ সহজেই! নিউটন-পরবর্তী বিশ্বজগতের ব্যাখ্যায় বিজ্ঞানের পাকা আসন প্রতিষ্ঠিত হয়ে গেছে, তারই হাত ধরে প্রতিষ্ঠিত হচ্ছে একধরনের সামাজিক যুক্তিবোধ। উপনিবেশের রাজধানীতে তাকে 'প্রতিপক্ষ' হিসেবে দাঁড় করিয়ে কাজ চালিয়ে যাওয়া কারোর পক্ষেই আর সম্ভব নয়। তাই অনন্যোপায় আপসপন্থা। বিজ্ঞানবোধ যুক্তিবোধের সঙ্গে পায়ে-পায়ে আপস করেই বাঙালির ধর্মভাবনা এগোবে এরপর, নির্মিত হয়ে উঠবে বাঙালিস্বভাবের এক ঐতিহাসিক যুগলক্ষণ, আমরা যাকে বলতে চাই 'লাজুক যুক্তিবাদ'।

ভঙ্গিমাটা যুক্তির, গড়নটাও কতক তাই, কিন্তু নিজের যাবতীয় সংস্কার-কুসংস্কার আর পেলব বিশ্বাসগুলো যেন তার আড়ালে আঁচড়হীন থেকে যেতে পারে, তার আপ্রাণ চেষ্টা। সত্য সাঁইবাবারা বাঙালির কাছে কল্কে পান না, ওঁরা আকাশে হাত ঘুরিয়ে মিষ্টি-ফুল-ছাই-বাতাসা নিয়ে আসতে পারেন—তাতে বাঙালির নাসিকাকুঞ্চন। কিন্তু তাতে শনি-শেতলার প্রতাপ কমে না, সোনার দোকানে পসার বেড়েই চলে আদি-অনাদি-প্রাগৈতিহাসিক ভৃগুদলের! ডানহাতে তার খড়্গ জ্বলে, বাঁহাত করে শঙ্কাহরণ। যুক্তি এবং বিশ্বাসের দু'নৌকায় পা-দিয়ে-চলা বাঙালির স্বভাববৈশিষ্ট্য নিহিত হয়ে থাকে তার উত্তরাধিকার সূত্রে পাওয়া চৈতন্যেরই মধ্যে।

গুরু

শ্রীরামকৃষ্ণ শাক্তসাধক। কিন্তু তাঁর সাধনপ্রণালীর সঙ্গে বৈষ্ণবীয় ঘরানারই ঐকান্তিকতা। অশ্রুসজল নিবেদনময় ভক্তি বাংলার জলহাওয়ার পক্ষে সবচেয়ে লাগসই। বাংলায় শ্রীচৈতন্য এবং শ্রীরামকৃষ্ণ সেই মরমিয়া ভক্তির সবচেয়ে বড়ো দুই বাহক। সহজ সরল জীবনযাপন, কথা বলবার আপাতগ্রাম্য অথচ উজ্জ্বল এক ভঙ্গি এবং এই নির্দ্বিধ ভক্তি—এই ত্রিগুণসমাহারেই শ্রীরামকৃষ্ণ জয় করে নিতে পেরেছিলেন নাগরিক কলকাতার বহুমানুষের হৃদয়।

কিন্তু আপাতত আমাদের আলোচনার লক্ষ্য শ্রীরামকৃষ্ণ নন, আমরা বুঝে নিতে চাই আমবাঙালির কাছে 'শ্রীরামকৃষ্ণ' নামক ফেনোমেননটির নির্মাণপ্রক্রিয়াকে। শ্রীরামকৃষ্ণ-তিরোধানের চার বছরের মধ্যে বেরোল তাঁর প্রথম পূর্ণাঙ্গ জীবনী, রামচন্দ্র দত্তের লেখা 'শ্রীশ্রীরামকৃষ্ণ পরমহংসদেবের জীবনবৃত্তান্ত'। রামচন্দ্র দত্ত নরেন্দ্রনাথ দত্তের আত্মীয়, রামকৃষ্ণ ভক্তমণ্ডলীর বিশিষ্ট সদস্য। যদিও এ বই পছন্দ করেননি স্বামী বিবেকানন্দ। আরও বছর চারেক পর আমেরিকায় বসে বইটি পড়ে ১৮৯৪-এর ৩০ নভেম্বর এক চিঠিতে লিখেছিলেন তিনি:

> রামকৃষ্ণের অলৌকিক ক্রিয়া সম্বন্ধে কি পাগলামি হচ্ছে? আমার অদৃষ্টে সারাজীবন দেখছি—গরু-তাড়ানো ঘুচল না। মস্তিষ্কহীন আহাম্মকগুলো কেন যে এই বাজে আজগুবিগুলো লেখে তা জানিও না, বুঝিও না। মদকে 'ডি. গুপ্তের ওষুধে' পরিণত করা ছাড়া কি রামকৃষ্ণের জগতে আর কোন কাজ ছিল না? প্রভু আমাকে এই কলকাতার লোকদের হাত থেকে রক্ষা করুন![২]

তার মানে রামচন্দ্র আর নরেন্দ্রনাথ—দত্তকুলোদ্ভব এই দুই শিষ্যের গুরু ঠিক একই মানুষ নন। রামচন্দ্র দত্ত যথারীতি চান

পরিপূর্ণ অলৌকিক ক্রিয়াকলাপে সাজিয়ে তাঁর গুরু-মূর্তি নির্মিত হোক। অন্যদিকে স্বামী বিবেকানন্দ ঠিক কেমনভাবে পেশ করতে চান তাঁর গুরুকে? ১৮৯৬-এর ২৪ ফেব্রুয়ারি নিউ ইয়র্কে 'My Master' শিরোনামে দীর্ঘ এক বক্তৃতা দেন স্বামীজি, ওই বছরের শেষে ইংলন্ডের উইম্বল্‌ডনে শ্রীরামকৃষ্ণ-সম্বন্ধে আরও একটি দুটো বক্তৃতা জুড়ে 'মদীয় আচার্যদেব' নামের একটি বঙ্গানুবাদ পাওয়া যায় বিবেকানন্দের 'বাণী ও রচনা'-র অষ্টম খণ্ডে। দীর্ঘ সেই লেখাটি পড়লে সকলেই টের পাবেন সেখানে অনেক বেশি করে নির্মিত হয়ে উঠছে রামকৃষ্ণের একটি সামাজিক মূর্তি। আমরা জানতে পারছি হিন্দুসাধক হয়েও রামকৃষ্ণের দৃষ্টি ছিল সম্পূর্ণ 'সংস্কারশূন্য', জানছি যে তিনি 'প্রত্যেক নারীকে ভক্তিভাবে দর্শন করেন', জানছি 'সকল সম্প্রদায়ের প্রতিই তিনি সমভাবে সহানুভূতিসম্পন্ন ছিলেন।'

বিবেকানন্দের পছন্দের এই রামকৃষ্ণ-মূর্তি পরিগ্রহণে লাজুক-যুক্তিবাদী বাঙালি অধিক স্বস্তি বোধ করে। যদিও এই নির্মাণ নিয়ে অনেক প্রশ্ন তোলা সম্ভব। ধরা যাক 'রামকৃষ্ণ কথামৃত' বইতে স্বয়ং শ্রীরামকৃষ্ণের এই বক্তব্যটি:

> ঠোঁট—ডোমের মত হলে—নীচবুদ্ধি হয়। বিষ্ণুঘরের পুরুত কয়মাস এক্‌টিং কর্মে এসেছিল। তার হাতে খেতুম না—হঠাৎ মুখ দিয়ে বলে ফেলেছিলুম, 'ও ডোম'। তারপর সে একদিন বল্লে, 'হাঁ, আমাদের ঘর ডোম পাড়ায়। আমি ডোমের বাসন চাঙ্গারী বুন্‌তে জানি। আরো খারাপ লক্ষণ—এক চক্ষু আর ট্যারা। বরং এক চক্ষু কানা ভাল, তো ট্যারা ভাল নয়। ভারী দুষ্ট ও খল হয়।[৩]

যত ভক্তিবাদী ব্যাখ্যাই করা হোক-না-কেন, উপরের কথাগুলোকে কোনো 'সংস্কারশূন্য' মনের পরিচয় বলে চালানো বেশ কঠিনই হবে। এখানে উল্টো-একটা কথা না-বললে খুবই অন্যায় করা হবে। 'রামকৃষ্ণ কথামৃত'-র নিষ্ঠ পাঠক জানেন জাত-ধর্মের ঊর্ধ্বে উঠে

সমস্ত মানুষকে ব্রহ্মস্বরূপ দেখবার কথাও শ্রীরামকৃষ্ণ বারবারই বলেছেন। উদাহরণ হিসেবে তাঁরই বলা এই গল্পটি রাখা যেতে পারে এখানে:

> মাংসের ভাঁড় লয়ে যাচ্ছে চণ্ডাল—সে শঙ্করকে ছুঁয়েছিল।
> শঙ্কর যেই বলেছেন, আমায় ছুঁলি!—চণ্ডাল বল্লে ঠাকুর,
> আমিও তোমায় ছুঁই নাই,—তুমিও আমায় ছোঁও নাই!
> তুমি শুদ্ধ-আত্মা—নির্লিপ্ত।[৪]

পরস্পর-বিরোধী এই দুই রূপের সহাবস্থানকে কীভাবে তাহলে পড়ব আমরা? একদিকে সকলেই 'শুদ্ধ-আত্মা' অন্যদিকে যিনি 'ডোম'ও নন, শুধু 'ডোম'-পাড়ায় থাকেন-মাত্র, তাঁরও হাত থেকে খাবার খেতে অস্বস্তি, এই দুই ছবিকে মেলাব কীভাবে? আসলে কথাটা কি এই নয় যে, তত্ত্বভাবনায় তিনি আশ্চর্য উদার হলেও জীবনচর্যায় তাঁরও মধ্যে রয়ে গেছিল উনিশ শতকীয় সংস্কারাচ্ছন্ন ভাবের নানা চিহ্ন? শ্রীরামকৃষ্ণ-পত্নী মা সারদা একবার বলেছিলেন: "তিনি (শ্রীরামকৃষ্ণ) তো কোনো বিদ্যা অস্বীকার করেননি। হাঁচি, টিকটিকি পর্যন্ত মেনে গেছেন।" হাঁচি-টিকটিকিকেও ঠিক 'বিদ্যা' বলা যাবে কিনা সেটা ভিন্ন প্রশ্ন, কিন্তু মা সারদার এই উক্তিকেই বস্তুত অনেক বেশি নির্ভরযোগ্য বলে মনে হয়।

এবার অলৌকিকত্ব প্রসঙ্গ। রামচন্দ্র দত্ত-লিখিত জীবনীটি বিবেকানন্দকে প্রীত করেনি, কিন্তু রামকৃষ্ণ মিশন যে জীবনীগ্রন্থটিকে সর্বোচ্চ মর্যাদা দেয়, স্বামী সারদানন্দ লিখিত সেই 'শ্রীশ্রীরামকৃষ্ণ লীলাপ্রসঙ্গ'-ই কি সম্পূর্ণত বিবেকানন্দ-অনুমোদন পেত? বলা মুশকিল। এ-বই বিবেকানন্দ দেখে যেতে পারেননি। 'লীলাপ্রসঙ্গ'-এর পাতাতেই পাওয়া যাবে রামকৃষ্ণর নারীভাবের সাধনা প্রসঙ্গে এইরকম বিবরণ:

> স্বাধিষ্ঠানচক্রের অবস্থান-প্রদেশের রোমকূপ সকল হইতে
> তাঁহার এই কালে প্রতি মাসে নিয়মিত সময়ে বিন্দু বিন্দু

> শোণিত নির্গমন হইত এবং স্ত্রী-শরীরের ন্যায় প্রতিবারই উপর্য্যুপরি দিবসত্রয় ওইরূপ হইত।[৫]

এই গুরুচিত্র বিবেকানন্দের অনুমোদন পেত কি না তা অনুমানসাপেক্ষ, কিন্তু বিবেকানন্দ-ভ্রাতা ভূপেন্দ্রনাথ বিস্মিত হয়ে জিজ্ঞাসা করেছিলেন আর-এক গুরুভাই স্বামী অভেদানন্দকে: "তাঁর স্ত্রীলোকের ন্যায় মাসিক হতো, এর অর্থ কী?" অভেদানন্দ জবাব দিয়েছিলেন: "আরে ভূপেন, ঠাকুরের নামে বাজারে আজকাল অনেক আজগুবি গল্প চালু হচ্ছে!" ভূপেন্দ্রনাথেরই লেখা 'স্বামী বিবেকানন্দ' বইটিতে পাওয়া যাবে এই দ্বিরালাপ। এইভাবেই নানা পরস্পরবিরোধী মত-বিশ্বাসের টানাপোড়েনে নির্মিত হয়ে ওঠে উনিশ শতকের এক মহাপুরুষের মূর্তি।

শ্রীরামকৃষ্ণের আরাধ্য ঈশ্বরপ্রতিমাটি পুরুষের নয়, নারীর। মন্দিরের সেই ভবতারিণীর সমমর্যাদায় তিনি একবার পূজা করেছিলেন নিজের স্ত্রীকেও। পুজো ভালো, কিন্তু যে-নারী তত ঈশ্বর নন, তাঁর কী হবে?

১৮৯৬-এর ২৩ আগস্ট গুরুভাই স্বামী রামকৃষ্ণানন্দকে লেখা এই আশ্চর্য মহিমাময় চিঠিতে স্বামী বিবেকানন্দের সুস্পষ্ট নির্দেশ ছিল, দক্ষিণেশ্বর-বেলুড় মঠে যেন সকলের প্রবেশাধিকার নিশ্চিত করা হয়। "বেশ্যারা যদি দক্ষিণেশ্বর মহাতীর্থে যাইতে না পায় তো কোথায় যাইবে"! 'প্রভু'-র কাছে তাঁর প্রার্থনা ছিল এই: "শত শত বেশ্যা আসুক তাঁর পায়ে মাথা নোয়াতে, বরং একজনও ভদ্রলোক না আসে নাই আসুক।[৬]

মুশকিল হল, শ্রীরামকৃষ্ণ নিজে কি এতখানি অনুমোদন দিতে প্রস্তুত ছিলেন? 'কথামৃত' খুললেই কি এইধরনের রামকৃষ্ণ-বাচন প্রায় পাতায়-পাতায় চোখে পড়ে না:

> মেয়ে মানুষের হাওয়া গায়ে লাগবে না। মোটা কাপড় গায়ে দিয়ে থাকবে, পাছে তাদের হাওয়া গায় লাগে।[৭]

> মেয়েমানুষ ভক্ত হলেও তাদের সঙ্গে বসে কথা কবে না।[৮]
>
> আমি মেয়ে বড়ো ভয় করি, দেখি যেন বাঘিনী খেতে আসছে।... সব রাক্ষসীর মত দেখি।[৯]

এবং শেষপর্যন্ত মহেন্দ্রনাথ গুপ্তকে রামকৃষ্ণের নির্দেশ:

> তোমার মেয়েদের আর গান শিখিও না।... যার তার কাছে গাইলে লজ্জা ভেঙে যাবে। লজ্জা মেয়েদের বড়ো দরকার।[১০]

যদি ধরেও নিই যে, এইসব নির্দেশ কেবলমাত্র তাঁর সন্ন্যাসী-সম্ভব শিষ্যদের উদ্দেশেই বলা, গৃহী-ভক্তদের উদ্দেশে নয় (সবসময় তা সত্যি নয় যদিও), তবু এইসব কথা যখন সত্যিই একজন সাধারণ নারী-পাঠক পড়বেন তাঁর কি বেশ খানিকটা খারাপ লাগবার কথা নয়? সাধক যদি-বা নারীকে এড়িয়েই চলতে চান, তাকে 'রাক্ষসীর মত' দেখবার কারণ কী হতে পারে? নারী-ভক্তদের উদ্দেশে কি এর উল্টোকথা কোথাও বলেছেন তিনি যে, পুরুষের হাওয়া গায়ে লাগাবে না, মোটা কাপড় পরে বসে থাকবে? তাছাড়া মহেন্দ্রনাথ গুপ্তকে বলা তাঁর নির্দেশটি আর সন্ন্যাসী-গৃহীর বাইনারিতে বোঝবার বিষয় নয়, ওটা মেয়েদের জন্য বলা তাঁর একটি সাধারণ নির্দেশ। এক ধরনের উনিশ শতকীয় সংস্কার যার মধ্যে অতিপ্রকট হয়ে আছে।

বিবেকানন্দ পাশ্চাত্যে, বা এদেশেও, যে 'মদীয় আচার্যদেব'-কে নির্মাণ করতে চান তাঁর মধ্যে রামকৃষ্ণ-মূর্তির এই দিকগুলো একেবারেই আড়ালে থেকে যায়।

সমাজবোধ

বিবেকানন্দের সমাজবোধ শুধুমাত্র দক্ষিণেশ্বর-চত্বরেই নির্মিত হয়নি। প্রথম যৌবনে মিল-বেন্থাম-স্পেন্সারের বই আর পরে ভারতবর্ষের

পথে পথে তাঁর এই শিক্ষা সম্পূর্ণ হয়েছে। শিকাগোর উদ্দেশ্যে রওনা হবার অল্পদিন আগে, ১৮৯৩-এর শেষ এপ্রিলে বিবেকানন্দ দ্বিতীয়বার খেতড়ি পৌঁছোলেন। সেখানে রাত্রে প্রাসাদচত্বরে গান গাইবেন এক গানওয়ালি, কোনো সন্ন্যাসী কি তা উপভোগ করতে পারেন? সন্ন্যাসের স্বাভাবিক প্রত্যাখ্যানে তিনি ঘরে দোর দিয়ে বসে থাকেন আর সেই গানওয়ালি বেছে নেয় এক অসামান্য সুরদাস: "প্রভু, মেরে অবগুণ চিত না ধরো/ সমদরশী হ্যায় নাম তুহারো"। সমদর্শী? চকিত হয়ে ওঠেন স্বামীজি। জগৎ ব্রহ্মময়, একথা তিনিই তো কতবার বলেছেন, কিন্তু প্রতিদিনের যাপনে সেই সত্য অর্জন করা কত কঠিন! সুরদাসের ওই লাইনগুলো থেকে এবার জীবনের পাঠ নিতে বসেন তিনি। বেরিয়ে আসেন ঘরের দরজা খুলে, তারাখচিত আকাশের নীচে উপভোগ করে চলেন এক অখ্যাত গানওয়ালির অসামান্য সংগীত।

আচারবিচার, ছোঁয়াছুঁয়ি, জাতপাত মিলিয়ে যে রঘুনন্দন-পন্থী ব্রাহ্মণ্যতন্ত্র তার বিরুদ্ধে বিবেকানন্দের আপত্তি—ঘৃণা বললেই ঠিকঠাক বলা হয়—প্রায় নির্বিকল্প। চিঠির পর চিঠিতে তিনি লিখে যাবেন ভারতবর্ষের বর্তমান দুর্দশার মূল কারণ:

> যে দেশে কোটি কোটি মানুষ মহুয়ার ফুল খেয়ে থাকে, আর দশ বিশ লাখ সাধু আর ক্রোর দশেক ব্রাহ্মণ ঐ গরিবদের রক্ত চুষে খায়, আর তাদের উন্নতির কোনও চেষ্টা করে না, সে কি দেশ না নরক! সে ধর্ম, না পৈশাচ নৃত্য! দাদা, এটি তলিয়ে বোঝ—ভারতবর্ষ ঘুরে ঘুরে দেখেছি। এ দেশ দেখেছি। কারণ বিনা কার্য হয় কি?[১১]

প্রবন্ধে-ভাষণে ছয়লাপ হয়ে থাকবে পুরোহিততন্ত্রের নষ্টামির বিরুদ্ধে কঠোর আর অগ্নিস্রাবী সব উচ্চারণ:

> আর্য বাবাগণের জাঁকই কর, প্রাচীন ভারতের গৌরব ঘোষণা দিনরাতই কর; আর যতই কেন তোমরা 'ডম্‌ম্‌' বলে

> ডম্ফই কর, তোমরা উচ্চবর্ণেরা কি বেঁচে আছ? তোমরা হচ্চ দশ হাজার বচ্ছরের মমি!! যাদের 'চলমান শ্মশান' বলে তোমাদের পুর্বপুরুষেরা ঘৃণা করেছেন, ভারতে যা কিছু বর্তমান জীবন আছে, তা তাদের মধ্যে।[১২]

আর একথা লেখবার পরেই আসবে সেই বহু-উদ্ধৃত লাইনগুলো: "তোমরা শূন্যে বিলীন হও, আর নূতন ভারত বেরুক। বেরুক লাঙল ধরে, চাষার কুটির ভেদ করে, জেলে মালা মুচি মেথরের ঝুপড়ির মধ্য হতে..." ইত্যাদি।

দুটো-একটা প্রশ্ন অবশ্য এখানে তুলেছেন প্রাতিষ্ঠানিক-ধর্ম-বিবিক্ত কোনো কোনো মানুষ। হিন্দু, ইসলাম, খ্রিস্টান-সহ যে-কোনো ধর্মের মূল কাঠামোগুলোতেই কি বিস্তর গলদ নেই? এই সমস্ত ধর্মের কেন্দ্রীয় গ্রন্থগুলোতেই কি নেই মানুষের মানুষে বিভাজনের সুস্পষ্ট আয়োজন?

বিবেকানন্দ হিন্দু সন্ন্যাসী। ধর্মেরই মুলোচ্ছেদের ডাক দিয়ে বসলেন না কেন তিনি, এ প্রশ্নটাই আসলে বাতুলতা। উনিশ শতকের শেষলগ্নে বিবেকানন্দ যে ব্রাহ্মণতন্ত্রের বিরুদ্ধে অমন নিরবচ্ছিন্ন কঠোর প্রতিবাদ করে যেতে পেরেছিলেন সে-ও বড়ো কম কথা নয়। বিশেষত যদি এটা মনে রাখি যে উপনিবেশের 'আলোকিত' রাজধানী থেকে বহু সহস্র মাইল দূরে দক্ষিণ ভারতের মাটিতেও তিনি নিয়ে যেতে পেরেছিলেন তাঁর লড়াইটা, যে-দক্ষিণ ভারতের গোপুরমগুলি তখন আসলে হয়ে উঠেছিল ব্রাহ্মণ্যবাদের কুৎসিত ক্ষমতাপ্রদর্শনের এক একটি স্তূপ, তখন বিবেকানন্দকে আন্তরিকভাবে শ্রদ্ধা না-জানিয়ে পারা যায় না।

মনে রাখতে হবে, ভারতবর্ষের উন্নতিবিধানের পথটাও ঠিকঠাক চিহ্নিত করতে পেরেছিলেন এই মেধাবী সন্ন্যাসী, সে-হল গণশিক্ষার প্রসার। গুরুভাই অখণ্ডানন্দ গরিব মানুষের মধ্যে চাল-ডাল-কাপড় বিতরণ করে বেড়ান শুনে একটু ক্ষুণ্ণই হচ্ছেন বিবেকানন্দ, বলছেন

ওর থেকে বড়ো কাজ করবার পড়ে রয়েছে, ওতে শক্তিক্ষয় করে ফেললে চলবে না, কেননা ভারতবর্ষের সব সম্পদ পরিকল্পনাহীন বিলিয়ে দিয়ে একটা গ্রামেরও যথার্থ উন্নতি করা সম্ভব নয়। উনিশ শতকের জমিদারপন্থী এলিট কংগ্রেসি জাতীয়তাবাদও যে শেষপর্যন্ত কোনো কাজের হবে না সে-কথাও বলেছেন তিনি বারবার, স্বামি-শিষ্য-সংবাদ-এ যেমন পাই:

> একটা ছুঁচ গড়বার ক্ষমতা নেই, তোরা আবার ইংরেজদের criticise করতে যাস—আহাম্মক! ওদের পায়ে ধরে জীবন-সংগ্রামোপযোগী বিদ্যা, শিল্পবিজ্ঞান, কর্মতৎপরতা শিখগে। যখন উপযুক্ত হবি, তখন তোদের আবার আদর হবে। ...কোথাও কিছুই নেই, কেবল Congress করে চেঁচামিচি করলে কি হবে?[১৩]

'জীবন-সংগ্রামোপযোগী' শিক্ষায় আত্মনির্ভরশীলতার কথা বিবেকানন্দ এত লেখায় এত বার বলেছেন যে ভারতবর্ষের উদ্দেশে এইটিই তাঁর অন্যতম প্রধান বলবার কথা বলে মনে করতে ইচ্ছে করে। তাহলে আপাতত তাঁর ভক্ত-গুরুভাই-শিষ্যদের আশু কাজ ঠিক কী? ১৮৯৪-এর গ্রীষ্মকালটা জুড়ে আমেরিকা থেকে ভারতে পাঠানো প্রায় প্রতিটা চিঠিতে সে-কথা জানিয়ে রাখবেন তিনি:

> শশী, তোকে একটা নূতন মতলব দিচ্ছি। যদি কার্যে পরিণত করতে পারিস তবে জানব তোরা মরদ...। গোটাকতক ক্যামেরা, কতকগুলো ম্যাপ, গ্লোব, কিছু Chemicals ইত্যাদি চাই।... তারপর কতকগুলো গরিব-গুরবো জুটিয়ে আনা চাই। তারপর তাদের Astronomy, Geography প্রভৃতির ছবি দেখাও আর 'রামকৃষ্ণ পরমহংস' উপদেশ কর—কোন্ দেশে কি হয়। কি হচ্ছে। এ দুনিয়াটা কি। তাদের যাতে চোখ খুলে, তাই চেষ্টা কর...[১৪]

সবকিছুর মাঝে 'রামকৃষ্ণ পরমহংস উপদেশ কর'-টা খানিক ভিন্নরকমের প্রস্তাব, বিদ্যাসাগরের সঙ্গে ওখানেই বিবেকানন্দের তফাত, তবু গণশিক্ষা প্রসারের এই ঐকান্তিক বাসনা সেকালে দুর্লভ, তা অস্বীকার করা যাবে না কিছুতেই।

সমাসবদ্ধ 'ধর্মবিজ্ঞান'

সত্যিকারের সমস্যা ঘনিয়ে ওঠে যখন বিবেকানন্দ সমাজবিচারের যুক্তিবাদী ঢঙে আধ্যাত্মিকতার ব্যাখ্যা করতে যান। আগের বাক্যে 'সমস্যা' শব্দটা বেশ ভেবেচিন্তেই লিখলাম। বিবেকানন্দর পক্ষে শশধর তর্কচূড়ামণির মতো বাতুল হওয়া সম্ভব নয় যে অগস্ত্য মুনির সমুদ্রশোষণের গল্পকেও অ্যানোড-ক্যাথোড দিয়ে ব্যাখ্যা করবেন! আবার সরল বিশ্বাসের উপর সব ভার ছেড়ে দেওয়াটাও ঠিক তাঁর ঘরানা নয়। ফলে তিনি আধ্যাত্মিক তত্ত্বগুলোর নানান 'আধুনিক' যুক্তিবাদী ব্যাখ্যা খুঁজতে যান, আর এই আধ্যাত্মিক 'ব্যাখ্যান' পর্বগুলোই, আমাদের বিচারে, হয়ে ওঠে তাঁর রচনাবলীর সবচেয়ে দুর্বল অংশ। আর ঠিক এখানেই উপনিবেশ-পরবর্তী বাঙালির ধর্মবোধের সামগ্রিক স্ববিরোধের সঙ্গে তাঁর ধর্মবোধের ঐক্যসূত্র স্থাপিত হয়ে যায়।

সকলেই জানি আমরা যে বিবেকানন্দ 'রচনা'-বলীর বেশিরভাগ অংশই হচ্ছে আসলে 'বক্তৃতা'-বলী। সেইরকমই বক্তৃতার এক সংকলন গ্রন্থের নাম *The Science and Philosophy of Religion.* বাংলা 'বাণী ও রচনা'-র তৃতীয় খণ্ডে সে বইয়ের অনুবাদ পাওয়া যাবে, আর অনুবাদে বইটির নাম হয়ে উঠবে 'ধর্মবিজ্ঞান'।

একেবারে 'ধর্মবিজ্ঞান'? হাইফেন নেই, স্পেস নেই, সরাসরি সমাসবদ্ধতা! বিবেকানন্দের গুরু কিন্তু ঠিক এই অর্থে সমাসসিদ্ধ হতে চাননি। শ্রীরামকৃষ্ণ কখনো অযথা ধর্মকে বিজ্ঞানের সঙ্গে মেলাবার কথা ভাবেননি, বৈজ্ঞানিক ব্যাখ্যার ভঙ্গিমায় বুঝতে চেষ্টা করেননি ধর্মতত্ত্বকে। ধরা যাক, সকল প্রাণীকে বাইরে থেকে যতই ভিন্ন ভিন্ন

দেখাক আসলে সবাই সেই পরমাত্মার অংশ—ধর্মতত্ত্বের এই কথাটা আপনি বুঝে নিতে চান। শ্রীরামকৃষ্ণ তাঁর অননুকরণীয় ভাষায় বলবেন একটা নুনের পুতুলের কথা, যে নিজেকে ভারি কেওকেটা মনে করে, তারপর যখন সে সাগরে যায়—সাগরের জলে মিশে সে-ও সাগর বনে যায়, তখন তার পৃথক সত্তার অহংকার অর্থহীন হয়ে যায়।

এ হল উপমা। চমৎকার উপমা। ধর্মজিজ্ঞাসুর মন এতে আহ্লাদিত হয়ে ওঠবার কথা। কিন্তু বাঙালি মধ্যবিত্ত সবসময় এতে তৃপ্ত হন না! ঔপনিবেশিক জ্ঞানচর্চার উত্তরাধিকারী হিসেবে বেশ-একরকমের 'বিজ্ঞানসম্মত' 'যুক্তিবাদী' কাঠামোর ছকে ধর্মকে বুঝতে না-পারলে তার মন ওঠে না। লাজুক যুক্তিবাদী বলে কথা। স্বামী বিবেকানন্দও নানা সময়ে সেরকম ধাঁচের 'বোঝানোর' ব্যবস্থা করতে থাকেন যেন।

ধর্মবিজ্ঞান বইটির 'সাংখ্য ও অদ্বৈত' নামের প্রবন্ধে বিবেকানন্দ এই কথাটা কীভাবে বোঝাতে চান দেখা যাক।

বিবেকানন্দ প্রথমে বলবেন যে, বাইরের যা-কিছু আমরা দেখি তার প্রকৃত স্বরূপ আমরা কখনোই জানতে পারি না (কেন 'কখনোই' জানতে পারি না, তা অবশ্য বিশদে ব্যাখ্যা করেন না তিনি)। সেই 'প্রকৃত স্বরূপ' যেন এক অজ্ঞেয় সত্তা, যার নাম দেওয়া যাক 'ক'। তাহলে আমরা তার সম্বন্ধে কতটুকু জানি? না, আমাদের মনের উপর তার যতটুকু প্রতিক্রিয়া হয়, সেইটুকুই। বিবেকানন্দ তাকে বেশ-একটু গাণিতিক ভঙ্গিমায় বলবেন 'ক + মন'।

এ-হল বাইরের কথা। এবার আমার ভিতরের কথার পালা। আমার যেঁ স্বরূপ, অর্থাৎ আত্মা, তাও অজ্ঞেয়। তার নাম দেওয়া যাক 'খ'। তাহলে আমার চোখে আমি হলাম 'খ + মন'।
এখন, মন ঠিক কী? বিবেকানন্দ বলবেন সে-তো অতি আপেক্ষিক জিনিস, নিছক দেশ-কাল-নিমিত্তর অধীন। কেননা,

> আপনারা কাল ব্যতীত কখন চিন্তা করিতে পারেন না, দেশ ব্যতীত কোন বস্তুর ধারণা করিতে পারেন না এবং নিমিত্ত বা কার্য-কারণ-সম্বন্ধ ছাড়িয়া কোন বস্তুর কল্পনা করিতে পারেন না। [১৫]

তা, মন যখন এতই আপেক্ষিক বিষয়, তাহলে বিবেকানন্দ বলবেন, আসুন, উপরের গণিত থেকে মন ব্যাপারটাকেই মুছে ফেলা যাক। তখন,

> কি অবশিষ্ট থাকে? তখন সবই এক হইয়া যায়। 'ক' ও 'খ' এক বলিয়া বোধ হয়। ... 'ক' ও 'খ' উভয়ই নির্গুণ, কারণ উহারা মন হইতেই গুণ পাইতেছে। অতএব এই 'ক' ও 'খ' এক।[১৬]

এই 'যুক্তি'-র সামনে দাঁড়িয়ে বিহ্বল হয়ে যেতে হয়। কোত্থেকে যে কী হয়ে গেল প্রথমে কিছুই ঠাহর করা যায় না। মন ব্যাপারটাকে কেন-যে প্রথমে যোগ করতে গেলেন তিনি, তারপর কেন-যে বিয়োগ করে দিলেন, কিছুই ঠিক বুঝে ওঠা যায় না। 'ক' ও 'খ' নির্গুণ বলেই অভিন্ন এই যদি যুক্তি হয় তাহলে সেটা প্রথমে বলে দিলেই হত। এত যোগ-বিয়োগের কী দরকার ছিল?

তাহলে হাতে কী পড়ে রইল? পড়ে রইল একটা যুক্তির ভঙ্গিমা। কতকটা এইরকম কথা নুনের পুতুলের গল্প দিয়েও বুঝে নেওয়া যাচ্ছিল বটে কিন্তু ও-তো গল্পই, আর এ-হল ধর্মবিজ্ঞান! আত্মা ব্যাপারটা যে নিতান্ত মামুলি জিনিস নয়, বেশ দুরূহ ফর্মুলার মতো ব্যাপার—কতকটা এরকমভাবে বুঝতে পারলেই হয়তো বাঙালি পাঠক অধিকতর স্বস্তি বোধ করে। বাঙালির লাজুক যুক্তিবাদী যে-মনটার কথা আমরা বলতে চাইছি তা এইখানেই যথার্থ তৃপ্তি পায়।

একটা কথা খুব সত্যি যে, স্বামী বিবেকানন্দের শিক্ষাচিন্তায় আধুনিক জ্ঞানবিজ্ঞানের প্রয়োজনীয়তার কথা অত্যন্ত গুরুত্ব সহকারে উপস্থাপিত হয়েছে। 'স্বামি-শিষ্য-সংবাদ' থেকেই দুটো চমৎকার অংশ পরপর এ প্রসঙ্গে উদ্ধৃত করা যেতে পারে। ১৮৯৮-এর এক বিকেলে বেলুড় মঠে বসে স্বামীজি ঔপনিবেশিক শিক্ষাব্যবস্থার অন্তর্গত নিছক উপযোগবাদী বিজ্ঞানভাবনার বিপরীতে মৌলিক জ্ঞানচর্চার উপর জোর দিয়ে বলছেন,

> পাশ্চাত্য-বিজ্ঞানসহায়ে মাটি খুঁড়তে লেগে যা,... চাকরি গুখুরি করে নয়, নিজের চেষ্টায় পাশ্চাত্য-বিজ্ঞান-সহায়ে নিত্য নতুন পন্থা আবিষ্কার করে।[১৭]

আর-একদিন, ১৯০১-এর গ্রীষ্মকাল, স্বামীজির শরীর তখন অসুস্থ, তারই মাঝখানে কথা উঠল চিকিৎসা-পদ্ধতির নানা ধরন নিয়ে। স্পষ্টভাষায় বিবেকানন্দ জানালেন তাঁর মত,

> আমার মতে কিন্তু একজন scientific চিকিৎসকের হাতে মরাও ভাল; layman—যারা বর্তমান science-এর কিছুই জানে না, কেবল সেকেলে পাঁজিপুঁথির দোহাই দিয়ে অন্ধকারে ঢিল ছুঁড়ছে, তারা যদি দু-চারটে রোগী আরামও করে থাকে, তবু তাদের হাতে আরোগ্যলাভ আশা করা কিছু নয়।[১৮]

মুশকিল হয় তখনই যখন এই বৈজ্ঞানিক দর্শনচিন্তা এবং দর্শন-প্রণালীর সঙ্গে ধর্ম-ভিত্তিক দর্শনচিন্তার মেলাতে যাওয়ার প্রয়াস দেখা যায়। ধর্ম দাঁড়িয়ে থাকে বিশ্বাসের ভূমির উপরে, যে বিশ্বাস করে, সে করে। বৈজ্ঞানিক তথ্যানুসন্ধান ও যুক্তিকাঠামোর ধারা এর থেকে সম্পূর্ণ আলাদা, এই দুটো একসঙ্গে মেলে না। বিবেকানন্দ মাঝে মাঝে এই দুটোকে যখন মেলাতে যান, তখন তাঁর লেখায় এইরকম স্ববিরোধ এসে উপস্থিত হয়, হতে বাধ্য:

> ধর্ম অনুভবের জিনিস, বুদ্ধি দিয়া বুঝিবার নহে। হাতেনাতে করিতে হইবে, তবে ইহার সত্যাসত্য বুঝিতে পা রি বে । এ কথা তোমাদের পাশ্চাত্য Chemistry, Physics, Geology প্রভৃতির অনুমোদিত। দু বোতল hydrogen আর এক বোতল oxygen লইয়া 'জল কই?' বলিলে কি জল হইবে, না তাহাদের একটা শক্ত জা য় গা য়

> রাখিয়া electric current তাহার ভিতরে চালাইয়া তাহাদের combination করিলে তবে জল দেখিতে পাইবে এবং বুঝিবে যে, জল hydrogen ও oxygen নামক গ্যাস হইতে উৎপন্ন। অদ্বৈতজ্ঞান উপলব্ধি করিতে গেলেও সেইরূপ ধর্মে বিশ্বাস চাই, আগ্রহ চাই, অধ্যবসায় চাই, প্রাণপন যত্ন চাই, তবে যদি হয়।[১৯]

বিজ্ঞানভাবনার সঙ্গে অদ্বৈতজ্ঞানকে মিলিয়ে দেবার প্রধান অসুবিধা হল ওই বিশেষ শব্দটা: বিশ্বাস। হাইড্রোজেন অক্সিজেন নির্দিষ্ট অনুপাতে নির্দিষ্ট পদ্ধতিতে মেলালে জল উৎপন্ন হবে এ কথা প্রমাণ করবার জন্য বা বোঝবার জন্য বিজ্ঞানে বিশ্বাস রাখার একেবারেই প্রয়োজন নেই। বস্তুত পরীক্ষা করে দেখবার আগে তার সম্ভাব্য ফলাফলে বিশ্বাস না-রাখলেই ভালো হয়। এমনকী আগে হাজারবার 'প্রমাণিত' হয়ে যাওয়ার পরেও যখন কোনো পরীক্ষা নতুন করে শুরু করা হয়, তখনও, আগের 'প্রমাণ'গুলোয় খানিক অবিশ্বাস করেই কাজ শুরু করলে ভালো। বৈজ্ঞানিক সত্যের অনুসন্ধান এভাবেই এগোয়। সেইজন্যেই নতুন 'সত্য' এসে পুরনো 'সত্য'কে খণ্ডন করতে পারে।

ধর্ম আর বিজ্ঞান এই দুইকে অযথা মেলাবার চেষ্টা না-করে নিজের মতো চলতে দিলে আর কিছু বলবার থাকত না। কিন্তু মধ্যবিত্ত বিশ্বাসী বাঙালি এদের না-মিলিয়ে থাকতে পারে না, তার নিজের ভিতরে বোধকরি একরকমের অস্বস্তি, একরকমের দ্বিধা তৈরি হয়। এই অস্বস্তি আর দ্বিধা নিয়েই বাঙালি চিন্তাজগৎ দীর্ঘকাল ধরে বয়ে চলেছে।

উল্লেখপঞ্জি

স্বামী বিবেকানন্দের রচনা, বক্তৃতা ও চিঠিপত্র থেকে যে-সব উদ্ধৃতি এই নিবন্ধে ব্যবহার করা হয়েছে তা সবসময়ই উদ্বোধন কার্যালয় প্রকাশিত স্বামী বিবেকানন্দের বাণী ও রচনা (জানুয়ারি ১৯৮৯ সংস্করণ) বইয়ের বিভিন্ন খণ্ড থেকে গৃহীত

হয়েছে। ব্যবহারিক সুবিধার্থে এখানে তা বাণী ও রচনা নামে উল্লিখিত হল।

শ্রীম-কথিত শ্রীশ্রীরামকৃষ্ণকথামৃত বইটি থেকে উদ্ধৃতির ক্ষেত্রে ব্যবহার করা হয়েছে আনন্দ পাবলিশার্স প্রকাশিত অখণ্ড সংস্করণটি (জানুয়ারি ১৯৮৩)। এখানে তা কথামৃত নামে উল্লিখিত হল।

১। বাণী ও রচনা, তৃতীয় খণ্ড, পৃ. ১০৮
২। বাণী ও রচনা, সপ্তম খণ্ড, পৃ. ২৯
৩। কথামৃত, (চতুর্থ খণ্ড, দ্বাবিংশ অধ্যায়, চতুর্থ পরিচ্ছেদ), পৃ. ৭৯০-৯১
৪। কথামৃত, (চতুর্থ খণ্ড, একবিংশ অধ্যায়, তৃতীয় পরিচ্ছেদ), পৃ. ৭৭২
৫। স্বামী সারদানন্দ, শ্রীশ্রীরামকৃষ্ণলীলাপ্রসঙ্গ, প্রথম খণ্ড, 'সাধক ভাব', কলকাতা : উদ্বোধন কার্যালয়, আগস্ট ১৯৯৩, পৃ. ১৫৬
৬। বাণী ও রচনা, সপ্তম খণ্ড, পৃ. ২২০-২১
৭। কথামৃত, (চতুর্থ খণ্ড, দ্বাবিংশ অধ্যায়, তৃতীয় পরিচ্ছেদ), পৃ. ৭৮৮
৮। কথামৃত, (চতুর্থ খণ্ড, বিংশ অধ্যায়, দ্বিতীয় পরিচ্ছেদ), পৃ. ৭৫৬
৯। কথামৃত, (চতুর্থ খণ্ড, দ্বাবিংশ অধ্যায়, তৃতীয় পরিচ্ছেদ), পৃ. ৭৮৬
১০। কথামৃত, (চতুর্থ খণ্ড, ত্রয়ত্রিংশৎ অধ্যায়, প্রথম পরিচ্ছেদ), পৃ. ৮৫৯
১১। বাণী ও রচনা, ষষ্ঠ খণ্ড, পৃ. ৩২২-২৩
১২। "ভারত – বর্তমান ও ভবিষ্যৎ", 'পরিব্রাজক', বাণী ও রচনা, ষষ্ঠ খণ্ড, পৃ. ৬৪
১৩। 'স্বামি-শিষ্য-সংবাদ', ১৮ নং পরিচ্ছেদ, বাণী ও রচনা, নবম খণ্ড, পৃ. ৬৭
১৪। বাণী ও রচনা, ষষ্ঠ খণ্ড, পৃ. ৩৫৪
১৫। বাণী ও রচনা, তৃতীয় খণ্ড, পৃ. ৩৫
১৬। প্রাগুক্ত, পৃ. ৩৫
১৭। 'স্বামি-শিষ্য-সংবাদ', ২৮ নং পরিচ্ছেদ, বাণী ও রচনা, নবম খণ্ড, পৃ. ১০৪
১৮। 'স্বামি-শিষ্য-সংবাদ', ৩৬ নং পরিচ্ছেদ, বাণী ও রচনা, নবম খণ্ড, পৃ. ১৩২
১৯। 'স্বামীজীর সহিত কয়েক দিন', বাণী ও রচনা, পৃ. ২৪৯-৫০

বিবেকানন্দ: পড়া ও পড়ার দর্শন

বিবেকানন্দ ছিলেন প্রায় সর্বগ্রাসী পড়ুয়া। কত দ্রুত তিনি পড়তে পারতেন তাই নিয়ে কিছু চেনা গল্প আছে, দু-এক দিনের মধ্যে নাকি তাঁর মোটা-মোটা বই পড়া হয়ে যেত, এমনকী তারপর প্রায় লাইন-ধরে মুখস্থ বলতে পারতেন তিনি। এই মহাপুরুষোচিত গল্পগুলোকে যদি বাদও দিই, বিবেকানন্দের বই পড়বার কাহিনি তাতে কিছুমাত্র লঘু হয়ে পড়ে না। জীবনকে নানাভাবে দেখবার তাঁর ছিল আগ্রহ, বই পড়ার আগ্রহ তাঁর সেই জীবন-বোধেরই অংশ।

নরেন্দ্রনাথের বাড়ির পরিবেশ ছিল লেখাপড়ার পক্ষে অনুকূল। রামকৃষ্ণ যাকে বলতেন 'চাল-কলা-বাঁধা বিদ্যা', লেখাপড়া বলতে আমরা ঠিক তা বোঝাতে চাইছি না এখানে। প্রথাগত লেখাপড়ার বাইরে পড়াশোনার নেশা একটা সংস্কৃতি, নরেন্দ্রনাথ সেই দুর্লভ সাংস্কৃতিক পরিবেশ পেয়েছিলেন তাঁর বাড়িতেই। মহেন্দ্রনাথ দত্ত লিখেছিলেন, "লেখাপড়ার চর্চা ইঁহাদের বংশের একটা বিশেষ লক্ষণ।" (মহেন্দ্রনাথ, প্রথম খণ্ড, পৃ. ৭০) মা ভুবনেশ্বরী দেবী পড়তেন আর অনর্গল বলতে পারতেন পুরাণ এবং বৈষ্ণবসাহিত্য। বাবা বিশ্বনাথ দত্তের আগ্রহ ছিল আরবি, ফারসি আর উর্দু সাহিত্যে। ওকালতির কাজ থেকে অবসর খুঁজে খুঁজে পড়তেন সেসব। মহেন্দ্রনাথের স্মৃতিবিবরণ অনুযায়ী ১৮৮৪-র ২৩ ফেব্রুয়ারি হঠাৎ করে মৃত্যু হয় তাঁর, ঠিক সেই শেষমুহূর্তে উর্দুতেই কিছু একটা

লিখছিলেন বিশ্বনাথ দত্ত। ভাষা-দেশ-ধর্ম-সংস্কৃতির এই বিভিন্নতার মধ্যে নরেন্দ্রনাথের নিবিড় ছোটোবেলাটা কেটেছে সেকথা বিশেষ করে মনে রাখবার মতো।

সেইসঙ্গে আলোকিত উনিশ শতকের যে মেধাবী পরিবেশ, নরেন্দ্রনাথের বড়ো হয়ে ওঠবার পিছনে তার ভূমিকাও অপরিসীম। স্কুলের পড়া শেষ করে নরেন্দ্রনাথ পড়েছেন অল্প কিছুদিন প্রেসিডেন্সি কলেজে আর তারপর জেনারেল অ্যাসেম্বলিজ ইন্সটিটিউশন বা বর্তমানের স্কটিশ চার্চ কলেজে। সিলেবাসের যে পড়াশোনা, তাতে নরেন্দ্রনাথের খুব যে আগ্রহ ছিল, তা নয়। বন্ধু প্রিয়নাথ সিংহ তাঁর স্মৃতিকথায় জানিয়েছিলেন, পরীক্ষার আগে অপ্রস্তুত নরেন্দ্রনাথের *Green's History of England* নামের মস্ত বই আয়ত্ত করতে গিয়ে নাজেহাল অবস্থার কথা, তিনদিন একটানা 'চোরকুঠরীর ভিতর' স্বেচ্ছাবন্দি হয়ে শেষ করতে হয়েছিল পরীক্ষার পড়া। (প্রমথনাথ বসু, পৃ. ৬৮) আর এ বাবদে স্বয়ং বিবেকানন্দের স্বীকারোক্তি এই,

> প্রবেশিকা পরীক্ষা আরম্ভের দুই-তিন দিন মাত্র থাকিতে দেখি, জ্যামিতি কিছুমাত্র আয়ত্ত হয় নি। তখন সমস্ত রাত্রি জাগিয়া উহা পাঠ করিতে লাগিলাম এবং চব্বিশ ঘন্টার মধ্যে চারখানি পুস্তক আয়ত্ত করিয়া পরীক্ষা দিয়া আসিলাম। (সারদানন্দ, পৃ. ৭১)

এখন, এভাবে তিনদিনে বা চব্বিশ ঘণ্টায় সিলেবাস শেষ করতে থাকলে যা হওয়ার কথা, নরেন্দ্রনাথের রেজাল্টে তার কিছু প্রভাব টের পাওয়া যায়। প্রবেশিকা পরীক্ষা প্রথম বিভাগে পাস করলেও এফ-এ আর বি-এ তিনি পাস করেন দ্বিতীয় বিভাগে। কিন্তু রেজাল্টের ওই কাগজটা যেটুকু কথা বলে তার থেকে অতিরিক্ত গুরুত্ব তাকে কোনোদিনই দেওয়া উচিত না। সিলেবাসেরই মধ্যে থেকে নরেন্দ্রনাথকে পড়তে হয়েছিল মিল, হোয়েটলি বা জেভনস-এর ন্যায়শাস্ত্র। তাঁর বিশেষ পছন্দের বিষয় ছিল ইতিহাস, অ্যালিসনের 'হিস্ট্রি অফ ইউরোপ', কার্লাইলের 'হিস্ট্রি অফ দ্য

ফ্রেঞ্চ রিভোলিউশন' অথবা গিবনের 'ডিক্লাইন অ্যান্ড ফল অফ দ্য রোমান এম্পায়ার' নরেন্দ্রনাথ মন দিয়েই পড়েছেন, নানা স্মৃতিকথায় তার বিবরণ আছে। কিন্তু তাঁর মূল আগ্রহের জায়গা ছিল দর্শন। অ্যারিস্টটল, কান্ট, হেগেল, কোঁত, মিল, শোপেনহাওয়ার, স্পিনোজা, হারবার্ট স্পেন্সার। এসব পড়ার ফলাফল কী হয়েছিল তার সবচেয়ে ভালো বিবরণ দিয়েছেন জেনারেল অ্যাসেম্বলিজ ইন্সটিটিউশন-এ নরেন্দ্রনাথের সহপাঠী দার্শনিক ব্রজেন্দ্রনাথ শীল:

> ব্রাহ্মসমাজের বহির্মণ্ডল থেকে তিনি বালকসুলভ আস্তিকতা এবং সহজ আশাবাদ অর্জন করেছিলেন—জন স্টুয়ার্ট মিলের 'থ্রি এসেজ অন রিলিজন' তাতে বিপর্যয় এনে দিল। ... তিনি প্রকৃতি ও মানবের মধ্যে অমঙ্গলের অস্তিত্বের সমস্যায় উদ্‌ভ্রান্ত হয়ে গেলেন; সর্বজ্ঞ, সর্বশক্তিমান সৃষ্টিকর্তার মঙ্গলময় স্বভাবের সঙ্গে সৃষ্টির অমঙ্গলকে তিনি কিছুতেই সামঞ্জস্যপূর্ণ ভাবতে পারলেন না। এক বন্ধু তাঁকে এইকালে হিউমের সংশয়বাদ এবং হারবার্ট স্পেনসারের অজ্ঞেয়বাদের সঙ্গে পরিচিত করিয়ে দিলেন ফলে তাঁর সাধারণ অবিশ্বাস রূপান্তরিত হলো স্থায়ী দার্শনিক সংশয়বাদে।
>
> (শঙ্করীপ্রসাদ, পৃ. ৭)

'স্থায়ী' বিশেষণটা অবশ্য খুবই ভুল প্রয়োগ হয়েছে এখানে, দার্শনিক সংশয়বাদ থেকে নরেন্দ্রনাথ পুনরায় পৌঁছে যাবেন বিশ্বাসের স্থির পটে সেকথা আমরা সবাই জানি, কিন্তু বিবেকানন্দের 'আধুনিকতা'-র অনেকটা যে অর্জিত হচ্ছিল কলেজেরই দিনগুলোতে তাতে সন্দেহ নেই। হিন্দুধর্মের মধ্যেকার গোঁড়া ব্রাহ্মণ্যবাদী আচারমুখী স্থবিরতার বিরুদ্ধে. বিবেকানন্দের জীবনব্যাপী জেহাদের মনস্তাত্ত্বিক পূর্বসূত্র হয়তো ওঁর প্রথম জীবনের পড়াশোনার ধরন থেকে অনেকখানি খুঁজে নেওয়া যায়। এটা স্বাভাবিক যে, নরেন্দ্রনাথের দর্শনচর্চার অভিমুখ অচিরেই ইউরোপীয় দর্শনপ্রস্থানগুলো থেকে সরে ভারতীয় দর্শনে আশ্রয় খুঁজে নেবে। উপনিষদ বা আরও বিশেষ করে অদ্বৈতবেদান্ত

হয়ে উঠবে তাঁর চর্চার মূল কেন্দ্র। কিন্তু তিনি 'বিবেকানন্দ' হয়ে ওঠবার পরও, আজীবন, ইউরোপকে পাশে রেখেই ভারতকে বোঝবার চেষ্টার থেকে কখনো সরে আসেননি। সকলেই জানি আমরা, রামকৃষ্ণের মৃত্যুর পর বরানগর মঠের দিনগুলো ছিল অভাবে কৃচ্ছ্রসাধনায় তপশ্চর্যার কাঠিন্যে পরিপূর্ণ। বিবেকানন্দের নিজেরই কথা থেকে জানতে পারি আমরা তার কিছু বিবরণ, "ভিক্ষা করে চাল আনা হল তো নুন নেই। এক একদিন শুধু নুন-ভাত চলেছে, তবু কারও ভ্রূক্ষেপ নেই;... তেলাকুচো পাতা সেদ্ধ, নুন ভাত—এই মাসাধিক চলেছে।" কিন্তু এই চূড়ান্ত অভাব আর কৃচ্ছ্রতার দিনগুলোতেও বই ছিল বিবেকানন্দের নিত্যসঙ্গী। আধ্যাত্মিক সাধনার প্রাবল্যে জ্ঞানচর্চাকে দুয়োরানী করে একেবারে দূরে ঠেলে দিয়েছিলেন বলে তো মনে হয় না। ১৮৮৯-এর ১৩ ডিসেম্বর, ওই বরানগর থেকে লেখা একটা চিঠিকে এ বিষয়ে সাক্ষ্য মানা যেতে পারে। প্রমদাদাস মিত্রের লেখা একটি পুস্তিকা পড়ে সেই চিঠিতে প্রায় তার এক ছোটোখাটো 'রিভিয়ু'-ই লিখে ফেলছেন যেন বিবেকানন্দ, ঠিক এইভাবে:

> আপনার রচিত pamphlet পাইয়াছি। Theory of Conservation of Energy আবিষ্কারের পর হইতে ইউরোপে একপ্রকার scientific অদ্বৈতবাদ প্রচারিত হইতেছে, কিন্তু তাহা পরিণামবাদ। আপনি ইহার সহিত শঙ্করের বিবর্তবাদের যে পার্থক্য দেখাইয়াছেন, তাহা অতি উত্তম। জার্মান Transcendentalist-দের উপর স্পেনসারের যে বিদ্রূপ উদ্ধৃত করিয়াছেন তাহা বুঝিলাম না: তিনি স্বয়ং উহাদের প্রসাদভোজী। আপনার প্রতিদ্বন্দ্বী গাফ সম্যকরূপে হেগেল বুঝেন কি না, সে বিষয়ে সন্দেহ আছে। যাহা হউক, আপনার উত্তর অতি pointed এবং trashing।
>
> ('বাণী ও রচনা', ষষ্ঠ খণ্ড, পৃ. ২৩৩)

বিবেকানন্দের দর্শনচিন্তা আমাদের আলোচ্য বিষয় নয়, ফলে শক্তির নিত্যতা সূত্রের সঙ্গে পরিণামবাদের সম্পর্ক নিয়ে তাঁর চমকপ্রদ সম্পর্কস্থাপনা বিষয়ে আপাতত আমরা কিছুই বলতে চাই না, কিন্তু উপরের চিঠিটি মন দিয়ে পড়লেই বোঝা যায়, সন্ন্যাসের সাধনার পাশাপাশি বরানগরেও কীভাবে তিনি জ্ঞানচর্চার নানামুখ খুলে রেখেছেন! এরপর যখন তিনি বিদেশে, অথবা শেষজীবনে বেলুড় মঠে, তখনও পড়ুয়া বিবেকানন্দকে আমরা কখনোই দুর্লভ হয়ে উঠতে দেখবো না। শরৎচন্দ্র চক্রবর্তীর বিখ্যাত 'স্বামি-শিষ্য-সংবাদ' বা নিবেদিতার *Notes of Wanderings with Swami Vivekananda*—জাতীয় স্মৃতিকথাধর্মী বইগুলো পড়লে শেষজীবনের বিবেকানন্দের নানাবিধ পড়াশোনায় আগ্রহী মনটার খুব জ্যান্ত ছবি পাওয়া যায়। একদিকে তিনি রঘুনন্দনের 'স্মৃতি' কিনে আনবার কথা বলছেন শিষ্যকে এবং তারপর শিষ্য জানাচ্ছেন, "স্বামিজী পুস্তকখানি পাইয়া বড়ই খুশি হইলেন এবং ঐ দিন হইতে উহা আরম্ভ করিয়া চার-পাঁচ দিনেই গ্রন্থখানি আদ্যোপান্ত পাঠ করিয়া ফেলিলেন।" ('বাণী ও রচনা', নবম খণ্ড, পৃ. ১৪৩) অন্যদিকে শিষ্য আশ্চর্য হয়ে দেখছেন কীভাবে বিবেকানন্দ অনায়াসে আউড়ে যান হ্যামলেট অথবা মিলটনের লিসিডাস থেকে নানা যুৎসই কোট! এ প্রসঙ্গে মনে পড়ে যেতে পারে বেলগাঁও-এর ফরেস্ট অফিসার হরিপদ মিত্রের একটা স্মৃতিচিত্রণ। হরিপদ মিত্র জানাচ্ছেন, বিবেকানন্দ কীভাবে ডিকেন্স-এর 'পিকউইক পেপারস' থেকে পাতা ধরে মুখস্থ বলে যাচ্ছিলেন। বিস্মিত হরিপদবাবু জানতে চান কবে এই বই পড়েছেন তিনি, উত্তরে বিবেকানন্দ বলেন, "দুইবার পড়িয়াছি—একবার স্কুলে পড়িবার সময় ও আজ পাঁচ-ছয় মাস হইল আর একবার।" ('বাণী ও রচনা', নবম খণ্ড, পৃ. ২৩৬) হরিপদ মিত্রের সঙ্গে বিবেকানন্দের দেখা হয়েছিল ১৮৯২-এর অক্টোবর মাসের মাঝামাঝি। মানে, 'পিকউইক পেপারস' তিনি পড়ছেন এপ্রিল বা মে মাসে। ঠিক কী করছিলেন তখন তিনি? পশ্চিম ভারতের বিভিন্ন শহরে পরিভ্রমণরত তখন

বিবেকানন্দ, নড়িয়াদ-বরোদা-মহাবালেশ্বর-পুনা-খাণ্ডোয়ার মতো ছোটোবড়ো শহরগুলোতে প্রায় চরকির মতো ঘুরছেন বলা যায়। কল্পনা করতে ভালো লাগে, এক পরিব্রাজক তাঁর হাতের ঝোলাটিতে নিয়ে ঘুরছেন অন্য নানা জিনিস ও গ্রন্থের সঙ্গে একটি মোটাসোটা উপন্যাসও, ডিকেন্সের 'পিকউইক পেপারস'।

২

'পড়া' কথাটা সবসময়ই জটিল আর বহুমাত্রিক। বিবেকানন্দ অনেক পড়তেন, পড়তেন খুব দ্রুত, এই তথ্যগুলো দিয়েই তাই ওঁর 'পড়া'-র বিবরণ শেষ হয়ে যায় না। পড়ে-চলার মুহূর্তেই হাতে-ধরা টেক্সট-এ এসে মিশে যেতে থাকে পাঠকের দেশ-কাল, জীবনদর্শন, পাঠকের মনের গভীরে নির্মিত হয়ে উঠতে থাকে নতুন এক টেক্সট, স্বতন্ত্র, টাটকা, নিজস্ব। বিবেকানন্দের কাছে সেই বিভিন্ন টেক্সট-এর সেই 'নিজস্ব' চেহারাটা কেমন সেটার খোঁজও শেষপর্যন্ত বিবেকানন্দের 'পড়া'-র গল্পেরই অন্তর্গত। আর সেটা রোমাঞ্চকরও বটে। কাজটা স্বাভাবিকভাবেই বিস্তারিত, প্রায় অফুরান বলা যেতে পারে। আমরা আপাতত বেছে নেব বিবেকানন্দের সাহিত্য পড়বার একটা বিশেষ উদাহরণকে।

বাংলা ভাষায় বিবেকানন্দের প্রিয় কবি মধুসূদন দত্ত। "ঐ একটা অদ্ভুত genius তোদের দেশে জন্মেছিল। 'মেঘনাদবধে'র মতো দ্বিতীয় কাব্য বাঙলা ভাষাতে তো নেই-ই, সমগ্র ইউরোপেও অমন একখানা কাব্য ইদানীং পাওয়া দুর্লভ।", বলতেন তিনি। ('বাণী ও রচনা', নবম খণ্ড, পৃ. ১৩৩-৩৪)। আমরা বলতে চাই, এই যে 'পড়া', এর মধ্যে আসলে বিবেকানন্দের সময় এবং সমাজকে বোঝারও অনেক জরুরি সূত্র লুকিয়ে আছে। উনিশ শতকের শেষ আর বিশ শতকের একেবারে গোড়ায়, বাঙালির 'অধঃপতন'-এর মূল কারণ হিসেবে বিবেকানন্দ চিহ্নিত করেছিলেন তার 'পৌরুষ'-এর অভাবকে।

পৌরুষ কথাটাকে নানাভাবে বোঝা যেতে পারতো, বিবেকানন্দ তাকে বুঝতেন চেনা অর্থেই, পুরুষালি দৃপ্ততার অর্থে। বিবেকানন্দ যখন 'গীতা' পড়েন, তখনও তিনি সবকিছুর মধ্যে থেকে বিশেষভাবে বেছে নেন তার এই 'পৌরুষ'-ত্বর মেসেজকেই। 'এই একটি শ্লোক পড়লেই সমগ্র গীতা পাঠের ফল পাওয়া যায়, কারণ এই শ্লোকের মধ্যেই গীতার সমগ্র ভাব নিহিত', 'গীতা'-র একটি বিশেষ শ্লোক প্রসঙ্গে বিবেকানন্দ বলতেন এই কথা। কোন শ্লোক? সে হল, বিখ্যাত ২/ ৩, 'ক্লৈবং মাস্ম গমঃ পার্থ নৈতত্ত্বয্যুপপদ্যতে'। এই শ্লোককে যে এতখানি মর্যাদা দিচ্ছেন তিনি, কেননা এখানেই আছে তাঁর পৌরুষের ধারণার সবচেয়ে জোরালো সংজ্ঞা। বিবেকানন্দ নিজেই শ্লোকটার ব্যাখ্যা প্রসঙ্গে জানাচ্ছেন, 'ভীরুতা ও কাপুরুষতা দ্বারা কিছুই লাভ করা যায় না', এটাই নাকি গীতার মূল ভাবনা। এখন, কারোর মনে হতেই পারে যে অর্জুনের অবস্থানকে মোটেই 'কাপুরুষ'-সুলভ বলা যায় না, বরং সেটাই একটা ঠিকঠাক নৈতিক অবস্থান, একটা moral stand point। অর্জুন 'ভীত' হয়ে অস্ত্র ত্যাগ করেননি, 'ক্লীবতা' বশতও না, বরং সমস্ত ব্যক্তিগত চাওয়া-পাওয়ার বাইরে দাঁড়িয়ে তিনি নিচ্ছেন একটি নীতিগত সিদ্ধান্ত, যে, আমার রাজ্যলাভের জন্য এত মানুষের মৃত্যুর কারণ হয়ে উঠতে পারব না আমি। এটাকে 'মোহ' বলাটা অন্যায়, বরং এ-ই হল যথার্থ 'পৌরুষ', কেননা এর জন্য নৈতিকতার যে জোর লাগে সেটাই জগতের ইতিহাসে অতিশয় দুর্লভ! বস্তুত কৃষ্ণের দীর্ঘ ভাষণের পর অর্জুন যে নিজের নৈতিক অবস্থানটাকে ধরে রাখতে পারলেন না, প্রবৃত্ত হলেন যুদ্ধেই, এটাকেই খানিক 'পৌরুষ'-ত্বের ঘাটতি বলে মনে করা যেতে পারতো।

কিন্তু আমাদের বুঝতে হবে এই 'অ-চেনা' পড়াটা বিবেকানন্দের 'পড়া' হতে পারতো না। তিনি একটা ঔপনিবেশিক ব্যবস্থার মধ্যে থেকে পড়ছেন 'গীতা'। নব-জাগ্রত জাতীয়তাবাদের প্রেক্ষিতে তিনি পড়ছেন 'গীতা'। ফলে 'প্রতিপক্ষ'-কে স্পষ্ট করে চিহ্নিত করে তার সঙ্গে সমানে-সমানে লড়াই করবার যে 'পপুলার' মেসেজ গীতা

থেকে পাওয়া সম্ভব, বিবেকানন্দ তাকেই বারবার জোরের সঙ্গে মনে করিয়ে দিতে চান। সেকারণেই অন্য-সব শ্লোক ছেড়ে ওই অর্জুনকে ভর্ৎসনা-করে-ওঠবার কৃষ্ণবাচনই বিবেকানন্দের এত পছন্দ হয়। আমরা বুঝতে পারি, কেন বিশ শতকের শুরুতে ইংরেজ শাসনের বিরুদ্ধে যে সশস্ত্র আন্দোলন শুরু হবে, গড়ে উঠবে নানা গুপ্তসমিতি, তার প্রধান প্রেরণাপুরুষ হয়ে উঠবেন বিবেকানন্দই!

ঠিক একই মন নিয়ে বিবেকানন্দ মধুসূদন 'পড়েন'। 'বল দিকি—এই কাব্যের কোন অংশটা সর্বোৎকৃষ্ট?', বিবেকানন্দ জিজ্ঞেস করেছিলেন শিষ্যকে। 'নির্বাক' শিষ্যের মুখের দিকে তাকিয়ে উত্তরও দিয়ে দেন তিনি, "ঠিক যেখানে ইন্দ্রজিতের মৃত্যুর পর শোকে মুহ্যমান মন্দোদরী রাবণকে পিছনে টেনে ধরছেন, নতুন করে যুদ্ধে যেতে নিষেধ করছেন আর রাবণ 'স্ত্রী-পুত্র সব ভুলে যুদ্ধের জন্য গমনোদ্যত'—এই স্থান হচ্ছে কাব্যের শ্রেষ্ঠ কল্পনা...।" ('বাণী ও রচনা', নবম, পৃ. ১৩৪)। সবাই টের পাবেন, এখানেও নৈতিকতার বৌদ্ধিক প্রশ্নটা বিবেকানন্দের কাছে তত গুরুত্বপূর্ণ হয়ে ওঠে না, যতটা গুরুত্বপূর্ণ হয় action, ক্রিয়া, সাহস। বিবেকানন্দের কাছে সেটাই পৌরুষ।

ঠিক এর উল্টোদিকে দাঁড়িয়ে আছে বিবেকানন্দের প্রেমের ধারণা। পুরুষকে তা পিছনে টেনে ধরে, তাই তিনি প্রেম ব্যাপারটাকে মনে করেন 'মেয়েলি', এমনকী জাতির চরিত্রগঠনের পক্ষে বিপদজনক। বিবেকানন্দের বৈষ্ণব সাহিত্য আর রবীন্দ্রনাথ 'পড়া'-কে এই প্রেক্ষিতেই বুঝে নিতে হবে। বিবেকানন্দ নিজে বৈষ্ণব সাহিত্যের রসাস্বাদন করেছেন, গাইতেন তিনি চৈতন্যলীলার গান। কিন্তু জাতিগঠনের প্রশ্নে বিবেকানন্দ বৈষ্ণবপন্থী নন, প্রবলভাবেই শাক্ত। সুরেন্দ্রনাথ সেনের নেওয়া এক সাক্ষাৎকারে বিবেকানন্দ বলবেন খুব তাৎপর্যপূর্ণ কথা:

> ঐ প্রেম প্রচার করেই তো সমস্ত জাতটা মেয়ে হয়ে গিয়েছে।... এই বাঙলা দেশটায় চার-শ বছর ধরে রাধা-

> প্রেম করে কি দাঁড়িয়েছে দেখ। এখানেও পুরুষত্বের ভাব প্রায় লোপ পেয়েছে। লোকগুলো কেবল কাঁদতেই মজবুত হয়েছে। ভাষাতেই ভাবের পরিচয় পাওয়া যায়—তা চার-শ বছর ধরে বাঙলা ভাষায় যা কিছু লেখা হয়েছে সে-সব এক কান্নার সুর। প্যানপ্যানানি ছাড়া আর কিছুই নেই। একটা বীরত্বসূচক কবিতারও জন্ম দিতে পারেনি!
>
> ('বাণী ও রচনা', নবম, পৃ. ২৭৬)

তর্ক নিশ্চয়ই অনেক তোলা যায়। প্রেম, কান্না আর মেয়েলিপনার যে সহজ সমীকরণ দিয়ে বিবেকানন্দ বুঝতে চাইছেন চারশো বছরের ইতিহাসকে সেই সমীকরণটাকেই প্রশ্ন করা সম্ভব। প্রেম, বা আরও বিশেষ করে কান্না, ঠিক 'পৌরুষত্ব'-এর বিরোধী প্রস্তাব কিনা সে প্রশ্নও বিলক্ষণ তোলা সম্ভব। কিন্তু এটাই বিবেকানন্দের 'পড়া', উপনিবেশের কাল থেকে বৈষ্ণব সাহিত্যকে পড়বার একটা বিশেষ ধরন। বিবেকানন্দের রবীন্দ্রনাথ পড়বার ভঙ্গিকেও এরই অনুবর্তন হিসেবে বুঝতে হয়। নিবেদিতাকে ঠাকুরবাড়ির লোকজনের সঙ্গে মিশতে নিষেধ করতেন বিবেকানন্দ। কেন? ব্রাহ্ম-হিন্দুর তীব্র বিরোধের পটভূমি থেকে তার ব্যাখ্যা খুঁজতে গেলে কিন্তু ভুল হবে। আসলে বিবেকানন্দের 'পৌরুষ'-এর আদর্শর সঙ্গে ঠাকুরবাড়ির লেখালেখির একটা বিরোধ তৈরি হচ্ছিল বলে বিবেকানন্দের মনে হচ্ছিল। আমরা বলছি বটে 'ঠাকুরবাড়ি', কথাটাকে বিশিষ্ট-অর্থে 'রবীন্দ্রনাথ' বলেই ধরতে হবে। বিবেকানন্দ স্বয়ং রামকৃষ্ণের সামনে রবীন্দ্রনাথের লেখা গান গেয়েছেন, 'কথামৃত'-র সূত্রে সে খবর আমরা জানি। তবু গোটা উনিশ শতক জুড়ে রবীন্দ্রনাথের কাব্য মূলত ব্যক্তিগত অনুরাগ, কান্না, অস্তিত্বের নানা জটিল বেদনায় সঞ্জাত। বিবেকানন্দ সেটা জানতেন। তাই, নিবেদিতাকে তিনি সাবধান করে দেন এরকম কঠোর ভাষায়, "That family has poured a flood of the erotic venom over Bengal", ঠাকুরবাড়ি থেকে কামনার বিষ ঢালা হচ্ছে, তাই তাদের সঙ্গে না-মেশাই ভালো!

'মেঘনাদবধ কাব্য'-র বীরত্ব যে কারণে যে পটভূমিতে দাঁড়িয়ে বিবেকানন্দ পড়তে চান সেই কারণেই তিনি প্রত্যাখ্যান করেন রবীন্দ্রনাথকে। তাঁর ধারণার 'পৌরুষ'-এর প্রতিফলন অথবা অভাব, এরই মাপকাঠিতে বিবেকানন্দ সাহিত্যের অনেক কিছু পড়ে নিতে চান। বস্তুত 'পরিব্রাজক' বইতে নাম-না-করে রবীন্দ্রনাথকে যেভাবে এঁকেছিলেন বিবেকানন্দ, তারও মধ্যে ওই পৌরুষ-স্কেলটিই কাজ করে যায়। বিখ্যাত সেই বিবরণটা ছিল এরকম:

> ঐ যে একদল দেশে উঠেছে, মেয়েমানুষের মত বেশভূষা, নরম নরম বুলি কাটেন, এঁকে বেঁকে চলেন, কারুর চোখের উপর চোখ রেখে কথা কইতে পারেন না, আর ভূমিষ্ঠি হয়ে অবধি পিরীতের কবিতা লেখেন, আর বিরহের জ্বালায় 'হাসান হোসেন' করেন...

'মেয়েমানুষের' মতো বেশভূষা, আর চোখে চোখ রেখে কথা বলতে না পারার অক্ষমতা, এই দুটোই হলো বিবেকানন্দের সবচেয়ে আপত্তির জায়গা। রবীন্দ্রনাথ ঠিক এরকম ছিলেন কি না সে তর্ক বাদ দিয়েও বলা যায় বিবেকানন্দের সাহিত্য পড়া-কে বুঝতে হলে আমাদের বিবেকানন্দের জাতীয়তার ধারণাকেই তাই বুঝে নিতে হয় আগে। বুঝে নিতে হয় কেন বৈষ্ণব সাহিত্যের চর্চা বন্ধ রাখতে বলেন তিনি কিংবা কেন ভারতচন্দ্র প্রসঙ্গে এই ফরমান দেন যে 'ছেলেদের হাতে এ-সব বই যাতে না পড়ে, তাই করা উচিত' ('বাণী ও রচনা', নবম খণ্ড, পৃ. ১৩৩)। বিবেকানন্দের সাহিত্য পড়া তাঁর নিজের মতো করে ঔপনিবেশিক ভারতবর্ষকে পড়ার এক্সটেনশন।

গ্রন্থপঞ্জি:

১। প্রমথনাথ বসু, স্বামী বিবেকানন্দ, কলকাতা: উদ্বোধন কার্যালয়, ১৩৭০
২। মহেন্দ্রনাথ দত্ত, শ্রীমৎ স্বামী বিবেকানন্দ স্বামীজীর জীবনের ঘটনাবলী, প্রথম খণ্ড, কলকাতা: শ্রীমহেন্দ্র পাবলিশিং কমিটি, ১২মে ১৯৮৬

৩। শঙ্করীপ্রসাদ বসু, স্বামী বিবেকানন্দ নতুন তথ্য নতুন আলো, কলকাতা: আনন্দ, ফেব্রুয়ারি ২০১৩

৪। স্বামী সারদানন্দ, শ্রীশ্রীরামকৃষ্ণলীলাপ্রসঙ্গ, দ্বিতীয় ভাগ ('দিব্যভাব ও নরেন্দ্রনাথ' অংশ), কলকাতা: উদ্বোধন কার্যালয় ১৩৯৮

৫। স্বামী বিবেকানন্দের বাণী ও রচনা, ষষ্ঠ খণ্ড, কলকাতা: উদ্বোধন কার্যালয়, জানুয়ারি ১৯৮৯

৬। স্বামী বিবেকানন্দের বাণী ও রচনা, নবম খণ্ড, কলকাতা: উদ্বোধন কার্যালয়, জানুয়ারি ১৯৮৯

লোকমাতা ও অন্তরে গভীর বাধা

নিজের ৫০ বছর বয়সে 'রূপ ও অরূপ' নামের এক প্রবন্ধে শ্রীরামকৃষ্ণের নাম না-করে তাঁর সম্পর্কে রবীন্দ্রনাথ লিখেছিলেন,

> শুনা যায় শক্তি-উপাসক কোনো একজন বিখ্যাত ভক্ত মহাত্মা আলিপুর পশুশালায় সিংহকে বিশেষ করিয়া দেখিবার জন্য অতিশয় ব্যাকুলতা প্রকাশ করিয়াছিলেন—কেননা "সিংহ মায়ের বাহন"। শক্তিকে সিংহরূপে কল্পনা করিতে দোষ নাই—কিন্তু সিংহকেই শক্তিরূপে যদি দেখি তবে কল্পনার মহত্ত্বই চলিয়া যায়।[১]

এই উক্তির মধ্যে কোনো অশ্রদ্ধা নেই যদিও, কিন্তু দার্শনিক অবস্থানের সম্ভাব্য তফাতটা স্পষ্ট ভাষায় বলা আছে। অন্যদিকে এটাও ঠিক যে, রামকৃষ্ণ-শতবার্ষিকী উপলক্ষ্যে (১৯৩৬) শ্রীরামকৃষ্ণের উদ্দেশে কবিতায় প্রণতি জানিয়ে রবীন্দ্রনাথ লিখেছিলেন, "বহু সাধকের বহু সাধনার ধারা/ ধেয়ানে তোমার মিলিত হয়েছে তারা।" ভাষণে বলেছিলেন,

> I venerate Paramahamsa Dev because, he, in an arid age of religious nihilism, proved the truth of our spiritual heritage by realizing it, because the largeness of his spirit could comprehend

seemingly antagonistic modes of sadhana...[২]

এই প্রশস্তিকে নিতান্ত উপরোধ-না-এড়াতে-পারা সৌজন্যের পরিচয় বলে মনে করার কারণ নেই। মনে রাখা দরকার, এই কবিতা ও ভাষণের বছরদুয়েক আগেই রবীন্দ্র-উপন্যাসে স্থান পেয়েছেন শ্রীরামকৃষ্ণ। ১৯৩৪ সালে প্রকাশিত 'মালঞ্চ' উপন্যাসে অসুস্থ নীরজার দেওয়ালে টাঙানো থাকে শ্রীরামকৃষ্ণের ছবি, নীরজা তাঁর সেই পরম আশ্রয়ের কাছে 'দু-হাত জোড় করে' প্রার্থনা করে, "বল দাও ঠাকুর, বল দাও, মুক্তি দাও মতিহীন অধম নারীকে।"

তাহলে কি ধরে নিতে হবে, ৫০ বছরের 'রূপ ও অরূপ' থেকে ৭৩-৭৪ বছরে পৌঁছতে পৌঁছতে শ্রীরামকৃষ্ণ-দর্শনের সঙ্গে তাঁর নিজের অবস্থানের যে সম্ভাব্য বিরোধ, তা একেবারে মুছে গেল রবীন্দ্রনাথের কাছে? না, তেমনটি হয়নি কখনোই। আসলে এই 'বিরোধ' বহুদিনের এবং অনেকাংশে মূলগত। ঈশ্বরকে 'রূপ'-এর মধ্যে দিয়ে দেখার কোনো বন্দোবস্তই শেষ পর্যন্ত পছন্দ করে উঠতে পারেননি দেবেন্দ্রনাথ, পিতার কাছ থেকে এই মনোভাব উত্তরাধিকার-সূত্রে পেয়েছিলেন রবীন্দ্রনাথও। ১৯২৯ সালের ২১ নভেম্বর 'প্রবাসী' সম্পাদক রামানন্দ চট্টোপাধ্যায়কে লেখা একটা চিঠিতে কবি জানিয়েছিলেন তাঁর বাবার কথাটি:

> রামকৃষ্ণ পরমহংস যেদিন আমাদের বাড়িতে পিতৃদেবের সঙ্গে সাক্ষাৎ করতে আসেন সেদিন আমি বাড়ি ছিলাম কিন্তু তাঁদের পরস্পরের সাক্ষাৎকার স্থলে উপস্থিত ছিলাম না। নিবেদিতার মুখের ভাবে অনুভব করেছিলুম তিনি সন্তুষ্ট হন নি। তিনি পরমহংসদেবকে যথোচিত শ্রদ্ধা করেন নি সেটা অসম্ভব নয়। কেননা তিনি একেবারেই বিগ্রহ মানতেন না...। আমাদের দেশের শাক্ত ও বৈষ্ণব ধর্ম্মে যে ভাবোন্মাদের আলোড়ন আছে তাকে তিনি দূরে পরিহার করেছিলেন তার প্রধান কারণ এ নয় যে ধর্ম্মবিশ্বাসে তাঁর

> মনে একটা অভিজাত্যবোধ ছিল, আমার বিশ্বাস তার প্রধান কারণ ঐ দুই ধর্ম্মমতের মধ্যে যে সকল মূর্ত্তি ও কাহিনী জড়িত তাকে তিনি আধ্যাত্মিক দিক থেকে নির্মল ও নিরাময় মনে করতেন না।[৩]

উপরে লিখিত 'নিবেদিতার মুখের ভাবে' ইত্যাদি কথাগুলোর তাৎপর্য আবিষ্কার করা আজ বেশ মুশকিল। নিবেদিতা প্রথম ভারতবর্ষে আসেন ১৮৯৮ সালে, বলাবাহুল্য তার ১২ বছর আগে প্রয়াত হয়েছেন শ্রীরামকৃষ্ণ, ফলে দেবেন্দ্রনাথ-রামকৃষ্ণ সাক্ষাতে নিবেদিতার উপস্থিত থাকার কোনো প্রশ্নই ওঠে না। নিবেদিতা কি এই সাক্ষাতের বিবরণ পরে কারও মুখ থেকে শুনে সেই প্রসঙ্গে রবীন্দ্রনাথের সঙ্গে কথা বলেছিলেন? সে যাই হোক, রবীন্দ্রনাথের মতে 'বিগ্রহ'-এর উপাসনা আর 'ভাবোন্মাদের আলোড়ন' এই দুটি ব্যাপার দেবেন্দ্রনাথকে রামকৃষ্ণ-মতধারার সঙ্গে মিলতে দেয়নি। 'ভাবোন্মাদের আলোড়ন' শব্দবন্ধটি শুনে আমাদের মনে পড়ে যায় ১৯০১ সালে প্রকাশিত 'নৈবেদ্য' কাব্যগ্রন্থের একটি বিখ্যাত কবিতার কথা, "যে ভক্তি তোমারে লয়ে ধৈর্য নাহি মানে,/ মুহূর্তে বিহ্বল হয় নৃত্যগীত গানে/ ভাবোন্মাদমত্ততায়, সেই জ্ঞানহারা/ উদ্ভ্রান্ত উচ্ছল ফেনভক্তি মদধারা/ নাহি চাহি নাথ।" (৪৫ নং কবিতা। 'নৈবেদ্য') 'ভক্তি'-র প্রকাশ সম্পর্কে অবস্থানের এই বিরোধও দুই ঘরানার এক স্পষ্ট দূরত্ব রচনা করে গেছিল। এইখানে আর-একবার ওই প্রশ্নটা তোলা যাক, রবীন্দ্রনাথের শেষ জীবনে সেই বিরোধের কি কোনো অবসান হয়েছিল, তাহলে? হয়নি যে, তার একটি স্থির প্রমাণ উপস্থিত করা যাক এখানে। ত্রিষ্টুপ মুখোপাধ্যায় (১৯০০–১৯৮০) ছিলেন রামকৃষ্ণ-ভক্ত। তাঁর 'রামকৃষ্ণ-কথা' (পৌষ ১৩৫২ বঙ্গাব্দ) নামের একটি বইয়ের ভূমিকায় তিনি জানাচ্ছেন, "প্রায় চৌদ্দ বছর আগে যোগভ্রষ্ট সাধক রবীন্দ্রনাথকে ধরেছিলাম শ্রীরামকৃষ্ণকে তিনি কেমন দেখেছিলেন তাই লিখতে।" আমাদের সত্যের খাতিরে একথা মানতেই হবে যে, ত্রিষ্টুপের চেষ্টা সত্ত্বেও রবীন্দ্রনাথ তাঁর ভ্রষ্টতা থেকে

মুক্তি পাননি। ১৯৩১ সালে ত্রিষ্টুপের লেখা একটা চিঠির উত্তরে রবীন্দ্রনাথ জানিয়েছিলেন,

> তাঁর [শ্রীরামকৃষ্ণর] আধ্যাত্মিক সাধনার গভীরতা সম্বন্ধে আমার মনে সন্দেহ নেই।...আমি যদি তাঁকে সম্পূর্ণভাবে চেনার সুযোগ না পেয়ে থাকি সেটা আমারই পক্ষে আক্ষেপের কারণ হয়েচে।[৪]

কিন্তু তারপরেও ত্রিষ্টুপ যখন রবীন্দ্রনাথকে রামকৃষ্ণ-সম্বন্ধে লেখার জন্যে উপরোধ করতে থাকেন, তখন ১৯৩৩-এর ১ ফেব্রুয়ারি লেখা এক চিঠিতে কবি স্পষ্ট করেই জানান:

> পরমহংসদেব সম্বন্ধে বিস্তারিতভাবে কিছু লিখি এই তোমার ইচ্ছা। তোমার এই অনুরোধ পালন করা আমার পক্ষে কঠিন। তার প্রধান কারণ, আমার যে শিক্ষা দীক্ষা, আমার যে চিন্তার প্রণালী; যে স্বভাব যে অভ্যাস তাতে তাঁর সম্বন্ধে পর্যালোচনা আমাার পক্ষে বিহিত হবে না। যে কারণেই হোক যাঁর সঙ্গে চিত্তের সঙ্গতি ঘটেনি তাকে সম্যকরূপে চিনতে পারা ও বিচার করা অসম্ভব। তাঁর শক্তি ছিল অসামান্য একথা মানতে পারি, কিন্তু আমার পথ স্বতন্ত্র, সেইজন্যে তাঁর শক্তির স্বরূপ সম্বন্ধে কিছু যদি বলতে যাই তবে ঠিক সুর বাজবে না।[৫]

কোনো মানুষের প্রতি শ্রদ্ধা বজায় রেখেও তাঁর সঙ্গে স্বাতন্ত্র্যের কথাটি কেমন করে বলা যায়, সেই শিক্ষা এ যুগে দুর্লভ হয়ে আসছে, ত্রিষ্টুপকে লেখা রবীন্দ্রনাথের উপরিল্লিখিত দুটি চিঠি তাই বারবার করে পড়বার মতো।

একই কথা উল্টোপক্ষেও খাটে। বিবেকানন্দ রবীন্দ্রনাথের গান গেয়েছেন প্রায় সারাজীবন ধরে। স্বয়ং শ্রীরামকৃষ্ণের সামনে বসে তাঁকে শুনিয়েছেন রবীন্দ্রনাথের গান। কিন্তু যেখানে রবীন্দ্রনাথের

সঙ্গে তাঁর বিরোধ, সেখানে বিবেকানন্দ খুবই স্পষ্টবাদী ও কঠোর। বিবেকানন্দের জাতীয়তাবাদী প্রকল্প বীররসাত্মক, তাঁর প্রিয় কবি তাই মধুসূধন। তাঁর নিজের লেখা কবিতায় থেকে থেকেই ফিরে আসে এমন লাইন, "সাহসে যে দুঃখ দৈন্য চায়, মৃত্যুরে যে বাঁধে বাহুপাশে/ কালনৃত্য করে উপভোগ, মাতৃরূপা তারি কাছে আসে।" ফলে 'নরম' গীতিকাব্য লিখেছেন যাঁরা তাঁরা আসলে যৌবনশক্তিকে একধরনের অপচয়ের দিকে নিয়ে যাচ্ছেন, এই হল বিবেকানন্দের দৃঢ় মত। আর তারই ফলে রবীন্দ্রনাথের মতো কবিকে সামগ্রিকভাবে কিছুতেই তাঁর পছন্দ করে ওঠা সম্ভব হচ্ছে না। নাম করে বলেননি, কিন্তু 'পরিব্রাজক' বইতে যে-বিদ্রূপবাচন বিবেকানন্দ লিখেছিলেন তার অন্যতম লক্ষ যে রবীন্দ্রনাথ, তাতে হয়তো কেউই সন্দেহ প্রকাশ করবেন না:

> ঐ যে একদল দেশে উঠেছে, মেয়েমানুষের মতো বেশভূষা, নরম নরম বুলি কাটেন, এঁকে বেঁকে চলেন, কারুর চোখের উপর চোখ রেখে কথা কইতে পারেন না, আর ভূমিষ্ঠ হয়ে অবধি পিরিতের কবিতা লেখেন, আর বিরহের জ্বালায় 'হাসান হোসেন' করেন।[৬]

রবীন্দ্রনাথ ঠিক এমনিই ছিলেন কি না এখানে সে তর্ক অবান্তর, মূলত কথাটা হচ্ছে পারস্পরিক বিরোধের জায়গাটা কখনো কখনো অসেতুসম্ভব।

নিবেদিতা চিঠি লেখার সময়ে অনেক ক্ষেত্রে নিজের নাম লিখতেন 'Nivedita of Ramakrishna-V', রামকৃষ্ণ-বিবেকানন্দের নিবেদিতা। রবীন্দ্রনাথকে লেখা তাঁর যে দুটি-মাত্র চিঠি পাওয়া যায় তার দ্বিতীয়টাতে (লেখার তারিখ ১৯০৩-এর ১৮ এপ্রিল) ঠিক এই নামেই সই করেছিলেন নিবেদিতা। ফলে, রবীন্দ্রনাথ নিবেদিতার সম্পর্ক নিয়ে ভাবতে বসলে সামগ্রিকভাবে রবীন্দ্রনাথ তথা ঠাকুরবাড়ির সঙ্গে রামকৃষ্ণ-বিবেকানন্দের সম্পর্কের এই পূর্বসূত্রগুলো বাদ দিয়ে দেওয়া যায় না।

২

নিবেদিতা ও রবীন্দ্রনাথের দেখা-সাক্ষাৎ আলাপ-পরিচয়ের যে তথ্যভিত্তিক ইতিহাস তা বহুচর্চিত বিষয়। শঙ্করীপ্রসাদ বসুর 'বিবেকানন্দ ও সমকালীন ভারতবর্ষ', 'নিবেদিতা লোকমাতা' এবং প্রভাতকুমার আর প্রশান্তকুমারের দুটি বড়ো রবীন্দ্রজীবনী-গ্রন্থে তার সব কথাটুকুই পাওয়া সম্ভব। আমরা এই লেখায় কেবল দেখতে চাইব দুজনে দুজনকে কীভাবে মূল্যায়ন করেছেন, সেই দিকটুকুই। এই মূল্যায়ন, উভয় তরফেই, একমাত্রিক নয়।

রবীন্দ্রনাথ নিবেদিতাকে বলেছিলেন 'লোকমাতা'। এই বিশেষণ রবীন্দ্রনাথের দিক থেকে ছিল চূড়ান্ত, কেননা নিবেদিতার ভারতবর্ষের মানুষের প্রতি স্বার্থহীন সেবাভাবই রবীন্দ্রনাথকে সবচেয়ে বেশি আকর্ষণ করেছিল। নিবেদিতার মৃত্যুর পর 'ভগিনী নিবেদিতা' নামে যে বিখ্যাত প্রবন্ধটি লেখেন রবীন্দ্রনাথ তার অধিকাংশ জায়গাজুড়ে এই নিঃস্বার্থ সেবার দিকটিই বারবার বলেছেন তিনি। প্রবন্ধটি বহুপঠিত, তবু একটা ছোট্ট অংশ এখানে উদ্ধার করা যাক:

> অন্য য়ুরোপীয়কেও দেখা গিয়েছে ভারতবর্ষের কাজকে তাঁহারা নিজের জীবনের কাজ বলিয়া বরণ করিয়া লইয়াছেন কিন্তু তাঁহারা নিজেকে সকলের উপর রাখিতে চেষ্টা করিয়াছেন-তাঁহারা শ্রদ্ধাপূর্বক আপনাকে দান করিতে পারেন নাই—তাঁহাদের দানের মধ্যে এক জায়গায় আমাদের প্রতি অনুগ্রহ আছে। ... কিন্তু ভগিনী নিবেদিতা একান্ত ভালোবাসিয়া সম্পূর্ণ শ্রদ্ধার সঙ্গে আপনাকে ভারতবর্ষে দান করিয়াছিলেন, তিনি নিজেকে কিছুমাত্র হাতে রাখেন নাই। ... তিনি যখন বলিতেন our people তখন তাহার মধ্যে যে একান্ত আত্মীয়তার সুরটি লাগিত আমাদের কাহারও কণ্ঠে তেমনটি তো লাগে না।[৭]

আশ্চর্য সুন্দর এই মূল্যায়ন। একদিকে রবীন্দ্রনাথ বললেন অন্য বিদেশি মানুষদের থেকে নিবেদিতা কোথায় আলাদা, তারপর স্পষ্ট ভাষায় কবি জানিয়ে দিলেন, এমনকী 'আমাদের' থেকেও নিবেদিতা আলাদা হয়ে যান তাঁর ভালোবাসার জোরে। ভারতবর্ষকে ভালোবাসার সত্যমূর্তি নিবেদিতা, রবীন্দ্রনাথ এই সত্যকে চিনতে ভুল করেননি। নিবেদিতার এই ভারতবর্ষের ধারণা কি কেবলই ধর্মপরিচয়ে আবদ্ধ? তিনি হিন্দুধর্মে দীক্ষিত সন্ন্যাসিনী, কিন্তু রবীন্দ্রনাথ ঠিকই লক্ষ করেছিলেন যে, "তিনি গণ্ডগ্রামের কুটীরবাসিনী একজন সামান্য মুসলমান-রমণীকে যেরূপ অকৃত্রিম শ্রদ্ধার সহিত সম্ভাষণ করিয়াছেন দেখিয়াছি, সামান্য লোকের পক্ষে তাহা সম্ভবপর নহে"। রবীন্দ্রনাথ নিবেদিতার মুগ্ধ ভক্ত নন, তার প্রমাণ আমরা পরে দেব, কিন্তু তা সত্ত্বেও—কিংবা হয়তো সেইজন্যেই—এই মূল্যায়ন হয়ে উঠতে পেরেছে এত অব্যর্থ ও অমোঘ।

মুগ্ধতার কথা উঠল বলে জানিয়ে রাখা যাক, ঠাকুরবাড়ির অনেকেই কিন্তু নিবেদিতার ব্যক্তিত্ব কাজের প্রতি মুগ্ধই ছিলেন। যেমন অবনীন্দ্রনাথ। তিনি 'জোড়াসাঁকোর ধারে' বইতে রাখঢাক না-করেই জানিয়েছিলেন যে তাঁর কাছে 'সৌন্দর্যের পরাকাষ্ঠা' হচ্ছেন নিবেদিতা, "কী করে বোঝাই সে কেমন চেহারা। দুটি দেখি নে আর, উপমা দেব কী।"[৮] বলা বাহুল্য, কেবল সেই বাহ্যিক সৌন্দর্যেই যে অবনীন্দ্রনাথের শিল্পীচোখ মোহিত ছিল তা অবশ্যই নয়, অবনীন্দ্রনাথ ঠিক সেই কথাটাই নিবেদিতা সম্পর্কে সর্বাগ্রে বলেছিলেন যেটা ছিল রবীন্দ্রনাথেরও বলবার মূল কথা, "ভারতবর্ষকে বিদেশি যাঁরা সত্যিই ভালোবেসেছিলেন তার মধ্যে নিবেদিতার স্থান সবচেয়ে বড়ো।" অবনীন্দ্রনাথ আর রবীন্দ্রনাথের কথাগুলি প্রায় আক্ষরিকভাবে মিলে গিয়েই নিবেদিতার ভারতপ্রেম আমাদের কাছে আরও বেশি প্রত্যক্ষ হয়ে ওঠে আজ।

এর সঙ্গে এই কথাটাও বিশেষভাবে খেয়াল রাখবার যে, নিবেদিতা সম্পর্কে এই মূল্যায়ন কবির কাছে আজীবন অপরিবর্তিতই

ছিল। ১৯৪১ সালের ২৩ মে রানী চন্দের কাছে খানিক আচমকাই কবি নিবেদিতা-প্রসঙ্গে বলে উঠেছিলেন এইসব কথা, দীর্ঘ উদ্ধৃতির সম্ভাব্য ক্লান্তি সত্ত্বেও তার গোটা অংশটাই এখানে উদ্ধার করা হল:

> মেয়েদের একটা জিনিস আছে, যেটা হচ্ছে তাদের ভিতরকার জিনিস—ইমোশন। এ যখন একটা ক্যারেক্টার-এর সঙ্গে মিলে রূপ নেয়, তা অতি আশ্চর্য। এর দৃষ্টান্ত দেখিয়েছিলেন নিবেদিতা। তিনি সত্যিকারের পুজো করতেন বিবেকানন্দকে। তাই তিনি অনায়াসে গ্রহণ করলেন তাঁর ধর্মকে। নিজের দেশ, আত্মীয়স্বজন সব ছেড়ে এলেন এই দেশে। এই দেশকে, এই দেশের লোককে সমস্ত অন্তর দিয়ে ভালোবেসেছিলেন। তাঁর এই ভালোবাসা যে কত সত্যিকারের তা বলবার নয়। সব-কিছু ঢেলে দিয়েছিলেন। তাঁর এই সাহস, এই আত্মত্যাগ অবাক করে দিয়েছিল আমাকে। আমি নিবেদিতার কাছে প্রায়ই যেতুম। তাঁর যা-কিছু ছিল সব গরীব ছেলেদের দিয়ে দিতেন। নিজের চোখে দেখেছি তাঁর ঘরে কলা টাঙানো থাকত, তাই দিয়ে নিজে ক্ষুধা নিবৃত্তি করতেন।[৯]

শেষ লাইনটা থেকে বোঝা যায়, নিবেদিতা রবীন্দ্রনাথের সম্পর্কের মধ্যে ব্যক্তিগত মাত্রাটি একেবারে উপেক্ষণীয় ছিল না মোটেই। নিবেদিতা ঠাকুরবাড়িতে আসতেন, রবীন্দ্রনাথ যেতেন নিবেদিতার বাড়িতে। নিবেদিতার দিক থেকেও সম্পর্কের এই ব্যক্তিগত-মাত্রাটিকে কখনোই সম্পূর্ণ অস্বীকার করা হয়নি। খেয়াল রাখতে হবে, নিবেদিতা কলকাতায় আসবার এক বছরের মধ্যেই স্বয়ং বিবেকানন্দ, তাঁকে মিশতে নিষেধ করছেন ঠাকুরবাড়ির লোকজনের সঙ্গে, ১৮৯৯-এর ১২ মার্চ ম্যাকলাউডকে লেখা চিঠিতে যে-কথা জানাবেন স্বয়ং নিবেদিতাই,

> He [Swamiji] said "as long as you go on mixing

> with that [Tagore] family Margot I must go on sounding this gong. Remember that that family has poured a flood of erotic venom over Bengal."[১০]

ঠাকুরবাড়ির লোকজন যৌনতার বিষ একেবারে বন্যার মতো ছড়িয়ে দিচ্ছে বঙ্গদেশে, এ অভিযোগ বিস্ময়কর ও বড্ডই কঠোর, কিন্তু দেখা যাচ্ছে বিবেকানন্দের নিষেধাজ্ঞা সত্ত্বেও ঠাকুরবাড়ির সঙ্গে নিবেদিতা যে সম্পর্কচ্ছেদ ঘটাচ্ছেন এমনটি মোটেও না। তার সবচেয়ে আশ্চর্যজনক প্রমাণ হল, উপরের চিঠিটি লেখার ১১ দিন পরে, ২৩ মার্চ, সেই ম্যাকলাউডকেই আর-একটি চিঠিতে নিবেদিতা জানাচ্ছেন,

> Meanwhile I have had an invitation from the Banerji's to go to Darjeeling for the hot weather. But I prefer when I do take a holiday to go to the Tagore's. The Poet has asked me—and in that house there will always be common interest in poetry and music and the chance of carrying an idea.[১১]

সুদুর ইংলন্ডে বসে পরপর দুটি এমন পরস্পর-বিরোধী চিঠি পেয়ে অজানা-ঠাকুর পরিবার সম্পর্কে ম্যাকলাউড কী-যে ধারণা করে নিচ্ছিলেন, সেকথা আজ ভাবতে বেশ কৌতুক বোধ হয়। সে যাই হোক, দেখা যাচ্ছে, নিবেদিতা তো ছুটি কাটাতে শিলাইদহে রবীন্দ্রনাথের কাছে যাওয়াটা 'prefer' করছেন বটেই, তাঁর 'পিরীতের কবিতা' নিয়ে নিবেদিতা অন্তত খুব চিন্তিত, এ কথা মনে করার কোনো সঙ্গত কারণ দেখা যাচ্ছে না। ফলে নিবেদিতা তো শিলাইদহে যাচ্ছেনই, রবীন্দ্রনাথও তাঁর কিশোর পুত্র রথীন্দ্রনাথকে নিবেদিতাদের সঙ্গে ভ্রমণসঙ্গী করে পাঠিয়ে দিচ্ছেন, স্বামীজির প্রয়াণের পর আয়োজিত স্মরণসভায় প্রধান-অতিথি হিসেবে রবীন্দ্রনাথকেই নিয়ে আসছেন নিবেদিতা, রবীন্দ্রনাথের একাধিক ছোটোগল্পের অনুবাদ করছেন

নিজের থেকেই। মোটকথা, এই দুই মানুষের যোগাযোগ বজায় ছিল শেষ পর্যন্ত।

এই যোগাযোগের সেতুরচনাকারী হিসেবে যিনি সবচেয়ে গুরুত্বপূর্ণ ভূমিকা পালন করছিলেন, তিনি জগদীশচন্দ্র বসু। জগদীশচন্দ্র দুজনেরই প্রিয় বন্ধু, দুজনেরই গভীর শ্রদ্ধার পাত্র। ইউরোপে গিয়ে টাকাপয়সার অভাব ও অন্যান্য কারণে বিব্রত জগদীশচন্দ্র, তার থেকে কীভাবে বন্ধুকে মুক্ত করা যায়, ভাবছেন নিবেদিতা। ১৯০১-এর ১৯ জুলাই নরওয়ে থেকে ম্যাকলাউডকে জানাচ্ছেন সেকথা,

> Dr. Bose's work is being attacked enough to make us think it the best thing yet done, in its own line .... Never mind! India won't be downed that way! Without saying anything to him, I have written to Mr. Tagore to ask, cannot some Hindu prince undertake the cost of him and his work?[১২]

জগদীশচন্দ্র বসুকে না-জানিয়ে তাঁরই জন্যে রবীন্দ্রনাথের কাছে সাহায্য প্রার্থনা করছেন নিবেদিতা, রবীন্দ্র-নিবেদিতার ব্যক্তিগত সম্পর্কের মাত্রাটির পক্ষে এর চেয়ে বড়ো প্রমাণ আর কী হতে পারে! এই সাহায্য প্রার্থনার ফল কী হয়েছিল তার সবটা এখানে আলোচ্য নয়, তবে প্রাসঙ্গিক দু-একটা কথা যোগ করে দেওয়া যেতে পারে। নিবেদিতার উল্লিখিত চিঠিটি পেয়েই সম্ভবত সেপ্টেম্বর নাগাদ জগদীশচন্দ্রকে রবীন্দ্রনাথ একটি চিঠিতে লেখেন,

> আজ মিস নোব্‌লের চিঠিতে তোমার কথা পড়িয়া অত্যন্ত আনন্দ পাইয়াছি। ... ত্রিপুরার মহারাজ কাল আমার কাছে একটি কর্মচারী পাঠাইয়াছেন। তোমার সম্বন্ধে আমার সঙ্গে বিস্তারিত আলাপ করিবার ইচ্ছা প্রকাশ করিয়াছেন। আমি আর দিন দশ বারো পরে ত্রিপুরায় গিয়া মহারাজের সঙ্গে দেখা করিব।[১৩]

রবীন্দ্রনাথের এই ‘দেখা করা’ একেবারে ব্যর্থ হয়নি, অক্টোবরের কোনো এক সময়ে একেবারে আগরতলা থেকেই চিঠি লিখে রবীন্দ্রনাথ তাঁর বিজ্ঞানী বন্ধুকে সেই সুসংবাদ জানিয়ে দিচ্ছেন,

> আমি তোমার কাজেই ত্রিপুরা আসিয়াছি। ... তোমার প্রতি তাঁহার কিরূপ শ্রদ্ধা তাহা ত জানই—সুতরাং তাঁহার কাছে আমার প্রার্থনা জানাইতে কিছুমাত্র সঙ্কোচ অনুভব করিতে হয় নাই। তিনি শীঘ্রই বোধহয় দুই এক মেলের মধ্যেই তোমাকে দশ হাজার টাকা পাঠাইয়া দিবেন। ... এক বৎসরের মধ্যেই তিনি আরো দশ হাজার পাঠাইতে প্রতিশ্রুত হইয়াছেন।[১৪]

এই সুসংবাদ নিশ্চয়ই রবীন্দ্রনাথ নিবেদিতাকেও জানিয়েছিলেন, কিন্তু আমাদের দুর্ভাগ্য নিবেদিতাকে লেখা রবীন্দ্রনাথের কোনো চিঠিই রক্ষিত হয়নি। হলে, রবীন্দ্রনাথ-নিবেদিতার ব্যক্তিগত সম্পর্কটি আরও স্পষ্ট করে উন্মোচিত হতে পারত।

কিন্তু, এইখানে দাঁড়িয়ে, এই কথাটাও বিশেষভাবে মনে রাখবার যে, ‘ভগিনী নিবেদিতা’ নামের প্রবন্ধটিতে শুধুই নিবেদিতার উদ্দেশে রবীন্দ্রনাথের স্তুতিই ছিল না, আরও কিছু ছিল। বড়ো সেই প্রবন্ধটার ছোট্ট একটা অনুচ্ছেদে স্পষ্ট করেই রবীন্দ্রনাথ জানাতে পেরেছিলেন:

> তাঁহার প্রবল শক্তি আমি অনুভব করিয়াছিলাম কিন্তু সেইসঙ্গে ইহাও বুঝিয়াছিলাম তাঁহার পথ আমার চলিবার পথ নহে। তাঁহার সর্বতোমুখী প্রতিভা ছিল, সেইসঙ্গে তাঁহার আর-একটি জিনিস ছিল, সেটি তাঁহার যোদ্ধৃত্ব। তাঁহার বল ছিল এবং সেই বল তিনি অন্যের জীবনের উপর একান্ত বেগে প্রয়োগ করিতেন—মনকে পরাভূত করিয়া অধিকার করিয়া লইবার একটা বিপুল উৎসাহ তাহার মধ্যে কাজ করিত। যেখানে তাঁহাকে মানিয়ে চলা অসম্ভব সেখানে তাঁহার সঙ্গে মিলিয়া চলা কঠিন ছিল। অন্তত আমি নিজের

> দিক দিয়া বলিতে পারি তাঁহার সঙ্গে আমার মিলনে নানা অবকাশ ঘটিলেও এক জায়গায় অন্তরের মধ্যে আমি গভীর বাধা অনুভব করিতাম। সে যে ঠিক মতের অনৈক্যের বাধা তাহা নহে, সে যেন একটা বলবান আক্রমণের বাধা।[১৫]

রবীন্দ্রনাথের এই কথাগুলো ভালো করে বুঝে দেখা প্রয়োজন। নিবেদিতার মধ্যে রয়েছে একধরনের 'যোদ্ধৃত্ব' একধরনের 'বলবান আক্রমণের বাধা', এই বিশেষণগুলি রবীন্দ্রনাথের ব্যক্তিগত বিবেচনা, না কি অন্য স্মৃতিকথাসূত্রেও কথাগুলি বুঝে নেওয়া সম্ভব, সেইটা খতিয়ে দেখা জরুরি।

৩

'প্রবাসী' ও 'মডার্ন রিভিউ' পত্রিকার সম্পাদক রামানন্দ চট্টোপাধ্যায়, রবীন্দ্রনাথ এবং নিবেদিতা উভয়েরই ঘনিষ্ঠজন। ১৯০১ সাল থেকে 'প্রবাসী' প্রকাশিত হতে শুরু করে, আজীবন রবীন্দ্রনাথ ছিলেন এই পত্রিকার প্রধানতম লেখক। অন্যদিকে ১৯০৭ থেকে যে 'মডার্ন রিভিউ' বেরোতে শুরু করে নিবেদিতা তার অন্যতম লেখক ও পরামর্শদাত্রী। রামানন্দ বিভিন্ন লেখায় নিবেদিতার এই ভূমিকার কথা শ্রদ্ধার সঙ্গে স্বীকার করেছেন। রামানন্দের কন্যা ও তাঁর জীবনীকার শান্তা দেবী এ প্রসঙ্গে লিখেছেন,

> তিনি মডার্ন রিভিউ-এর জন্মকাল হইতে লেখা দিয়া ও অন্যান্য উপায়ে সম্পাদককে যেরূপ সাহায্য করেছিলেন তেমন সাহায্য সচরাচর কাহারও নিকটে মেলে না। ... এমন প্রাণ দিয়া 'মডার্ন রিভিউ'র উন্নতিচেষ্টা আর কেহ করিয়াছিলেন কিনা জানি না।[১৬]

কিন্তু এর পাশাপাশি, সম্পূর্ণ কৃতজ্ঞতা ও শ্রদ্ধাবোধের সঙ্গেই শান্তাদেবী এমন গল্পও বলেছেন যে,

> ভগিনী নিবেদিতার নিকট যাঁহারা কাজ লইয়া যাইতেন তাঁহাদেরও তিনি শুধু পত্রবাহক হিসাবে দেখিতেন না। রামায়ণ মহাভারত সম্বন্ধে তাঁহাদের কতটা জ্ঞান, দেশের বিষয় তাঁহারা কিছু জানেন কিনা সব খোঁজ লইতেন। যদি দেখিতেন হিন্দুর ছেলে হইয়াও হিন্দুর মহাকাব্য সম্বন্ধে ইঁহারা তেমন কিছু জানেন না, তাহা হইলে নিবেদিতা চটিয়া যাইতেন। এই ভয়ে তাঁহাদের কেহ কেহ তাঁহার কাছে যাইতে চাহিতেন না।[১৭]

এই হল নিবেদিতার 'যোদ্ধৃত্ব', তাঁর জোরের জায়গা, রবীন্দ্রনাথ যাকে বলবেন, 'সেই বল অন্যের জীবনের উপর প্রয়োগ' করার চেষ্টা। বলাই বাহুল্য, নিবেদিতার ভারতপ্রেম অনন্য, কিন্তু বকুনিতে কেউ কেউ যে 'ভয়' পেয়ে যেতেন সেই কথাটুকু এইখানে মনে রাখবার। এই যে বা হল 'কেউ কেউ', এ বিষয়ে নিবেদিতার কোনো বাছবিচার ছিল না কিন্তু। সমালোচনা করার হলে তিনি জোরের সঙ্গেই করতেন, মুখের উপরেই করতেন, যেখানে তাঁর মনে হত জোর করার প্রয়োজন সেখানে জোরই করতেন, সামনে কে আছেন সেটা বিবেচ্য হত না তাঁর কাছে। এই বিষয়ে এক মজাদার অভিজ্ঞতা হয়েছিল শিল্পাচার্য নন্দলাল বসুর। তিনি আর তাঁর বন্ধু সুরেন্দ্রনাথ গাঙ্গুলী গেছেন নিবেদিতার বোসপাড়া লেনের বাড়িতে, নিবেদিতা তখন বাড়িতে নেই। অগত্যা, 'একটি লম্বা সোফায় পা ঝুলিয়ে বসলাম', ১৯৫৪ সালে বরেন্দ্রনাথ নিয়োগীকে একটি চিঠিতে এই গল্পটি লিখছেন নন্দলাল স্বয়ং।[১৮] খানিক পরে নিবেদিতা এলেন, এবং এসেই 'আমাদের দেখে বললেন—না, নীচে নেমে পা মুড়ে আসন হয়ে বসো। ইহাতে আমাদের মনে বড়ো আঘাত লাগল, মনে বড়ো অভিমান হল। মেমসাহেব তো নেটিভ বলে আমাদের নীচে নেমে বসতে বললেন। আমরা তাঁর আদেশমতো নীচে পা-মুড়ে বসার পরে তিনি আমাদের সামনে ওই সোফাটিতে বসে একদৃষ্টে আমাদের দেখতে লাগলেন। আর, বললেন, You are all Buddhas.' এখন নন্দলালদের 'বুদ্ধ'-রূপে দেখতে চাইছেন

নিবেদিতা, সেটা খুবই মহিমাময় একটা ইচ্ছে, কিন্তু তার জন্যে নতুন-আগত অতিথিদের এভাবে মাটিতে পা-মুড়ে বসতে বলার 'আদেশ' দেওয়াটা খুব সামাজিক-সৌজন্যের প্রকাশ হয়তো নয়। সত্যি কথাটা হল, নিবেদিতা যে এই ধরনের সৌজন্যের ধার ধারতেন না, সেটা অনেকেই বলে গেছেন। নিবেদিতা প্রবল ব্যক্তিত্বময়ী, সেটা কখনো কখনো প্রায় কঠোরতার সীমানাকে স্পর্শ করে ফেলত। সাহিত্যের ইতিহাস-কার দীনেশচন্দ্র সেনের একটি দিনের স্মৃতিকথা দিয়ে এই প্রসঙ্গটি শেষ করব আমরা। রামানন্দ বা নন্দলালের মতো বা দীনেশচন্দ্রও নিবেদিতার বিশেষ গুণগ্রাহী। তাঁর আত্মকথা 'ঘরের কথা ও যুগসাহিত্য' বইতে 'ভগিনী নিবেদিতা' শিরোনামে আস্ত একটি অধ্যায়ই লিখেছিলেন দীনেশচন্দ্র, এর থেকে তাঁদের ব্যক্তিগত পরিচয়ের প্রসঙ্গেও অনেক মনোগ্রাহী বিবরণ পাওয়া যায়। দীনেশচন্দ্র ছিলেন গান্ধীপন্থী, বলা বাহুল্য রাজনৈতিক-অর্থে চরমপন্থী নিবেদিতা সবসময়ে এর বিপরীতেই অবস্থান করতেন, আর সেইটা জোরের সঙ্গে জানিয়ে দিতেও কোনো কুণ্ঠা ছিল না তাঁর। দীনেশচন্দ্র লিখছেন,

> আমাকে ভীরু, কাপুরুষ, স্ত্রীলোক হইতেও হীনবল ইত্যাদি বলিয়া গালাগালি দিতেন—রাজনৈতিক কোনো কথা বলিলে ক্রোধের সহিত বলিতেন, 'দীনেশবাবু, ওটি আপনার ক্ষেত্র নহে, আমি আপনার সঙ্গে ও সম্বন্ধে কথা বলিব না।[১৯]

কিন্তু নিবেদিতার জোর-করার কথাটা শুধু এই 'ক্রোধ'-এর বিবরণেই শেষ হয়ে যায় না, এ প্রসঙ্গে আরও এক রোমাঞ্চকর গল্প শুনিয়েছেন দীনেশচন্দ্র। 'বঙ্গভাষা ও সাহিত্য' তাঁর বিখ্যাত বই, সেই বইয়ের ইংরাজি অনুবাদে হাত দিলেন তিনি, সেই অনুবাদ-কাজে সাহায্যের জন্যে দ্বারস্থ হলেন নিবেদিতার। নিবেদিতা সানন্দে সম্মত হলেন। সেই বইতে ছিল 'মনসামঙ্গল'-এর ধনপতি সদাগরের গল্প, যে, ধনপতির স্ত্রী খুল্লনা গেছেন ছাগল চরাতে। মেয়ে হয়ে সে বাইরে গেছে, এই অপরাধে তাঁর আত্মীয়রা তার সতীত্বের প্রমাণ চাইলেন। হয় অগ্নিপরীক্ষা অথবা বিষগ্রহণ—পরীক্ষা দিয়ে নিজেকে সতী প্রমাণ

করুক খুল্লনা অথবা এক লক্ষ টাকা খেসারত দিক। নতুবা তাকে সমাজচ্যুত করা হবে। এই গল্প পড়ে রেগে গেলেন নিবেদিতা, 'নো, নো, নো, ... একথা আপনি রাখতে পারেন না, গল্প হতে এটি ছেঁটে ফেলুন।' কিন্তু এ তো আর দীনেশচন্দ্রের নিজের লেখা গল্প না, এ তিনি 'মনসামঙ্গল' থেকে 'কোট' করছেন মাত্র। কিন্তু তাতে কী! 'নিবেদিতা জেদ করিয়া বসিলেন, বাদ দিতেই হইবে। ... আপনার গল্পে যদি একথা থাকে তবে পৃথিবীর লোক এটাও 'কাজির বিচার' বলে আপনাদের ঠাট্টা করবে।' ভারতবর্ষের সম্মান নিবেদিতার নিজের সম্মান, সেখানে তিনি আপসহীন। যেখানে জোর করতে হবে বলে নিবেদিতা মনে করতেন, সেখানে চূড়ান্ত ফয়সালা পর্যন্ত নিবেদিতা জোর করেই যেতেন, কাউকে পরোয়া করতেন না। দীনেশচন্দ্র স্পষ্ট ভাষাতেই জানাচ্ছেন:

> নিবেদিতা নিজের জেদ বজায় রাখিতে সময়ে সময়ে এতটা বদ্ধপরিকর হইতেন, যে বলিয়া বসিতেন, 'দীনেশবাবু ঠিক বলছি, যদি এই অংশটা পরিবর্তন না করেন, তবে আমি এ পুস্তক আর পড়ব না।' আমি প্রমাদ গুণিতাম ও তাহার মনোরঞ্জনের জন্য খানিকটা পরিবর্তন করিতাম, নিজের ভাবের সঙ্গে না মিলিলে তিনি থামিয়া যাইতেন, কিছুতেই আগাইতে চাহিতেন না, ঠিক হাতি পাঁকে পড়িলে যেরূপ হয়, সেইরূপ কোনো একটা অংশে আসিয়া থামিয়া পড়িতেন। এটা ভুলিয়া যাইতেন যে পুস্তকের মতামতের দায়িত্ব আমার, ইংরাজি সংশোধনের ভার তাঁহাকে দিয়াছিলাম।[২০]

এইসব স্মৃতিবিবরণ থেকে আমরা হয়তো খানিকটা অনুমান করে নিতে পারি, রবীন্দ্রনাথের সঙ্গে কোথায় মেলা মুশকিল হয়ে যাচ্ছিল নিবেদিতার। রাজনীতি, ধর্মনীতি, জীবনাচরণের নানা ক্ষেত্রে রবীন্দ্রনাথেরও মতামত ছিল অত্যন্ত সুস্পষ্ট ও নির্দিষ্ট। অবশ্য তাঁর বাহ্যিক ব্যবহার এতখানি তীব্র ছিল না কখনো, বরং ব্যবহারের পরিশীলনে কবির জুড়ি মেলা ভার, একথা প্রায় সবাই বলেছেন।

কিন্তু দুই ভিন্ন মতামতের অতি নির্দিষ্টতাই আসলে এই দুই মানুষকে মিলতে দেয়নি শেষপর্যন্ত। রবীন্দ্রনাথের 'বলবান আক্রমণের বাধা' কথাটিকে এই সূত্রেই হয়তো বুঝে নেওয়া যায়। 'গোরা' উপন্যাসটি লেখার কালে যেমন এই 'আক্রমণ' খানিক টের পেয়েছিলেন রবীন্দ্রনাথ। কবি এ প্রসঙ্গে বনফুলকে যা জানিয়েছিলেন সেটা বনফুল জানাবেন তাঁর 'রবীন্দ্র-স্মৃতি'-তে:

> গল্পটা ধারাবাহিকভাবে 'প্রবাসী'-তে বেরুচ্ছিল। কিন্তু এটা আগেই লেখা হয়ে গিয়েছিল আমার। নিবেদিতা তখন বলল—গোরার শেষটা কি রকম করেছেন দেখি। দেখালাম। পড়েই সে বলে উঠল—না না, এ রকম হতে পারে না। ... এমন জেদ করতে লাগল যে রাজি হতে হল। সবটা আবার ঢেলে সাজালাম[২১]

দীনেশচন্দ্রের বলা 'খুল্লনা' গল্পে নিবেদিতার প্রতিক্রিয়ার সঙ্গে এই প্রতিক্রিয়ার খুবই মিল, ফলে এই ঘটনা ঘটা অসম্ভব নয়। তবে, এইটাও সাবধানের সঙ্গে আমাদের মনে রাখতে হয়, এই বিবরণের খুঁটিনাটিতে বেশ খানিকটা ভুল আছে, হয় রবীন্দ্রনাথ না-হলে বনফুলের স্মৃতি খানিক প্রতারিত করেছে তাঁদের। 'প্রবাসী'-তে বেরোবার আগে 'গোরা' পুরোটা লেখা হয়ে গেছে, এ কথা সত্য হতেই পারে না, রবীন্দ্রনাথ লিখতে-লিখতেই 'প্রবাসী'-র জন্যে কিস্তি পাঠাচ্ছেন, তার অসংখ্য প্রমাণ আছে। এ গল্প সম্ভবত অনেক আগেকার, ১৯০২–০৩ সালে নিবেদিতা যখন রবীন্দ্রনাথের আমন্ত্রণে শিলাইদহ যাবেন, সম্ভবত সেই সময়ে 'গোরা' উপন্যাসের একেবারে প্রাথমিক কোনো ভাবনা কবির মনে উঠে থাকবে, সেইটাই হয়তো তিনি নিবেদিতাকে শুনিয়েছিলেন, তাতেই নিবেদিতার প্রতিক্রিয়া ছিল অমন তীব্র। বস্তুত উইলিয়াম পিয়র্সনকে ১৯২২ সালে লেখা একটা চিঠিতে ঘটনাটির স্থান উল্লেখ করে রবীন্দ্রনাথ যে-কথা লিখেছিলেন, সেটি খানিক বেশি নির্ভরযোগ্য:

> You ask me what connection has the writing of Gora with Sister Nivedita. She was our guest in Shilaida and in trying to improvise a story according to her request 1 have given her something which came very near to the plot of Gora. She was quite angry at the idea of Gora being rejected even by his disciple Sucharita owing to his foreign origin. You won't find it in Gora as it stands now...[২২]

বনফুল আর পিয়র্সনের লেখায় খুঁটিনাটির যা-ই তফাৎ থাক, নিবেদিতার 'angry' হয়ে ওঠার গল্পে বিশেষ ফারাক নেই। 'ভগিনী নিবেদিতা' প্রবন্ধটি লেখার সময়ে রবীন্দ্রনাথ যে বলবেন, 'যেখানে তাঁহাকে মানিয়ে চলা অসম্ভব সেখানে তাঁহার সঙ্গে মিলিয়া চলা কঠিন ছিল' সে কথা এরপর সদর্থেই সত্যি বলে মেনে নিতে অসুবিধা হবার কথা নয়। খেয়াল রাখতে হবে, এর উল্টোদিক থেকে, নিবেদিতাও ম্যাকলাওডকে ১৯০৪-এর ১৫ অক্টোবর লিখেছিলেন, "Mr. Tagore's is not the type of manhood that appeals to me."[২৩] 'ম্যানহুড' মানে পৌরুষ, দৃপ্ততা, রবীন্দ্রনাথের তার কিছু অভাব আছে বলে নিবেদিতা মনে করেছেন। ফলে রবীন্দ্রনাথের সঙ্গে নিবেদিতার তফাৎ ব্যক্তিগতের তফাৎ, এবং আদর্শেরও তফাৎ। এখানে সম্পূর্ণ মেলা দু-তরফেই তাই কঠিনই ছিল। এই সম্পর্ককে এক বিচিত্র মুগ্ধতা ও বৈপরীত্যের আশ্চর্য সহাবস্থান হিসেবে দেখা ছাড়া অন্য কোনো পথ নেই। এই প্রসঙ্গে একটি বিশেষ দিনের কাহিনি বিবৃত করেই আমরা এই নিবন্ধ শেষ করব।

১৯০৪-এর অক্টোবরে বুদ্ধগয়ায় বেড়াতে যাবে এক বড়ো দল, সেই দলে আছেন রবীন্দ্রনাথ, জগদীশচন্দ্র, নিবেদিতা, রথীন্দ্রনাথ-সহ আরও অনেকে। বেড়াতে যাবার আগে বহুবার রবীন্দ্রনাথের বাগবাজারে যাবার প্রমাণ পাওয়া যায়, 'রবিজীবনী'-কার প্রশান্তকুমার

পাল অনুমান করছেন, "মনে হয় বুদ্ধগয়ায় যাওয়া বিষয়ে পরামর্শাদি করার জন্য তিনি ঘন ঘন নিবেদিতা ও জগদীশচন্দ্রের কাছে গিয়েছিলেন।"[২৪] বোঝাই যাচ্ছে, রবীন্দ্রনাথের কাছে ভ্রমণসঙ্গী হিসেবে নিবেদিতার অবস্থান নিতান্ত 'ক্যাজুয়াল' নয়, একে অন্যকে বিশেষ গুরুত্ব দিয়েই তাঁরা প্রয়োজনীয় পরামর্শ করে নিচ্ছেন এ ব্যাপারে। ৮ অক্টোবর তাঁদের যাওয়ার কথা ছিল, কিন্তু তার কিছুদিন আগে অসুস্থ হয়ে পড়েন দেবেন্দ্রনাথ ঠাকুর, রবীন্দ্রনাথের যাওয়া স্বভাবতই অনিশ্চিত হয়ে ওঠে। সেই দুঃসংবাদ বন্ধু শ্রীশচন্দ্র মজুমদারকে জানিয়ে রবীন্দ্রনাথ যে চিঠিটি লিখলেন, তার কিছু অংশ এইরকম:

> বুদ্ধগয়ায় আমার যাওয়া ঘটে কিনা সন্দেহস্থল। পিতার শরীর অত্যন্ত উদ্বেগজনক হয়ে উঠেছে। যাই হোক ছেলেদের নিয়ে তোমরা যেয়ো। সিস্টার নিবেদিতার ও জগদীশের সংসর্গে ও আলাপ আলোচনায় তাদের বিশেষ উপকার প্রত্যাশা করচি। নিবেদিতা ওদের জন্যে উৎসুক হয়ে আছেন। তিনি ওদের দুজনের ইতিহাস শিক্ষার ভার নিয়েছেন—সেইজন্য এই উপলক্ষে তিনি ওদের সঙ্গে আলাপ করে নিতে চান। বুধগয়ায় বসে তিনি ওদের ইতিহাসচর্চার ভূমিকাস্থাপন করে নিতে পারবেন।[২৫]

রবীন্দ্রনাথ নিজে বেড়াতে যেতে পারছেন না, কিন্তু তাঁর পুত্রকে পাঠাতে তিনি বিশেষভাবে আগ্রহী, এবং সেই আগ্রহের পিছনে বুদ্ধগয়া-দর্শনের থেকেও বড়ো কারণ হয়ে উঠছে নিবেদিতার সাহচর্য, নিবেদিতার কাছে পুত্রকন্যাদের ইতিহাস-শিক্ষার ভার দিয়ে নিশ্চিন্ত হয়ে আছেন কবি, নিবেদিতাও এজন্যে 'উৎসুক' হয়ে অপেক্ষা করছেন। শেষপর্যন্ত যেতে পেরেছিলেন অবশ্য কবি। কিন্তু খেয়াল রাখা দরকার, এই পারস্পরিক শ্রদ্ধা ও নির্ভরতা সত্ত্বেও তাঁদের তর্কের কিন্তু অবসান হয়নি, বুদ্ধগয়ায় গিয়েও তাঁরা জবরদস্ত তর্কে মেতে উঠেছিলেন, রথীন্দ্রনাথের স্মৃতিকথা থেকে সেই খবর পাওয়া যায়,

> নিবেদিতা এক-একটি তর্ক তোলেন আর রবীন্দ্রনাথ চেষ্টা করেন তার যথাযোগ্য সমাধানে পৌঁছতে। আমরা অন্যেরা তাঁদের প্রশ্নোত্তর তর্ক-বিতর্ক মুগ্ধ হয়ে শুনে যাই।[২৬]

কিন্তু মতান্তর তো ভালো, এ কি মনান্তর বলা চলে? এই বেড়ানোর মধ্যেই, ১৫ অক্টোবর, রাজগীর থেকে নিবেদিতা ম্যাকলাউডকে যে চিঠি লিখেছিলেন তার একটি অংশ এইরকম, "He has a naifsort of vanity in speech which is so childlike as to be rather touching."[২৭] আর রবীন্দ্রনাথ বলেছিলেন এডওয়ার্ড টমসনকে যে, নিবেদিতা মনে করেন তিনি আধুনিক চিন্তাভাবনার উপযুক্ত নন, "I didn't like her', he [Rabindranath] said: 'she is so violent .... She was so confident that I was unpatriotic and trucking to modern thought."[২৮]

নিবেদিতা-রবীন্দ্রনাথ সম্পর্ক আসলে একটি বৈপরীত্যে-ভরা বিচিত্র আখ্যান।

উল্লেখপঞ্জি

১। রবীন্দ্রনাথ ঠাকুর, "রূপ ও অরূপ", 'সঞ্চয়', রবীন্দ্র রচনাবলী, কলকাতা: পশ্চিমবঙ্গ সরকার, ২৫ বৈশাখ, ১৩৬৮, পৃ. ৫২১

২। Tagore, Rabindranath, *The English Writings of Rabindranath Tagore*, Vol. 3, Sisir Kumar Das (ed.). New Delhi: Sahitya Akademi. 2006, p. 704

৩। রবীন্দ্রনাথ ঠাকুর, চিঠিপত্র, দ্বাদশ খণ্ড, কলকাতা: বিশ্বভারতী গ্রন্থনবিভাগ, ২৫ বৈশাখ ১৩৯৩ ব., পৃ. ১২৭-২৮

৪। অনাথনাথ দাস (সম্পা.), রবীন্দ্রবীক্ষা ৩০, ডিসেম্বর ১৯৯০, পৃ. ৭

৫। প্রাগুক্ত, পৃ. ৭-৮

৬। স্বামী বিবেকানন্দ, "সিংহল ও বৌদ্ধধর্ম", 'পরিব্রাজক', স্বামী বিবেকানন্দের বাণী ও রচনা, ষষ্ঠ খণ্ড, কলকাতা: উদ্বোধন কার্যালয়, জানুয়ারি, ১৯৮৯, পৃ. ৬৯

৭। রবীন্দ্রনাথ ঠাকুর, "ভগিনী নিবেদিতা", 'পরিচয়', *রবীন্দ্র রচনাবলী*, ত্রয়োদশ খণ্ড, কলকাতা: পশ্চিমবঙ্গ সরকার, নভেম্বর, ১৯৯০, পৃ. ৫৩৫-৩৬

৮। অবনীন্দ্রনাথ ঠাকুর, 'জোড়াসাঁকোর ধারে', অবনীন্দ্র রচনাবলী, প্রথম খণ্ড,

কলকাতা: প্রকাশ ভবন, জুলাই ১৯৮৫, পৃ. ২৮৯
৯। রানী চন্দ, আলাপচারী রবীন্দ্রনাথ, কলকাতা বিশ্বভারতী গ্রন্থনবিভাগ, কার্তিক ১৪০৭ব, পৃ. ১১২
১০। Basu, Sankariprasad (ed.), *Letters of Sister Nivedita*, Vol. 1. Kolkata: Advaita Ashrama, May 2017, p. 75
১১। lbid. p. 84
১২। Ibid. p. 398
১৩। রবীন্দ্রনাথ ঠাকুর, চিঠিপত্র, ষষ্ঠ খণ্ড, কলকাতা বিশ্বভারতী গ্রন্থনবিভাগ, ফেব্রুয়ারি ১৯৯৩, পৃ. ৩৮-৩৯
১৪। প্রাগুক্ত, পৃ. ৪০
১৫। রবীন্দ্রনাথ ঠাকুর, "ভগিনী নিবেদিতা", 'পরিচয়', রবীন্দ্র রচনাবলী, ত্রয়োদশ খণ্ড, কলকাতা: পশ্চিমবঙ্গ সরকার, নভেম্বর ১৯৯০, পৃ. ৫৩৩
১৬। শান্তা দেবী, ভারত মুক্তিসাধক রামানন্দ চট্টোপাধ্যায় ও অর্ধশতাব্দীর বাংলা, কলকাতা: ফার্মা কে এল এম প্রাইভেট লিমিটেড, ২০০০, পৃ. ২২৬
১৭। প্রাগুক্ত, পৃ. ২২৫
১৮। শঙ্করীপ্রসাদ বসু, নিবেদিতা লোকমাতা, চতুর্থ খণ্ড, কলকাতা: আনন্দ পাবলিশার্স, বৈশাখ ১৪০৯ ব., পৃ. ২০১-০২
১৯। দীনেশচন্দ্র সেন, ঘরের কথা ও যুগসাহিত্য, কলকাতা: করুণা প্রকাশনী, ২০১১, পৃ. ২২৯
২০। প্রাগুক্ত, পৃ. ২৩১
২১। বনফুল, রবীন্দ্র-স্মৃতি, কলকাতা: বাণীশিল্প, ১৯৯৯, পৃ. ৬৭
২২। প্রণতি চট্টোপাধ্যায় (সম্পা.), উইলিয়াম উইনস্ট্যানলি পিয়ার্সন, কলকাতা: টেগোর রিসার্চ ইনস্টিটিউট, জানুয়ারি ১৯৮৪, পৃ. ২৪৩
২৩। Basu, Sankariprasad (ed.), *Letters of Sister Nivedita*, Vol. 1, Kolkata: Advaita Ashrama, May 2017. P. 620
২৪। প্রশান্তকুমার পাল, রবিজীবনী, পঞ্চম খণ্ড, কলকাতা: আনন্দ পাবলিশার্স, বৈশাখ ১৩৯৭ ব., পৃ. ২০৪-০৫
২৫। সুশীল রায় (সম্পা.), বিশ্বভারতী পত্রিকা, শ্রাবণ-আশ্বিন ১৩৭৩, পৃ. ৭
২৬। রথীন্দ্রনাথ ঠাকুর, পিতৃস্মৃতি, কলকাতা: জিজ্ঞাসা পাবলিকেশন্‌স বিশ্বভারতী, পৃ. ২২২
২৭। Basu, Sankariprasad (ed.), *Letters of Sister Nivedita*. Vol. 1, Kolkata: Advaita Ashrama. May 2017, p. 620
২৮। রবীন্দ্রভবনে রক্ষিত এডওয়ার্ড টমসন লিখিত একটি সাক্ষাৎকার ভিত্তিক প্রতিবেদন। প্রশান্তকুমার পাল-এর রবিজীবনী ষষ্ঠ খণ্ডের ২০৭ পৃষ্ঠায় উদ্ধৃত।

অনন্য লোকায়তিক: দেবীপ্রসাদ চট্টোপাধ্যায়ের চিন্তাজগৎ

ছোট্ট এই গল্পটা বলেছিলেন সুবীর গঙ্গোপাধ্যায়।[১] 'মানবমন' পত্রিকা আয়োজিত এক সভায় সভাপতিত্ব করছিলেন জ্যোতি বসু। দেবীপ্রসাদ চট্টোপাধ্যায় (১৯১৮–৯৩) এই সভার অন্যতম বক্তা। বক্তৃতা করতে উঠে দেবীপ্রসাদ সবে বলেছেন, "পত্রিকাটির জন্য আমি বিশেষ কিছুই করে উঠতে পারিনি...", সভাপতির আসন থেকে জ্যোতিবাবু তাঁর স্বভাবসিদ্ধ ভঙ্গিতে বলে উঠলেন, "আপনি যা করছেন তা-ই করুন, তাতেই কাজ হবে।" বিস্মিত আর হয়তো-বা কিঞ্চিৎ বিব্রতও দেবীপ্রসাদ নাকি পরে বলেছিলেন, "সভাপতির আসন থেকে কাউকে কখনও এমন করে বলতে শুনিনি।"

মোক্ষম কথা বলেছিলেন বটে জ্যোতি বসু। অন্ধত্বের বিরুদ্ধে, মনের জড়ত্বের বিরুদ্ধে দেবীপ্রসাদের সারা জীবনব্যাপী নিরন্তর জ্ঞানচর্চার লড়াই। আর কিছু তাঁর না-করলেও চলবে।

ফ্রয়েড প্রসঙ্গে

একেবারে শুরুর দিনগুলোয় অবশ্য নানা ভিন্নমুখী চর্চা আর নেশায় ছড়িয়ে ছিল মন। উঠতি বয়সে যেমন হয় আর-কী। কবিতা লিখতেন

একটা সময় নিয়মিত। লিখেছেন একাধিক গোয়েন্দা-কাহিনি। এমনকী ভূতের গল্পও। অবশ্য অচিরেই তিনি বুঝতে পারেন মৌলিক সাহিত্যচর্চা নয়, মননচর্চাতেই তাঁর স্ফূর্তি। কিন্তু 'মননচর্চা' মানে কীসের চর্চা? দেবীপ্রসাদ চট্টোপাধ্যায় নামটা শোনামাত্র যে মনে পড়ে বস্তুবাদী দর্শনের কথা, তারই কি চর্চা শুরু হল তবে? না, দেবীপ্রসাদ মজলেন ফ্রয়েডে। খালেদ চৌধুরী একটা স্মৃতিকথায় জানাচ্ছেন যে, গিরীন্দ্রশেখর বসুর প্রভাবে 'দেবীবাবু নিজে বেশ কিছুদিন মনঃসমীক্ষা চর্চা করেন এবং তাঁদের বাড়ির ওপরের একটা ঘরে বেশ কিছুদিন প্র্যাকটিসও করেছিলেন'।[২] এসবেরই ফল হিসেবে ১৯৪৯-এ তিনি লিখলেন 'যৌন-জিজ্ঞাসা' নামের একটা বই, তার প্রচ্ছদ এঁকে দিলেন খালেদ চৌধুরী নিজে। এরপরেই ঘটল এক আশ্চর্য ঘটনা। 'মার্কসবাদী' পত্রিকায় বইটির একটি কঠোর এবং নেতিবাচক সমালোচনা লিখলেন 'রবীন্দ্র গুপ্ত' ছদ্মনামে ভবানী সেন, তৎকালীন কমিউনিস্ট পার্টির খ্যাতনামা নেতা। এই সমালোচনাটিকে আমরা 'আশ্চর্য' বলতে চাইছি না, আশ্চর্য হল, এই সমালোচনা পড়বার পর দেবীপ্রসাদের প্রতিক্রিয়া। নিজের বইয়ের কোনো কঠোর সমালোচনায় ক্রুদ্ধ হবার কথা লেখকের, মনখারাপ হবার কথা। দেবীপ্রসাদ কিন্তু অল্পে অল্পে কৃতজ্ঞ হয়ে উঠলেন সমালোচনাটির কাছে, তিনি বুঝতে পারলেন, ফ্রয়েড নয়, মার্কসবাদেই মুক্তি, সমাজের আর তাঁর নিজেরও।

অবশ্য গল্পটাকে এভাবে বললে ভুল বোঝার একটা আশঙ্কা থেকে যায়, মনে হয় যেন রবীন্দ্র গুপ্ত-র সমালোচনা পড়বার পরই প্রথম মার্কসবাদের সঙ্গে পরিচয় হল দেবীপ্রসাদের। তা যে নয় সেটা এখানে জানিয়ে রাখা ভালো, আর সেজন্য গোড়ার কথাটা খুলে বলা দরকার। কলকাতা বিশ্ববিদ্যালয়ের দর্শনবিভাগের কৃতি ছাত্র দেবীপ্রসাদ, ১৯৪২ সালে স্নাতকোত্তর স্তরে তিনি প্রথম শ্রেণিতে প্রথম। ফলে ভাববাদী ও বস্তুবাদী দর্শনচিন্তার নানা প্রস্থানের সঙ্গে ছাত্রজীবন থেকেই তিনি বিলক্ষণ পরিচিত। আর তারও আগে, ভবানীপুরে

মিত্র ইনস্টিটিউশনে পড়বার সময় থেকেই জেনেছেন মার্কসবাদের প্রাথমিক কথাগুলো। শুরুর সেই গল্পও বেশ মজার। ১৯৩৭ সালে প্রকাশ পেল সমর সেনের প্রথম কবিতার বই 'কয়েকটি কবিতা'। বইয়ের উৎসর্গ-পত্রে লেখা আছে 'মোজাফর আহ্‌মেদকে'। কে ইনি? কথায় কথায় একদিন সমর সেনকেই জিজ্ঞেস করে ফেললেন তরুণ দেবীপ্রসাদ। সমর সেন জানালেন কে এই মুজাফ্‌ফর আহমেদ আর সেইসঙ্গে পড়তে দিলেন একখানি 'কমিউনিস্ট ম্যানিফেস্টো'। দুই বন্ধু, দেবীপ্রসাদ আর সুভাষ মুখোপাধ্যায় সে বই পড়লেন, ভালো বুঝলেন না। অগত্যা সমর সেনেরই দ্বারস্থ হওয়া গেল ফের। সমর সেন তাঁদের নিয়ে গেলেন রাধারমণ মিত্রের কাছে। এক সাক্ষাৎকারে দেবীপ্রসাদ নিজেই জানিয়েছেন, রাধারমণ মিত্রের কাছেই তাঁদের প্রথম 'কমিউনিস্ট ম্যানিফেস্টো' পড়া এবং ভালোভাবে পড়া। এরপর শুরু হল অল্পে অল্পে বামপন্থায় দীক্ষা।

গিরীন্দ্রশেখর বসুর সাহচর্যে ফ্রয়েড চর্চায় মেতে ওঠার আগে পর্যন্ত, অতএব, মার্কসবাদের দীক্ষাতেই স্থির ছিলেন তিনি। এই যে বললাম 'মেতে ওঠা', এটাকে প্রায় আক্ষরিকভাবেই ধরতে হবে, বন্ধু রমাকৃষ্ণ মৈত্র একটা লেখায় জানাচ্ছেন, "ফ্রয়েড তাঁকে এমনই পেয়ে বসেছিল যে সেই সময়কার বন্ধুমহলের যে কোনো আলোচনায় তিনি 'id', 'ego', 'libido'—এইসব শব্দ ব্যবহার না করে পারতেন না।"[৩]

এই 'পেয়ে বসার' অবসান হল রবীন্দ্র গুপ্তের ধাক্কায়। দেবীপ্রসাদ ফিরলেন স্বধর্মে। তারপর লেখা হল ফ্রয়েড-বিষয়ক আর-একটা বই, 'ফ্রয়েড প্রসঙ্গে' (১৯৫২)। তার ভূমিকায় জানালেন কঠোর এই আত্মধিক্কারে ভরা বাক্য, "একটা ভ্রান্ত মতবাদের নেশা একবার ধরলে তা রাতারাতি কাটিয়ে ওঠা কঠিন। নেশা কাটলেও প্রায়ই খোয়ারি থেকে যায়। ...আমারও সেই দশা গিয়েছে বেশ কিছুদিন ধরে।"[৪] 'ফ্রয়েড প্রসঙ্গে' বইতে তিনি কার্যত ছিন্নভিন্ন করলেন ফ্রয়েড-এর মতবাদকে, আর নিজেরও পূর্ব অবস্থানকে। দেবীপ্রসাদ

বোঝাতে চাইলেন, ফ্রয়েডের মনস্তত্ত্ব বিশ্লেষণের সবচেয়ে বড়ো ভুল হচ্ছে যে, ফ্রয়েডের চেতনায় ইতিহাসবোধ-এর স্থান নেই। মন যেন একটা ইতিহাস-উত্তীর্ণ শাশ্বত ও সনাতন ব্যাপার। সমাজ-বিচ্ছিন্ন আর কোনো তত্ত্বচর্চাতেই আস্থা নেই তাঁর, 'ফ্রয়েড প্রসঙ্গে' বইটি তার নিশ্চিত প্রমাণ হয়ে এল।

রংমশাল

খগেন্দ্রনাথ সেন-এর উদ্যোগে প্রেমেন্দ্র মিত্রের সম্পাদনায় 'রংমশাল' নামের কিশোর পত্রিকাটির যাত্রা শুরু হয় ১৯৩৭ খ্রিস্টাব্দে। এরপর হেমেন্দ্রকুমার রায় আর সতীকান্ত গুপ্ত-র হাত ঘুরে ১৩৫১ বঙ্গাব্দের আষাঢ় মাস থেকে এই পত্রিকার সম্পাদনাভার গ্রহণ করেন কামাক্ষীপ্রসাদ চট্টোপাধ্যায় আর তাঁর ভাই দেবীপ্রসাদ। প্রথম থেকেই 'মৌচাক' বা 'শিশুসাথী'-র মতো কিশোর পত্রিকার ঔজ্জ্বল্যের মধ্যেও 'রংমশাল' তার শিখাটি জ্বালিয়ে রাখতে পেরেছিল গৌরবের সঙ্গে। কিন্তু, কামাক্ষীপ্রসাদ আর তাঁর ভাইটির হাত ধরে 'রংমশাল' হয়ে উঠল আক্ষরিক অর্থেই অনন্য, unique। ১৩৫১ বঙ্গাব্দ মানে ১৯৪৪, 'উত্তাল চল্লিশ'-এর সেই টালমাটাল দিনগুলো! দ্বিতীয় বিশ্বযুদ্ধ চলছে, আস্তে আস্তে বোঝা যাচ্ছে ইউরোপীয়ান ফ্রন্টে নাৎসি আর ফ্যাসিস্ট জোটের পরাজয় অনিবার্য হয়ে আসছে। অবশ্য প্রশান্ত মহাসাগরের যুদ্ধ-অবস্থা ভালো নয়, জাপ সৈন্য কি ভারত আক্রমণ করতে পারে? আগের বছরেই, ১৯৪৩-এ মর্মন্তুদ ক্ষুধায় উজাড় হয়ে গেছে গ্রামবাংলা, মারা গেছেন গোটা বঙ্গদেশের প্রায় এক তৃতীয়াংশ মানুষ! আর, তারও মধ্যে বাংলাদেশের নানাপ্রান্তে জেগে উঠছে কুৎসিত সাম্প্রদায়িক হিংসা!

এই কঠিন সময়ে যদি কোনো কিশোর পত্রিকা বের করতেই হয়, কী হবে তার অভিমুখ? কী দিয়ে ভরে উঠবে তার পাতা?

রূপকথার গল্প? মনীষীদের জীবনী? খেলাধুলোর খবর? হ্যাঁ, থাকতেও পারে এসব, কিন্তু দুই ভাইয়ে মিলে বুঝতে চাইলেন যে রাজনীতি, অর্থনীতি, আন্তর্জাতিক সম্পর্ক কিংবা সাম্প্রদায়িকতার মতো বিষয় কিশোরমনের পক্ষে অপ্রয়োজনীয় অথবা দুষ্পাচ্য—এই ধারণা বদলে ফেলার সময় এসেছে। 'রংমশাল' বাংলা কিশোরপত্রিকার জগতে বিস্ময় হয়ে এল। এই আশ্চর্য পত্রিকাটি নিয়ে বিচ্ছিন্ন (যদিও চমৎকার) দু-একটি লেখা পাওয়া যায়, কিন্তু এ বিষয়ে পূর্ণাঙ্গ গবেষণা ও আর্কাইভিং খুবই জরুরি। আমাদের এই নিবন্ধে পত্রিকাটির প্রসঙ্গে আলোচনা স্বভাবতই বাহুল্য হবে, আমরা আপাতত বুঝতে চাইছি দেবীপ্রসাদকে।

১৩৫১-র ভাদ্র সংখ্যা থেকে 'রংমশাল'-এর পাতায় ধারাবাহিকভাবে বেরোতে শুরু করল আশ্চর্য এক রচনা 'ক্ষুদে শয়তানের রাজত্ব'। 'ক্ষুদে শয়তান' মানে? এই লেখায় দেবীপ্রসাদ আসলে ছোটোদের চিনিয়ে দিতে চাইছেন ভাইরাস-ব্যাকটেরিয়ার আনুবীক্ষণিক জগৎটাকে আর সেইসঙ্গে লিউএনহুক থেকে লুই পাস্তুর পর্যন্ত বিজ্ঞানীরা কীভাবে লড়লেন এইসব চোখে-না-দেখা শত্রুদের সঙ্গে, তার রোমাঞ্চকর খবরও দেওয়া রইল এখানে। রূপকথার দৈত্যদানো তো রইলই, ছোটোরা জানুক এইসব সত্যিকারের দৈত্যদানোর খবর। ধারাবাহিক এই লেখাটির একেবারে শেষে (বই হয়ে বেরোবে মাঘ ১৩৫৫) একজন কিশোরকে আমরা বলতে শুনি, 'বড় হয়ে আমিও বৈজ্ঞানিক হব'। পাশের একটি কিশোর বলে ওঠে, 'আমিও'। এবং তারপর তৃতীয় এক কিশোরের এই সংলাপ দিয়ে শেষ হয় লেখাটা, 'আর আমিই বা কেন পড়ে থাকি'। 'হিরো' শব্দটার নানা কদর্থে আমরা অনেকদিন থেকেই অভ্যস্ত হয়ে পড়েছি, দেবীপ্রসাদ কিশোরদের সঙ্গে পরিচয় করিয়ে দিতে চাইছিলেন সত্যিকারের 'হিরো'-দের।

'রংমশাল'-এর পাতায় দেবীপ্রসাদ মূলত লিখতেন বিজ্ঞানভিত্তিক

নানা রচনা। অসাধারণ সেইসব লেখা আজও পত্রিকার পাতায় অন্ধকার থেকে গ্রন্থিত হবার অপেক্ষায় পড়ে আছে।

জানবার কথা

১৯৪৭-এ বন্ধ হয়ে গেল 'রংমশাল'। কিন্তু কিশোরদের উপযোগী করে জ্ঞানচর্চার নানা গল্প বলার যে জরুরি দায় দেবীপ্রসাদ তুলে নিয়েছিলেন এই রংমশাল পর্বে, তাকে বন্ধ করতে চাইলেন না তিনি। ১৯৫২ থেকে বেরোতে শুরু করল একের পর এক গ্রন্থমালা, দেবীপ্রসাদের সম্পাদনায়। আর কী-সব নাম সেই সিরিজের। দু-খণ্ডে বেরোল 'যে গল্পের শেষ নেই', চার খণ্ডে 'যুগের পর যুগ', দশ খণ্ডে 'জানবার কথা' এবং দেবীদাস মজুমদারের সঙ্গে যৌথ সম্পাদনায় বারো খণ্ডে 'বিজ্ঞান বিচিত্রা'। সেইসঙ্গে, সম্পাদক হিসেবে নাম না থাকলেও, তাঁরই সম্পাদনায় বেরোচ্ছিল 'আমরাও হতে পারি' নামের একটি সিরিজ। দেশবিদেশের মনীষীদের জীবনকথা ছোটোদের উপযোগী করে-জানাবার জন্য জীবনী সিরিজ। আজ 'প্যাপিরাস' প্রকাশনা থেকে যে চমৎকার জীবনী-গ্রন্থমালা আমরা পাই, সে হল দেবীপ্রসাদ সম্পাদিত সিরিজটারই সম্প্রসারণ, সে-কথা মনে রাখা চাই। কাদের জীবনী? নামগুলো শুনলেই সম্পাদকের অভিপ্রায়টা স্পষ্ট হয়ে ওঠে। 'ভোলতেয়ার', লিখবেন দেবীপ্রসাদ নিজে, 'রামমোহন', লিখবেন নারায়ণ গঙ্গোপাধ্যায়, 'মাদাম কুরি' লিখবেন গীতা বন্দ্যোপাধ্যায়, 'জগদীশচন্দ্র' লিখবেন সুভাষ মুখোপাধ্যায়, 'বিদ্যাসাগর' লিখবেন তরুণ শঙ্খ ঘোষ। বোঝা যাচ্ছে বিলক্ষণ, এ তো এলোমেলো কয়েকটা নাম নয়, এ হল জ্ঞান আর যুক্তির একটি প্রবাহ।

মাঝে মাঝে বিহ্বল লাগে আজ। এতসব 'সিরিজ', একসঙ্গে তার সম্পাদনা-পরিকল্পনার কাজ চলছে, লিখছেন নিজে, সময় পাচ্ছেন কখন? কিন্তু এতো সাধারণ কাজ নয়, সমাজকল্যাণের স্বেচ্ছাবৃত দায়! সাধে কি জ্যোতিবাবু বলেছিলেন, যা করছেন তা-ই করুন,

তাতেই কাজ হবে! এইসব গ্রন্থমালায় দেবীপ্রসাদ নিজে কী লিখছেন? ধরা যাক, 'যুগের পর যুগ' গ্রন্থমালার কথা। এখানে মানুষের সভ্যতার ইতিবৃত্ত জানাবার পরিকল্পনা হল ৬টি খণ্ডে, খণ্ডগুলি এইরকম:[৫]

১। মানুষ তখন কী ছেলেমানুষ (আদিমযুগ)
২। রেমি! রেমি। মানুষের নামকরণ (মিশর যুগ)
৩। হারাপ্পা চলো, হারাপ্পা পেরিয়ে (প্রাক্-ঐতিহাসিক ভারত)
৪। পাশাখেলা খেলা নয় (ভারতের বৈদিক যুগ)
৫। মানুষের হারজিত (গ্রীক যুগ—দাস প্রথা)
৬। তুমি যে পথেই এগোও না কেন (রোম সাম্রাজ্যের যুগ)

প্রথম তিনটে বই বেরোবার পর অবশ্য বাকিগুলো আর বেরোয়নি। তার বদলে এই গ্রন্থমালার চতুর্থ খণ্ড হিসেবে প্রকাশিত হল 'সে যুগে মায়েরা বড়ো' নামের নতুন একটা বই।

কাদের দিয়ে এই চারটে বই লিখিয়ে নিলেন সম্পাদক? এর উত্তরে তুমুল বিস্মিত না-হয়ে উপায় থাকে না: চারটে বই-ই লিখলেন দেবীপ্রসাদ চট্টোপাধ্যায় স্বয়ং! কী অসাধারণ এই বই চারটি, কী উপাদেয় তার ভাষাভঙ্গি! ধরা যাক, 'টোটেম' আর 'ট্যাবু' ব্যাপারদুটোকে বুঝে নিতে চান কেউ, আদিমসভ্যতার চরিত্র বুঝতে বিষয়দুটি কাজে লাগে, দেশবিদেশের পণ্ডিতেরা এ নিয়ে ভারী ভারী বই লিখেছেন, স্বয়ং সিগমুণ্ড ফ্রয়েডের একটা বই আছে 'টোটেম ও ট্যাবু'। এক্ষেত্রে, প্রথম প্রশ্ন হল, কিশোরদের জন্য সভ্যতার ইতিহাস বলতে গিয়ে কি এসব 'কঠিন' বিষয় এড়িয়ে যাবেন লেখক? না। এড়িয়ে যাওয়া মানে তো শেখায় ফাঁকি পড়ে যাওয়া, ফলে বলতে তো হবেই, শুধু বলতে হবে তাদের উপযুক্ত ভাষায়, ভঙ্গিতে। কাজটা নিঃসন্দেহে কঠিন। কিন্তু এই কঠিন কাজে দেবীপ্রসাদের থেকে সিদ্ধহস্ত লেখক বাংলায় বেশি জন্মায়নি। কীভাবে জানালেন তিনি এসব? 'মানুষ তখন কী ছেলেমানুষ' বই থেকে দুটো পরপর উদ্ধৃতি দিই। উদ্ধৃতিগুলো একটু বড়ো হবে, কিন্তু তা না হলে এই উপাদেয় ভোজের মহিমা পুরোটা বোঝানো যাবে না ঠিক।

'টোটেম' নিয়ে এ-বইতে কথা চলে এইভাবে:[৬]

> ... টোটেম-রহস্য নিয়ে যদি অনুসন্ধান করতেই চাও তাহলে কয়েকটা মূল-সূত্রের দিকে নজর রাখতে হবে। প্রথমত পৃথিবীতে আজ পর্যন্ত যতোরকম টোটেমের খবর পাওয়া গিয়েছে তার যদি একটা ফর্দ তৈরি করো তাহলে দেখবে বেশিরভাগ টোটেমই হলো খাবার জিনিস! পশুপাখি, গাছগাছড়াই বেশি—আর এগুলো খেয়ে পেট ভরানো সত্যিই সম্ভব। অবশ্য কিছু কিছু টোটেমের খবর পাওয়া যায় যেগুলো কিনা খাবার জিনিস নয়। যেমন ধরো, বৃষ্টি, পাথর বা ওই ধরণের কিছু। কিন্তু খতিয়ে দেখলেই বুঝতে পারবে ... এগুলো অনেক পরের ব্যাপার। ওই কুখাদ্য টোটেমগুলির নকল হিসেবেই এই অখাদ্য টোটেমগুলোর জন্ম।

এ-লেখার ভাষার প্রসাদগুণ তো সকলে লক্ষ করবেনই, সেই সঙ্গে আলোচনার অভিমুখটাও এখানে স্পষ্ট বোঝা যাচ্ছে। 'টোটেম' ব্যাপারটা যে আদিম সভ্যতার রহস্যময় আলোআঁধারিতে ঢাকা কোনো গুপ্তবিদ্যা-গোছের বিষয় নয়, মানুষের দৈনন্দিন জীবনযাপন থেকে উঠে আসা কিছু চিত্রকল্প, সেই কথাটাও কত সুন্দরভাবে ধরিয়ে দিতে চাওয়া হচ্ছে এখানে! এর সঙ্গে 'ট্যাবু' প্রসঙ্গে ওঁর লেখার খানিকটা অংশ তুলে দেবার লোভও সামলাতে পারছি না। দেবীপ্রসাদ লিখছেন:[৭]

> ... দলের মানুষও অনেক বেড়েছে, বাড়তে বাড়তে দলটা অনেকগুলো ক্ল্যানে ভাগ হয়ে গিয়েছে। ... এই অবস্থায় কী ব্যবস্থা হলো? ব্যবস্থা হলো, আমাদের ক্ল্যান তোমাদের ক্ল্যানের খাবারের ওপর ভাগ বসাবে না ... । যেমন ধরো, হরিণ-ক্ল্যান আর সূর্যমুখী ক্ল্যান। হরিণ-ক্ল্যানের ওরা বললো, আমরা আর হরিণ খাবো না; এ-খাবার অন্য ক্ল্যানের খাবার হোক। সূর্যমুখী-ক্ল্যানের ওরা বললো, আমরা আর সূর্যমুখী খাবো না; এ-খাবার অন্য ক্ল্যানের খাবার হোক। ... এইরকম

> হরেক রকমের সব বারণ। এই 'বারণ'-গুলোকে বলা হয় ট্যাবু বা taboo।

ট্যাবু গড়ে ওঠার এ-তত্ত্ব সকলে মানবেন কি না, সে ভিন্ন তর্ক। কিন্তু দেবীপ্রসাদের কথা বলার ভঙ্গিটি লা-জবাব, কিশোর পাঠককে তা কত সহজেই দুরূহ বিষয়ে কৌতূহলী করে তুলতে পারে!

নানান ধরনের এইরকম গ্রন্থমালার প্রতিটিই অসাধারণ, আমরা শুধু 'জানবার কথা' সিরিজটা নিয়ে দু-একটা কথা বলে এ প্রসঙ্গ শেষ করি। দশ খণ্ডের 'জানবার কথা' গ্রন্থমালাকে ভাগ করা হল আটটি ভিন্ন ভিন্ন বিষয়ে, বিজ্ঞান, ইতিহাস (২ খণ্ড), যন্ত্রকৌশলের কথা (২ খণ্ড), পৃথিবীর খবর, অর্থনীতি-রাজনীতি, সাহিত্য, চারুশিল্প, দর্শন। এর যে-কোনো একটা বিষয় নিয়েই লিখতে পারতেন দেবীপ্রসাদ, কিন্তু লিখলেন শুধু 'দর্শন' নিয়ে। বইটির নাম 'সত্যের সন্ধানে মানুষ'। সত্যি কথা বলতে কী, এত উচ্চাকাঙ্ক্ষী বই, আমি আর দুটি দেখিনি। এই বই শুরু হয়েছে 'আদিম যুগের নানান রকম বিশ্বাস'-এর অন্তরমহলের খবর দিয়ে, আর শেষ হয়েছে—আর কীভাবেই-বা শেষ হতে পারত দেবীপ্রসাদের লেখা এই 'দর্শন'গ্রন্থ—'ডায়ালেক্‌টিকাল বস্তুবাদ'-এর আলোচনা দিয়ে! মধ্যিখানে আছেন অ্যারিস্টটল, আছেন শঙ্করাচার্য, চার্বাক, কান্ট আর হেগেল! কিশোরদের উপযোগী করে কীভাবে সংক্ষেপে এই বিস্তৃত নামের তালিকার প্রতি সুবিচার করা যায়, শুধু সেটা জানবার জন্যেই এ বই বড়োদেরও একবার পড়ে দেখা উচিত।

১৩৬১-তে নিখিল ভারত বঙ্গ-সাহিত্য সম্মেলনের একটি অধিবেশনে সভাপতিত্ব করেছিলেন দেবীপ্রসাদ। সভাপতির আসন থেকে তিনি সেদিন বলতে চেয়েছিলেন, সাহিত্যের অন্য শাখার থেকে 'শিশুসাহিত্য' গড়ে তোলার চ্যালেঞ্জ অনেক বেশি গুরুতর। কেন? 'কেননা ছোটোদের জন্যে বলেই শিশুসাহিত্য ছেলেখেলার ব্যাপার নয়। বড়োদের মন অনেকাংশেই তৈরি হয়ে গিয়েছে। ভালো-মন্দ বেছে নেবার দায়িত্ব তাঁদেরই। কিন্তু শিশুর মন এখনো গড়ে ওঠেনি।'[৮] শিশুমন অপরিপক্ক বলেই তার জন্য কিছু লেখবার দায়

এক-অর্থে ভবিষ্যৎ দেশগঠন জাতিগঠনের দায়ের সমতুল্য হয়ে যায়। দেবীপ্রসাদ এই জরুরি দায়কে অস্বীকার করতে চাননি।

ভাববাদ খণ্ডন

যুগ যুগ ধরে ধর্ম কাজ করে এসেছে শাসকের পক্ষে, শোষণের হাতিয়ার হিসেবে। ভাববাদও তাই। এই দুয়ের বিরুদ্ধে তাই প্রতিবাদ করে চলা দরকার। প্রতিবাদ মানে, ও-পক্ষের জ্ঞানচর্চার বিরুদ্ধে পাল্টা জ্ঞানের প্রসারণ। যদি আমাদের সন্তানদের জন্যে রেখে যেতে চাই এক সুস্থ সমাজ, এই প্রসারণ ভিন্ন উপায় নেই। মনে রাখা দরকার, 'এইসব রচনার চর্চা নিছক বিদ্যাবিলাস নয়। বাঁচা-মরার সঙ্গে তার প্রত্যক্ষ যোগাযোগ।'[৯]

'প্রতিরোধ' নামের একটি সংকলনগ্রন্থের ভূমিকা-অংশে উপরের কথাগুলো বলতে চেয়েছেন দেবীপ্রসাদ চট্টোপাধ্যায়। কুসংস্কার, অন্ধত্ব, প্রশ্নহীন বিশ্বাসের বিরুদ্ধে রামমোহন রায় থেকে সত্যেন্দ্রনাথ বসু পর্যন্ত মোট ২০ জন মনীষীর রচনা-সংকলন এই চমৎকার বইটি। তাঁর কোনো লেখাকেই তাই নিছক বিদ্যাবিলাসের উপজাত হিসেবে ধরার মানে হয় না, অন্ধত্বের বিরুদ্ধে, অযুক্তির বিরুদ্ধে, নিশ্চেতনার বিরুদ্ধে সংগ্রামই তাঁর সারাজীবনের কাজ।

ফলে ছোটোদের জন্য কাজকর্মের পাশাপাশি বড়োদের জন্যও লেখালেখি চলছিল ১৯৫১ থেকেই। 'মার্কসবাদ' বা 'ভাববাদ খণ্ডন'-এর মতো বইগুলো এই সময়েই লেখা হয়। এরপর ১৯৫৬ সালে বেরোল তাঁর ইতিহাস-সৃষ্টি-করা বই 'লোকায়ত দর্শন', ১৯৫৯-এ এরই কাছাকাছি একটা ইংরিজি বই, *Lokayata: A study in Ancient Indian Materialism*। এই বইয়ের প্রতি মুগ্ধতা জ্ঞাপন করলেন দেশবিদেশের দার্শনিক, পণ্ডিতেরা।

এখানে একটা কথা বুঝে নেওয়া দরকার। 'সত্যের সন্ধানে মানুষ' বইতে মোক্ষম একটি তর্ক তুলেছিলেন দেবীপ্রসাদ। ছোটোবেলা

থেকে আমরা, ভারতীয়রা, শুনে শুনে বড়ো হই যে, পাশ্চাত্যসভ্যতা মানে জড়বাদী আর ভোগবাদী। আমরা হলাম আধ্যাত্মিকতার পরাকাষ্ঠা। ইউরোপ তুচ্ছ সুখভোগকেই চিরকাল চরম মূল্য দিয়ে এসেছে, অন্যদিকে অল্পে আমাদের সুখ নেই, ভূমাই সুখ। আমরা তাই এগিয়ে চলেছি অন্ধকার থেকে জ্যোতির দিকে। কেন এরকম কথা বারবার শুনতে পাই আমরা? এমনকী নামি ভারতীয় পণ্ডিতেরাও কেন এমন দ্বিবিভাজনের অতিসারল্যে বিশ্বাস করতে পছন্দ করেন?

দেবীপ্রসাদ এর উত্তরে বলতে চাইলেন, জ্ঞানচর্চার যাবতীয় শাখায়, বিশেষত আধুনিক বিজ্ঞান-চর্চায় যত সে পিছিয়ে পড়তে লাগল, তত সে বুঝতে পারল ঘরে-বাইরে তার পরাজয় অবশ্যম্ভাবী। 'পশ্চিমী' সভ্যতার সঙ্গে পাল্লা দেবার সামর্থ নেই, আজ তার। ফলে এই দ্বিবিভাজনের আড়ালে আসলে বয়ে গেছে নিজেই-নিজের-পিঠ চাপড়ানোর রাজনীতি। আমিও যে কিছুতে একটা 'ওদের' থেকে সেরা, অক্ষমের এই আত্মশ্লাঘা হয়ে রইল তার শেষ আশ্রয়। দেবীপ্রসাদ বললেন ঠিক এইভাষায়,

> আমাদের দেশের গৌরব প্রতিপন্ন করার চেষ্টায় আমাদের বিদ্বানেরা আর পশ্চিমী সভ্যতার সঙ্গে বৈজ্ঞানিক উন্নতির গর্ব নিয়ে পাল্লা দেবার চেষ্টা করলেন না। তার বদলে, ওই বিজ্ঞানের আদর্শটাকেই ... ছোটো বলে প্রতিপন্ন করার চেষ্টা করলেন।[১০]

দেবীপ্রসাদের এই বক্তব্যের বিরুদ্ধে জাতীয়তাবাদী নেশাগ্রস্তরা কিছু পাল্টা প্রশ্ন তুলতে পারে। সেটা হল, দেবীপ্রসাদ কি যথেষ্ট 'দেশপ্রেমিক' নন? তাঁর কণ্ঠস্বর যেন ইউরোপ-আচ্ছন্ন এক স্বদেশনিন্দুকের মতো শোনাচ্ছে। ভারতীয় বস্তুবাদীদের বিরুদ্ধে দেশবিরোধিতার তক্‌মা লাগিয়ে দেবার রাজনীতিটা বেশ অনেকদিনের পুরনো হয়ে গেল কি না।

ঠিক এই প্রেক্ষিতেই, দেবীপ্রসাদের 'ভাববাদ খণ্ডন', 'লোকায়ত দর্শন' কিংবা অনেক পরের দিককার বই 'ভারতে বস্তুবাদ প্রসঙ্গে'

(১৯৮৭)-র সারকথাটা বুঝে নেওয়া প্রয়োজন।

প্রথমত, 'ব্রহ্মসত্য, জগৎ মিথ্যা'-র মতো চরম ভাববাদ-ই ভারতীয় দর্শন ঐতিহ্যের সার কথা, তা যেন ভারত-আত্মার কেন্দ্রীয় বাণী, ভাববাদী পণ্ডিতদের বিশেষ প্রিয় এই বক্তব্য দেবীপ্রসাদ মানেন না। একে তো ভাববাদী দর্শনপ্রস্থানগুলিই বহুতর ভিন্ন মতবাদে পৃথক হয়ে আছে, শঙ্করাচার্য কোনো অবিসংবাদী নায়ক নন। তার উপরে, খোদ উপনিষদের অন্দরমহলেই খুঁজে পাওয়া সম্ভব বস্তুবাদী নানা ইঙ্গিত। ছান্দোগ্য উপনিষদের উদ্দালক আরুণি নামের ঋষিকে একজন বস্তুবাদী হিসেবেই বুঝে নিতে চান দেবীপ্রসাদ, যে-উদ্দালক জানেন 'অন্নের সূক্ষ্মতম অংশ থেকে মন উৎপন্ন হয়।' দেবীপ্রসাদ স্পষ্ট করেই বলেন,

> এ-হেন পৃথিবী-সর্বস্ব দার্শনিকটিকে যেন তেন প্রকারে ভাববাদীদের দলে ভেড়াবার জন্যে শঙ্কর-রামানুজ অনেক প্রয়াস করেছেন; কিন্তু অন্তত উপনিষদ্-এর কোনো সাক্ষ্য থেকেই তা স্বীকার করার সম্ভাবনা নেই।[১১]

অন্যদিকে সাংখ্য ও ন্যায় দর্শনপ্রস্থানদুটির মূলেও যে আছে স্বভাববাদী ঝোঁক, যা আসলে বস্তুবাদেরই নামান্তর, সেকথাও তিনি জোরের সঙ্গে বলেছেন বারবার।

দ্বিতীয়ত, ভারতীয় ঐতিহ্যের পক্ষে সত্যিকারের গর্বের যে জিনিস, আয়ুর্বেদ, তারও মর্মে রয়েছে স্বভাববাদী তথা বস্তুবাদী ভাবনার প্রভাব। অথর্ববেদে চিকিৎসার মুল কথাটা ছিল 'দৈব-ব্যাপাশ্রয় ভেষজ', অর্থাৎ মন্ত্র, তাগা-তাবিজ, শান্তি স্বস্ত্যয়ন প্রভৃতি। 'চরকসংহিতা'-য় সেই নির্দেশকে পাশ কাটিয়ে প্রতিষ্ঠা পেল 'যুক্তি-ব্যাপাশ্রয় ভেষজ' একেবারে নিছক আরোগ্যকারক, বলকারক বস্তুপুঞ্জের তালিকা, যে-তালিকায় আছে শাস্ত্রনিষিদ্ধ গোমাংসেরও উল্লেখ! আর সুশ্রুত? দেবীপ্রসাদ জানালেন, 'সুশ্রুত সংহিতায়' স্পষ্ট করেই বলা আছে,

> দার্শনিক বিচারের দৃষ্টিকোণ থেকে যে-মতের মূল্য যাই হোক না কেন, অন্তত চিকিৎসাবিজ্ঞানের মতাদর্শগত দাবির দিক থেকে বস্তুবাদই অপরিহার্য: 'ভূতেভ্যঃ হি পরং যস্মাৎ নাস্তি চিন্তা চিকিৎসিতে' (সুশ্রুত ৩/১/১৭): যে-মতে ভূতবস্তুই পরম সত্য তা ছাড়া চিকিৎসা-বিজ্ঞানের প্রয়োজনে আর কোনো চিন্তার অবকাশ নেই।[১২]

তার মানে, আমরা যে পাশ্চাত্যের সঙ্গে জ্ঞান-বিজ্ঞান চর্চার তুলনামূলক বিচারে পিছিয়ে পড়লাম একদিন, হেরে গেলাম, তার একটা কারণ কি এই নয় যে, ভারত-ইতিহাসের মর্মজাত এইসব আশ্চর্য কথাগুলো ভুলে গেলাম আমরা, আর জেগে রইল শুধু 'জগৎ মিথ্যা'-র মতো একগুচ্ছ বাণী! এই ছিল দেবীপ্রসাদের সুস্পষ্ট মত।

তৃতীয়ত, ভারতীয় ভাববাদী দর্শনপ্রস্থানগুলিতে—অন্তত তার অনেকগুলোতেই—লেগে আছে স্বভাববাদের দীর্ঘ ছায়া। কিন্তু সে-কথা ছেড়ে দিলেও, নিঃসংশয় একনিষ্ঠ ও নির্ভীক বস্তুবাদও ভারতীয় ঐতিহ্যেরই অংশ, তাকে নিছক ইউরোপীয় বিচ্যুতি বলে নস্যাৎ করে দেবার চেষ্টাই আসলে একটা স্বদেশবিরোধী অবস্থান, এটা দেখানোই দেবীপ্রসাদের কাছে হয়ে উঠল জরুরি এক টাস্ক্‌।

কাজটা যে কোনোমতে সহজ ছিল না, তা বলাই বাহুল্য। কেননা ততদিনে দেশবিদেশের নানা ব্যাখ্যাকারদের কল্যাণে লোকায়তিকদের সম্পর্কে নেতিবাচক-ধারণার পাহাড় জমে উঠেছে। সুরেন্দ্রনাথ দাশগুপ্ত ততদিনে বলে দিয়েছেন যে লোকায়তদের মূলে ছিল একরকমের সংকার-পদ্ধতিগত বিশ্বাস, ওটা ঠিক চিন্তাজগতের মুক্তি-জাতীয় কোনো ব্যাপার নয়। তার উপরে এই সংকার-পদ্ধতিও মূলে ভারতীয় নয়, প্রাচীন সুমেরীয় সভ্যতা থেকে হাত ফেরতা পাওয়া। ইতালিয় অধ্যাপক তুচ্চির বক্তব্য হল, প্রাচীন ভারতে ধর্ম আর অর্থ উভয়ই ছিল অধ্যাত্মচিন্তার অন্তর্গত বিষয়, কালক্রমে যখন অর্থ ধর্মের চৌহদ্দি থেকে দূরে সরে যেতে লাগল তখনই নাকি উদ্ভব হল নিরীশ্বর ও ভোগসর্বস্ব লোকায়ত দর্শনের। আর রিস্‌ ডেভিস্‌

তো বলেই দিয়েছিলেন যে, লোকায়ত বলে ভারতবর্ষে কোনোকালে কোনো মতবাদই প্রচলিত ছিল না![১৩] দেবীপ্রসাদ মজা করে বলেছেন, এইটাই সবচেয়ে ভালো, "আমরা যদি রিস্‌-ডেভিস্‌কে অনুসরণ করে লোকায়ত সমস্যাটিকেই অস্বীকার করতে পারতাম তাহলে তার সমাধান নিয়েও কোনো হাঙ্গামা থাকতো না।"[১৪]

কিন্তু 'হাঙ্গামা'-ই তিনি করতে চান, তাঁর সুবিশাল গ্রন্থ 'লোকায়ত দর্শন' ভাববাদী চিন্তাবিদদের সামনে এক মহা-হাঙ্গামা হয়ে হাজির হল। ইতিহাস-নৃতত্ত্ব-পুরাণ-দর্শন-বিজ্ঞানের যে বহুমুখী চর্চা দেবীপ্রসাদের সারাজীবনের সাধনার বৈশিষ্ট্য, তার সবকিছুকে সংহত করে রচিত হল এই মহাগ্রন্থ। এই বইয়ের কোনো পূর্ণাঙ্গ আলোচনা আপাতত আমাদের লক্ষ্য নয়, আমরা শুধু বইটির এক গুরুত্বপূর্ণ অংশের দিকে দৃষ্টি আকর্ষণ করতে চাই। এটা তো বুঝতেই পারা যাচ্ছে যে এ বইয়ের পাতায়-পাতায় জেগে থাকবে সুরেন্দ্রনাথ-তুচ্চি-রিস্‌ ডেভিস্‌দের বিরুদ্ধে আশ্চর্য মেধাবী সব তর্ক। কিন্তু আরও একটি জোরালো তর্কের উপস্থাপন কি কারও নজর এড়িয়ে যেতে পারে? কার সঙ্গে তর্কের কথা বলতে চাইছি আমরা?

তিনি, বিশ্ববন্দিত দার্শনিক, হেগেল! হেগেল বলেছিলেন, ভারতবর্ষের কোনো ইতিহাস নেই। ইউরোপের কাছে ভারতবর্ষ যে অনিবার্যভাবে মাথা নোয়াতে বাধ্য হয়েছে, কেননা, ইউরোপের শুধু যে ইতিহাস আছে তা-ই নয়, সে ইতিহাস আসলে মানবআত্মার অনেক উন্নত পর্যায়ের বিকাশ। আমরা নিশ্চয় খেয়াল করব যে, 'লোকায়ত দর্শন' বইটি, গোটা বইটিই, হেগেলের (এবং আরও অনেকের) এই ইউরোকেন্দ্রিক অহংসর্বস্বতার একটা মূর্ত প্রতিবাদ! দেবীপ্রসাদ, ভারতবাসী-হবার-গর্বে উন্নতশির দেবীপ্রসাদ, স্পষ্ট করেই বলতে পারবেন, যে দেবদেবীদের নজির দেখিয়ে হেগেল ভারতবর্ষের গোটা ইতিহাসটাকেই অস্বীকার করতে চান তাঁদেরই অনুসরণ করে আমরা হয়তো ভারতের আদিপর্বের 'ওই ইতিহাসটির সন্ধান পাবো।'[১৫]

'লোকায়ত দর্শন', তাই, ভারতসন্ধানেরই দলিল, এই কথাটা খুব জোরের সঙ্গে মনে রাখা চাই।

শেষকথা

১৯৫৯-এ ইংরাজি *Lokayata* বেরোবার পর থেকে, দেবীপ্রসাদের বাংলা লেখালেখির পরিমাণ কমে আসতে থাকে, ১৯৬০-এ 'ভারতীয় দর্শন' বেরোবার পর প্রায় দু-দশকে তাঁর আর কোনো বাংলা বই বেরোল না। প্রাচীন ভারতের বিজ্ঞানের ইতিহাস আর দর্শনচর্চার উপর একের পর এক ইংরিজি বই প্রকাশিত হতে থাকে তাঁর। বাঙালি পাঠক হিসেবে সে নিশ্চয় আমাদের এক আফশোসেরই জায়গা। *What is living and what is Dead in Indian Philosophy* (১৯৭৬) বা *Science and Society in Ancient India* (১৯৭৭)-র মতো বই অবশ্য খুবই জরুরি ভূমিকা পালন করে চলেছে আজও। 'অন্ধকারময়' ওরিয়েন্টাল সম্পর্কে পাশ্চাত্যের অহমিকাভরা ব্যঙ্গোক্তিগুলোর জবাব হিসেবে বইগুলো প্রায় প্রহরীর মতো কাজ করে চলে। তবু, বাঙালি পাঠকের দুঃখ যাবার নয়, কেননা, আর কিছু না-হোক, আমরা সেই আশ্চর্য ভাষাভঙ্গির জাদুস্বাদ থেকে বঞ্চিত হয়েছি বটেই, যে ভাষার কল্যাণে দুরূহতম বিষয়ও হয়ে ওঠে অনায়াস, উপাদেয়!

আশির দশকে পৌঁছে অবশ্য দু-একটা বাংলা বই বেরোবে, ১৯৮০-তে 'দার্শনিক লেনিন' কিংবা ১৯৮৭-র 'ভারতে বস্তুবাদ প্রসঙ্গে'-র মতো বই আমরা পাবো নিশ্চয়ই, তবে আক্ষেপ আমাদের থেকেই যায়।

সূত্র

রামকৃষ্ণ ভট্টাচার্যের লেখা 'দেবীপ্রসাদ চট্টোপাধ্যায়/ সহজ করে জানা, সহজ করে বলা,' প্রবন্ধটির কাছে আমরা বিশেষভাবে ঋণী। প্রবন্ধটি পাওয়া যাবে ওঁর

'মননের মূর্তি' (২০১০) বইতে।

১। সুবীর গঙ্গোপাধ্যায়, "ক্লীবতার কাছে নেই ঋণ", অনুষ্টুপ, প্রথম সংখ্যা ১৯৯৩, 'লোকায়ত দেবীপ্রসাদ' শীর্ষক ক্রোড়পত্র, পৃ. ৪২

২। খালেদ চৌধুরী, 'কিছু স্মৃতি', অনুষ্টুপ, প্রথম সংখ্যা ১৯৯৩, পৃ. ৬২

৩। রামকৃষ্ণ মৈত্র, 'মৃত্যুঞ্জয় লোকায়তিক', অনুষ্টুপ, প্রথম সংখ্যা ১৯৯৩, পৃ. ৮

৪। দেবীপ্রসাদ চট্টোপাধ্যায়, ফ্রয়েড প্রসঙ্গে, ১৯৯৪, 'ভূমিকা'

৫। যুগের পর যুগ বইটির (অনুষ্টুপ-সংস্করণ, জানুয়ারি ২০১৪) 'প্রসঙ্গকথা' অংশে বইটির দু-জন সম্পাদক রামকৃষ্ণ ভট্টাচার্য আর মলয়েন্দু দিন্দা খণ্ডগুলি সম্পর্কে আমাদের বিস্তারিত জানিয়েছেন।

৬। দেবীপ্রসাদ চট্টোপাধ্যায়, যুগের পর যুগ, অনুষ্টুপ, জানুয়ারি ২০১৪, পৃ. ৪৭

৭। ঐ, পৃ. ৪৮

৮। অনুষ্টুপ, প্রথম সংখ্যা ১৯৯৩, "লোকায়ত দেবীপ্রসাদ" শীর্ষক ক্রোড়পত্র, পৃ. ৪১

৯। দেবীপ্রসাদ চট্টোপাধ্যায়, প্রতিরোধ, উৎস মানুষ, জুলাই ১৯৯৩, পৃ. ১১

১০। দেবীপ্রসাদ চট্টোপাধ্যায়, সত্যের সন্ধানে মানুষ, অনুষ্টুপ, জানুয়ারি ২০১১, পৃ. ৯৭

১১। দেবীপ্রসাদ চট্টোপাধ্যায়, ভারতে বস্তুবাদ প্রসঙ্গে, অনুষ্টুপ, ফাল্গুন ১৩৯৯, পৃ. ১০৬

১২। ঐ, পৃ. ১৩৮

১৩। সুরেন্দ্রনাথ দাশগুপ্ত-র বইটির নাম *History of Indian Philosophy*, তুচ্চির মতামত পাওয়া যাবে *Proceedings of the First Indian Philosophical Congrcss*-এ, আর রিস্‌-ডেভিস্‌-এর মন্তব্যটি আছে ওঁর *Dialogues of Buddha* বইতে। তিনটি বই নিয়ে বিস্তারিত আলোচনা আছে দেবীপ্রসাদের *লোকায়ত দর্শন* বইতে।

১৪। দেবীপ্রসাদ চট্টোপাধ্যায়, লোকায়ত দর্শন, নিউ এজ, আষাঢ় ১৪১৩, পৃ. ১৩

১৫। ঐ, পৃ. ১৮৮

রামকৃষ্ণ ভট্টাচার্যের প্রবন্ধঃ প্রজ্ঞা ও প্রতিরোধের বৃত্তান্ত

১৯৯১-এর শারদীয়া 'অনুষ্টুপ' পত্রিকায় রামকৃষ্ণ ভট্টাচার্যের একটি প্রবন্ধ প্রকাশিত হল, বেশ অন্যরকম তার শিরোনাম, 'ওরে বর্ণচোরা ঠাকুর এল, অথবা পূর্বোত্তর-গঠনমূলবাদ ও সাহিত্য-সমালোচনা'।[১] কলকাতার বুদ্ধিজীবীমহল ততদিনে ওই অহংসর্বস্ব ছড়াটি শিখে গেছে যে, 'ফুকো বার্ত দেরিদা লাকাঁ/ না জানলে জীবন ফাঁকা।' গঠনমূলবাদ (structuralism) বা উত্তর গঠনমূলবাদ (post-structuralism) সম্পর্কে অল্পবিস্তর না-জানাটা ততদিনে অপরাধ বলে গণ্য হতে শুরু করেছে। ঠিক তখন, রামকৃষ্ণ ভট্টাচার্য তাঁর ওই লেখায় দুটো সংক্ষেপণ-শব্দের উদ্ভাবন করলেন। লেখার শুরুতেই জানিয়ে দিলেন যে, মস্ত এই লেখায় গঠনমূলবাদী বা উত্তর-গঠনমূলবাদী শব্দদুটো বার বার আসবে, তাই ও-শব্দদুটোর বদলে তিনি বলবেন 'গবাদী' আর 'উগবাদী'। এ কথা বলে তাঁর একটি সরল স্বীকারোক্তি, "লেখার ও ছাপার সুবিধের জন্যেই এমন করা, সত্যি বলছি, আর কোনো বদ মতলব নেই।"

সরল এই স্বীকারোক্তিমূলক বাক্যটি পড়ার সঙ্গে সঙ্গে সেদিন সব পাঠকই ধরতে পেরেছিলেন লেখকের বিলক্ষণ কোনো 'বদ মতলব' আছে।

আছে বই-কি! এই বিশেষ লেখা এবং আগে-পরে রামকৃষ্ণ

ভট্টাচার্যের প্রায় সব লেখাতেই তা আছে। বস্তুত, এই 'বদ মতলব'-এর উদ্‌যাপনই রামকৃষ্ণ ভট্টাচার্যের সারাজীবনব্যাপী একটা কাজ।

বেপরোয়া পাণ্ডিত্য

এখনও পর্যন্ত (সেপ্টেম্বর ২০১৩) রামকৃষ্ণ ভট্টাচার্যের বাংলা ভাষায় লেখা প্রবন্ধ-গ্রন্থের সংখ্যা আঠারো। এর বাইরেও নানা পত্রপত্রিকায় ছড়িয়ে আছে ওঁর অগ্রন্থিত অসংখ্য, 'অনুষ্টুপ', 'পরিচয়', 'সাহিত্য-পরিষৎ-পত্রিকা', 'অন্তঃসার', 'মানবমন' ও অন্য নানা চেনা-অচেনা পত্রিকায়। সেই সঙ্গে অন্যের সম্পাদিত বইতেও আছে কয়েকটি।

রামকৃষ্ণ ভট্টাচার্যের চর্চার বিষয় বহুবিধ। দর্শন, মার্কসবাদ, বিজ্ঞানের ইতিহাস, নন্দনতত্ত্ব, উনিশ শতকের বাংলা ও বাঙালি, আর তার সঙ্গে-তিনি নিজে ইংরেজি সাহিত্যের অধ্যাপক-দেশ-বিদেশের সাহিত্যচর্চার নানা প্রসঙ্গ-প্রকরণ তার লেখালেখির বিষয় হিসেবে ঘুরেফিরে আসে। কিন্তু বিষয়ের এই লম্বা নামাবলি থেকে ওঁর প্রবন্ধ রচনার মূলসূত্রের গোড়ার কথাটাও বুঝে ওঠা যায় না। তাঁর চর্চা আর পাণ্ডিত্যের পরিধি নিয়ে কতক ধারণা করা যায় মাত্র। 'পাণ্ডিত্য'-কেও 'মাত্র' বলছি কেননা পাণ্ডিত্য ওঁর কাছে কোনো অ্যাচিভমেন্ট নয়, লক্ষ্য নয়। লক্ষ্য হল একটা লড়াই। চুপিচুপি, মিনমিনে লড়াই নয়, সেই লড়াইটাকে প্রতি মুহূর্তে 'প্রতিপক্ষ'-র কোর্টে ঠেলে দেওয়ার কাজটাও একই গুরুত্ব দিয়ে করে যেতে হয় সমানে। প্রবল, একবগ্গা, আমুল পাণ্ডিত্য সেই লড়াইয়ের একটা হাতিয়ার। জরুরি হাতিয়ার বটে, কিন্তু, ওই, পণ্ডিত কে হতে চায়, যদি-না লড়াইয়ে তা কাজে লাগে!

কাকে আমরা বলছি লড়াই? কীসের লড়াই?

এককথায় বলতে গেলে, ভাববাদের বিরুদ্ধে বস্তুবাদের জন্য লড়াই। অযুক্তি আর কুসংস্কারের বিরুদ্ধে যুক্তিবাদের হয়ে লড়াই। আর এই ময়দানে যদি নামতেই হয় তাহলে কঠোর এবং নিরন্তর জ্ঞানচর্চা হয়ে ওঠে সর্বাধিক জরুরি হাতিয়ার, কেননা, এ-কথা ভেবে

নেবার কোনো কারণ নেই যে উলটোপক্ষে দাঁড়িয়ে আছে কেবল পির-মাজার-শনি-শেতলার ভক্তকুল, বস্তুত ঠিক তার উলটো, প্রতিপক্ষের নেতৃত্ব দিচ্ছেন-সেই আবহমানকাল জুড়ে বাঘা বাঘা বিদ্বজ্জন। দর্শনচর্চার ইতিহাস যেন শুধু ভাববাদেরই ইতিহাস! ফলে ভাববাদের বিরুদ্ধে দাঁড়ানো যেন প্রবাহের বিরুদ্ধে দাঁড়ানো, যথেষ্ট প্রস্তুত না থাকলে নিমেষে ভেসে যেতে হবে! কেমন সে ভেসে যাওয়া?

গত শতাব্দীর আটের দশকের মাঝখান থেকে ফি-বছর 'দেশ' পত্রিকায় ঘুরে ফিরে দেখা যেতে লাগল 'হিন্দুধর্ম' বিষয় নানা আলোচনা। এমনকী সরাসরি 'প্রচ্ছদ নিবন্ধ'-এরও বিষয় হয়ে উঠতে লাগল 'হিন্দুধর্ম'! ১৯৮৬-র ২৬ জুলাই সংখ্যার 'প্রচ্ছদ নিবন্ধ' ছিল 'সদ্‌গুরু-অসদ্‌গুরু', ১৯৮৭-র ২৫ এপ্রিল সংখ্যার কেন্দ্রীয় বিষয় হল 'যত মত তত পথ', আর ১৯৮৮-র ১৬ এপ্রিলের 'দেশ' ভরে উঠল 'হিন্দুর ধর্ম' বিষয়ক আটটি প্রবন্ধে।

রামকৃষ্ণ ভট্টাচার্য লক্ষ করেন এই পুরো বন্দোবস্ত-র মধ্যে একটা প্যাটার্ন আছে।[২] কারা ফি-বছর 'দেশ'-এর পাতায় সাধারণভাবে ধর্মের এবং বিশেষভাবে হিন্দুধর্মের সুখ্যাতি করে পাতা ভরাচ্ছেন? না, এঁরা, বিমলকৃষ্ণ, মতিলাল, শিবজীবন ভট্টাচার্য, অরিন্দম চক্রবর্তী! দর্শনচর্চার সেরা পড়ুয়া এঁরা, নামজাদা পণ্ডিত। কিন্তু এঁরা সকলেই আদ্যন্ত ভাববাদী, গভীরভাবে ঈশ্বরে বিশ্বাসী। এখন ধম্মেকম্মে তেমন মতি নেই এমন মানুষদের মতামতও কি এ-প্রসঙ্গে জেনে নেওয়া উচিত হত না? 'দেশ' পত্রিকা গণতান্ত্রিকতার পরাকাষ্ঠা দেখিয়ে বলবেন, হ্যাঁ, ওই যে, লেখক তালিকায় আছেন বিমল কর, আছেন সুনীল গঙ্গোপাধ্যায়।

এঁরা দুজনেই খ্যাত লেখক, সংবেদনশীল মানুষ। কিন্তু ধর্মের ইতিহাস ও দর্শন এঁদের চর্চার বিষয় নয়। ফলে যা হবার তাই ঘটে। বিমল করের 'হিন্দুধর্ম ও আমি' শীর্ষক দু-পাতার ছোট্ট লেখাটি ভরে থাকে এই ধরনের অসহায়ত্বে:[৩]

'খোলাখুলি বলি, হিন্দুধর্ম কী-আমি জানি না।'

'পাঠকের কাছে আমি সবিনয়ে বলি, এই লেখাটি লিখতে আমি অনিচ্ছুক ছিলাম। কারণ আমি জানি না হিন্দুধর্ম কী?'

'স্বীকার করি, গুহার নিহিত ধর্মতত্ত্ব সম্পর্কে আমি মূঢ়তম ব্যক্তি।'

'হিন্দুধর্মের অন্তরে কী আছে আমি জানি না।'

'স্বীকার করি, গভীর বনে ফুল ফোটার খবর আমার রাখা হল না ইহজীবনে।'

একপক্ষের সেরা খেলোয়াড়দের বিরুদ্ধে অন্যপক্ষে যাঁদের নামানো হল তাঁরা খেলার প্রাথমিক নিয়মগুলোও জানেন না, এইটে হচ্ছে একটা চমৎকার প্যাটার্ন, খেয়াল করিয়ে দেন রামকৃষ্ণ ভট্টাচার্য। বিমল করেরা সম্ভবত টেরও পাননা যে তাঁর আগে-পরে অরিন্দম চক্রবর্তীরা লিখে রেখেছেন এইসব কথাবার্তা, যা ওঁদের প্রবল পড়াশোনার উপজাত।

> ... বাগদেবতা সরস্বতীর বীজমন্ত্র, মুলা শক্তি কুণ্ডলিনীর বীজমন্ত্র আর গুরুর বীজমন্ত্র একই। সেই গোপনীয় বীজ হল "ঐং" এই মন্ত্র। অবশ্য "গুরু"-এই অক্ষর দুটিকেও মন্ত্ররাজ বলা হয়েছে। 'গু' মানে অন্ধকার "রু" মানে সেই অন্ধকারনাশক জ্যোতিঃ। এই অর্থ ধ্যানপূর্বক 'গুরু' নামজপই সংসার সাগর সমুদ্ধরণের একমাত্র মন্ত্র বলা হয়েছে।[৪]

'ধুস, এসব কথা আমি মানি না' বললে এসবের বিরুদ্ধে কিন্তু একটি আঁচড়ও কাটা যায় না। এর জন্য প্রয়োজন হয়ে পড়ে পালটা বেপরোয়া পাণ্ডিত্যের। রামকৃষ্ণ ভট্টাচার্য ঠিক তা-ই।

এই যে বললুম 'বেপরোয়া', এই বেপরোয়াপনার গোটা তিনেক বৈশিষ্ট্য আমি টের পাই।

এক. যথাসম্ভব মূল ভাষায় মূল 'Text' পড়ে নেওয়া। 'যথাসম্ভব' কেননা দুনিয়ার সব ভাষা সবার পক্ষে শিখে নেওয়া সম্ভব নয়। কিন্তু তার চেষ্টা তো করা যায়! ফলে মূল জার্মান-ভাষায় ব্রেশ্‌ট আদ্যোপান্ত না-পড়ে ব্রেশ্‌ট নিয়ে লেখালেখি করতে ভরসা পাননা রামকৃষ্ণ

ভট্টাচার্য! বৌদ্ধদর্শন নিয়ে যদি কথা চালাতে হয় তাহলে পালি-টা শিখে না-নিয়ে কি তা আদৌ সম্ভব? পরের মুখের ঝাল খাওয়া মানে লড়াইতে দু-কদম পিছিয়ে থেকে শুরু করা নয় কি?

দুই. রামকৃষ্ণ ভট্টাচার্যের প্রবন্ধ পড়ে কাউকে কাউকে বলতে শুনেছি, অসামান্য, কিন্তু বড্ড বেশি টীকা-কণ্টকিত! দশ পাতার প্রবন্ধ, তারপর ছ'পাতার টীকা! গা-ছমছম করে! করতে পারে, কিন্তু এছাড়া ওঁর কোনো উপায় নেই, কেননা প্রবন্ধের কলাকৈবল্যবাদে ওঁর বিন্দুমাত্র রুচি নেই। নিজের বিশ্বাস-অবিশ্বাসের কথাগুলো কেবল আপন-মনের-মাধুরী-মিশিয়ে লিখলে ব্যাপারটা সহজপাচ্য হয়, কিন্তু তাতে বিপক্ষকে ফাঁকা ময়দান ছেড়ে দেওয়া হয়। ফলে শুধু পড়া নয়, জানা নয়, লেখার প্রতিটি যুক্তির পাশে সেই 'জানা'-টাকে প্রহরীর মতো খাড়া দাঁড় করিয়ে রাখাটাও একটা কাজ।

এক বন্ধুর অনুরোধে নারায়ণ সান্যালের একটি প্রবন্ধের ('মিথুনকার ও ভারতীয় ভাস্কর্য') 'রিভিউ' লিখেছিলেন রামকৃষ্ণ ভট্টাচার্য।[৫] লিখতে গিয়ে যখন তিনি টের পান যে সান্যালমশাই কৃষ্ণমিশ্রের 'প্রবোধচন্দ্রোদয়' নাটকটি প্রসঙ্গে কথা বলেছেন বটে কিন্তু নাটকটি আদতে তিনি পড়েননি, তখন রিভিউ-তে প্রবন্ধটিকে একেবারে ছিন্নভিন্ন করে দেন তিনি। এটা হয়তো স্বাভাবিক, কেননা এক্ষেত্রে অ্যাকাডেমিক্স্-এর ন্যূনতম শর্তটাই লঙ্ঘন করে গেছেন নারায়ণ সান্যাল। কিন্তু ধরা যাক, জয়ন্তানুজ বন্দ্যোপাধ্যায় যখন চার্বাকমতের সমর্থনে কলম ধরেন তখন তাঁকেও রামকৃষ্ণ ভট্টাচার্য কেন তীব্র আক্রমণ করেন, সেই কথাটা বিশেষভাবে বুঝে নেওয়া দরকার। জয়ন্তানুজবাবুর লেখাটার প্রতিক্রিয়ায় কথা বলতে গিয়ে রামকৃষ্ণবাবু শুরু করেছিলেন ঠিক এই কথাগুলো বলে।

> চার্বাকের সমর্থনে জয়ন্তানুজ বন্দ্যোপাধ্যায় কলম ধরেছেন ('দেশ', ৮ এপ্রিল, '৯৫)—খুবই আনন্দের কথা। কাজটি ঠিকমতো করতে হলে সংস্কৃত, পালি ও প্রাকৃতে কিছুটা জ্ঞান থাকা চাই, আর রাখা চাই আধুনিক গবেষণার খোঁজখবর।

> তা নইলে চার্বাকবিরোধীদের হাতকেই শক্ত করা হয়। কে না জানে, প্রবল প্রতিপক্ষের চেয়ে অনেক বেশি ক্ষতি করে দুর্বল সমর্থক?[৬]

এরপর রামকৃষ্ণবাবু দেখিয়েছেন ছোটো ছোটো ভুলের সমাহার জয়ন্তানুজবাবুর লেখাটার মধ্যে কীভাবে অন্তর্ঘাৎ ঘটিয়ে দেয়! সেই পুরো আলোচনার বিবরণ দেওয়া এখানে বাহুল্য হবে, শুধু 'ছোট্ট' একটা ভুলকে রামকৃষ্ণবাবু কীভাবে দেখতে চান, সেইটে বলি। জয়ন্তানুজ বন্দ্যোপাধ্যায় তাঁর লেখায় দুটি বইয়ের 'রেফারেন্স' লিখেছিলেন এইভাবে[৭]—

'(৪) জয়রাশি ভট্ট, 'তত্ত্বোপপ্লবসিংহঃ' (সংস্কৃত), ওরিয়েন্টাল ইনস্টিটিউট, পুনা, ১৯৪০'

'(৬) মাধবাচার্য প্রণীত 'সর্বদর্শনসংগ্রহঃ' (সংস্কৃত), আনন্দাশ্রম সংস্কৃত গ্রন্থাবলী, কাশী, ১৯৬৬, পৃ. ২১'

রামকৃষ্ণ ভট্টাচার্য মনে করিয়ে দেন, 'ওরিয়েন্টাল ইনস্টিটিউট' মোটেই পুনায় নয়, বরোদায়, এবং আনন্দাশ্রম সংস্কৃত গ্রন্থাবলী-র ঠিকানাও কাশী নয়, পুনা! কিন্তু এ কি খুব গুরুতর ভুল? রামকৃষ্ণবাবু একে বলবেন, 'অমার্জনীয় অপরাধ'। এটা একটু বেশি বলা হয়ে গেল না? রামকৃষ্ণবাবুর কাছে হল না, কেননা, এর থেকে স্পষ্ট বোঝা যায় জয়ন্তানুজবাবু 'রেফারেন্স' শেখার সময় মূল বই খুলে মিলিয়ে দেখে লেখেননি, ধারণা থেকে লিখে গেছেন! তা চলতে পারে না। সামনে একদল প্রবল প্রতিপক্ষ আছে, এ কথাটা সবসময় মাথায় রাখলে বোঝা যায়, 'নো-বল' করে তাকে অ্যাডভান্টেজ দিয়ে দেওয়াটা কোনো কাজের কথা নয়!

তত্ত্বের কথা পরে হবে, তথ্যের উল্লেখের ব্যাপারে রামকৃষ্ণবাবু সবসময় ঠিক এতটাই যত্নবান!

তিন. রামকৃষ্ণ ভট্টাচার্যর প্রবন্ধ লেখার 'বেপরোয়াপনা'-র তিন নম্বর বৈশিষ্ট্যটি হল আদ্যন্ত সততা। নিজের ভুল হলে তা স্বীকার করা, সংশোধন করা এবং সুস্পষ্ট কৃতজ্ঞতা জ্ঞাপন করা। কিন্তু সে তো

অনেকেই করেন। রামকৃষ্ণবাবুর ক্ষেত্রে তার অতিরিক্ত আর-একটা কথা বলার আছে। সুধীন্দ্রনাথ দত্ত-র একটি কাজকে রামকৃষ্ণবাবু গভীর শ্রদ্ধার সঙ্গে বারবার উল্লেখ করেছেন। কী সে কাজ? ১৯৩৩-এ একটি লেখায় সুধীন্দ্রনাথ হিটলার এবং নাৎসি-জাতীয়তাবাদের প্রশংসা করতে গিয়ে লিখেছিলেন, 'ব্যক্তিগত স্বার্থের চেয়ে রাষ্ট্রীয় মঙ্গলকে বড় করে দেখাই তাদের মতবাদের মূল সূত্র, এবং এই জন্যেই তারা আজ এত প্রতাপান্বিত।'

পরবর্তীকালে হিটলারশাহীর তাণ্ডব আরও স্পষ্টভাবে প্রত্যক্ষ করে সুধীন্দ্রনাথের এই ধারণা বদলায়। ১৯৩৮ সালে এই প্রবন্ধটি ('উপন্যাসের তত্ত্ব ও তথ্য') যখন তাঁর প্রথম প্রবন্ধসংকলন 'স্বগত'-এ ছাপা হতে চলেছে, এখন তাহলে ঠিক কী করলেন সুধীন্দ্রনাথ? চুপিসাড়ে বাদ দিয়ে দিলেন হিটলার-প্রশস্তির ওই বাক্য-ক'টি? না। পুরোটা একইরকমভাবে বইতেও লেখা হয়, তারপর একটি তারাচিহ্ন দিয়ে পাদটীকায় সুধীন্দ্রনাথ স্বীকার করে নেন:

> এ বইয়ের অসংখ্য ভুল-চুকের মধ্যেও উল্লিখিত ভ্রান্তির তুলনা নেই। অবশ্য এ মন্তব্য যখন করেছিলুম, তখন হিট্লারী পৈশাচিকতার মুখোশ খোলে নি। কিন্তু অবচেতন শ্রেণিস্বার্থের চক্রান্ত ব্যতীত নাৎসী প্রতিশ্রুতির মধ্যে মনুষ্যধর্মের প্রতিধ্বনি আমি শুনতে পেতুম কিনা সন্দেহ।

রামকৃষ্ণ ভট্টাচার্য কঠোর ভাষায় এ কথা জানিয়ে দেন যে ইতিহাসবোধের এই বিপর্যয়ের কারণে 'একজন লোকও যদি তাঁর [সুধীন্দ্রনাথ] কথায় বিপথে গিয়ে থাকেন, সে-দায়িত্ব তো তাঁরই।' তবু, সুধীন্দ্রনাথের এই ভণ্ডামিমুক্ত সততাকে যারপরনাই তারিফও করেন রামকৃষ্ণবাবু।[৮]

বস্তুত, তিনি নিজেও আদ্যন্ত এই সততা প্র্যাকটিস করে চলেন, সেইটা হয়ে ওঠে তাঁর আর একটি জোরের জায়গা। একটা উদাহরণ দিই। ওঁর 'ওরে বর্ণচোরা ঠাকুর এল ইত্যাদি বিতর্ক' (২০১০) বইটির দ্বিতীয় প্রবন্ধটির শিরোনাম 'ঝড়, ঝরাপাতা, বাঙলা কথাসাহিত্য

(এক)'। এই লেখার শেষে 'ভ্রম সংশোধন' শিরোনাম দিয়ে জানিয়ে দেওয়া আছে, '... তৃতীয় অনুচ্ছেদে একটি মারাত্মক ভুল হয়ে গেছে। ... ভুলটির জন্য লেখক আন্তরিকভাবে দুঃখিত।' বলা বাহুল্য ভুলটি সম্পর্কে বিস্তারিতভাবে বলাও আছে সেখানে। তা ভুল হলে এবং তা চোখে পড়লে সংশোধন করে নিতে হবে, সেটাই তো দস্তুর, এ-আর নতুন কথা কী! নতুন কথা হল, ১৯৭৪ সালে যখন এ-প্রবন্ধ পত্রিকার পাতায় প্রথম প্রকাশ পায় তখনই এ ভুল ঘটে গেছিল, তখনই 'ভ্রম সংশোধন'-এর আকারে তা স্বীকার করা হয়েছিল। প্রায় ৩৫ বছর পর বইতে প্রকাশের সময় কিন্তু সেই 'ভুল' এবং 'ভ্রম সংশোধন' একইভাবে বজায় রাখা হল, ভুলের দায় থেকে নিজেকে সন্তর্পনে বাঁচিয়ে নেবার কোনো চেষ্টাই করলেন না রামকৃষ্ণ ভট্টাচার্য!

রামকৃষ্ণবাবুর লেখা কারোর অপছন্দ হতে পারে, তাঁর মতামতকে মনে হতে পারে কঠোর কিংবা সেকেলে। কিন্তু তিনি এইরকমই, নিজের লড়াইতে তিনি আপসহীন। পাণ্ডিত্যে, সততায়, প্রতিবাদে।

পরাভাষায় প্রতিবাদ?

'সবুজপত্র' পত্রিকার ভাদ্র ১৩২১ সংখ্যায় প্রকাশ পেল প্রমথ চৌধুরীর একখানা প্রবন্ধ, নাম 'ইউরোপের কুরুক্ষেত্র'। তখন প্রথম বিশ্বযুদ্ধ শুরু হয়েছে সবে মাসখানেক হল, তারই প্রেক্ষিতে লেখা হল এই প্রবন্ধ। এই লেখা পড়ে, ৫ সেপ্টেম্বর ১৯১৪ (১৮ ভাদ্র ১৩২১) রবীন্দ্রনাথ প্রমথ চৌধুরীকে লিখলেন:

> যুদ্ধের সম্বন্ধে তুমি যে প্রবন্ধটি লিখেছ সেটিতে কোনো কলাকৌশল না থাকাই উচিত। এসব জিনিষ খুব স্বচ্ছ এবং সরল হওয়া উচিত—এ লেখাও তাই হয়েছে—বরঞ্চ দুই-এক জায়গায় যেখানে একটুখানি ভাষাচাতুর্য্য এসে পড়েছে সেটা না থাকলে ভাল হত।[৯]

সোনার জলে লিখে বাঁধিয়ে রাখবার মতো এই কথা ক'খানা। কোনো একটি লেখার উদ্দেশ্য থেকে বিচ্ছিন্ন কোনো স্বয়ম্ভু উপাদান নয় তার ভাষা। অযথা 'ভাষাচাতুর্য' তাই কখনো কখনো লেখার আদত উদ্দেশ্যকেই ব্যর্থ করে দিতে পারে। রবীন্দ্রনাথ বুঝতেন, লড়াইয়ের কলমচির ভাষায় 'কলাকৌশল না থাকাই উচিত'।

আমরা বলতে চাই, ঠিক এই কথাটাই রামকৃষ্ণ ভট্টাচার্যেরও যাবতীয় ভাষা-চিন্তা আর ভাষা ব্যবহারের কেন্দ্রীয় সূত্র। দেবীপ্রসাদ চট্টোপাধ্যায় সম্বন্ধে একটা লেখা লিখতে গিয়ে রামকৃষ্ণবাবু তার শিরোনাম দিয়েছিলেন, 'সহজ করে জানা, সহজ করে বলা'।[১০] রামকৃষ্ণবাবুর সম্পর্কে যে-কোনো লেখার শিরোনামও ওই একই হতে পারে। সহজ করে জানা মানে কোনো বিষয়ে পুরোটা জানা, তলিয়ে জানা, কোনো ফাঁক না-রেখে, উপরচালাকি না-করে জানা। এটা কঠিন কাজ। তেমনই কঠিন কাজ, সহজ করে বলতে পারা। বিশেষত যদি মনে রাখি যে দুজনেরই—দেবীপ্রসাদ এবং রামকৃষ্ণ—চর্চার বিষয় দর্শন এবং বিজ্ঞানের ইতিহাস।

বিষয়দুটি সাধারণভাবে দুরূহ, নানা পরিভাষার চাপে কিছু-বা ত্রস্ত। কিন্তু রামকৃষ্ণ ভট্টাচার্য জানেন লড়াইয়ের ভাষা কেমন হওয়া উচিত। বস্তুত 'দর্শন' ব্যাপারটাকে বোধগম্যতার অতীত কতকগুলো সান্ধ্য-শব্দ দিয়ে কুহেলিকাময় করে রাখার যে প্রক্রিয়া, সেটাই না-পসন্দ্ রামকৃষ্ণবাবুর। কুমারিল ভট্ট বলে এক মীমাংসাপন্থী দার্শনিকের একটা কথাকে তিনি তাই বারবার মনে করিয়ে দিতে চান মুখের লালাকে 'বক্ত্রাসব' বললে কি সেটা আলাদা জিনিস হয়ে যায়, না সেটা একই থাকে? নানা দিক থেকেই রামকৃষ্ণ ভট্টাচার্যকে দেবীপ্রসাদ চট্টোপাধ্যায়ের সার্থক আর যোগ্য উত্তরসূরি বলা যায়, ভাষা ব্যবহারের দর্শন তেমনই একটা দিক।

অবশ্য এই ভাষা আর প্রকাশভঙ্গির ব্যাপারে রামকৃষ্ণবাবুই কখনো কখনো হয়ে ওঠেন খোদ দেবীপ্রসাদের প্রেরণা। 'ভারতে বস্তুবাদ প্রসঙ্গে' বইয়ের শুরুতে দেবীপ্রসাদ নিজেই জানিয়েছিলেন,

তাঁর এই 'তরুণ বন্ধু'-টির কথা "রামকৃষ্ণ আমাকে বারবার বলেছেন, 'ফুটনোট-কণ্টকিত মোটা মোটা বই লেখবার চেষ্টা তো ঢের করেছেন; কিন্তু ক-জনেই বা তার আদ্যোপান্ত পড়ে দেখবার মতো সময় ও সুযোগ পাবেন? মোদ্দা কথা যা বলতে চান সোজা ভাষায় ছোট করে বলবার চেষ্টা করুন; আখেরে হয়তো তাই সাধারণের বেশি কাজে লাগবে!' পর[া]মর্শটা খুবই খাঁটি মনে হয়েছে। তাই এই বই।"[১১]

কিন্তু এ তো ভারি মুশকিল হল তাহলে! এতক্ষণ আমরা কথা বললুম রামকৃষ্ণবাবুর টীকা-টিপ্পনী ব্যবহারের বহুলতা নিয়ে, আর তিনিই কিনা দেবীপ্রসাদকে টীকা ত্যাগের পরামর্শ দিচ্ছেন, ফুটনোটকে বলছেন 'কণ্টক'। বেশ গণ্ডগোল নয় কি? নয়, যদি আমরা 'সাধারণের বেশি কাজে' লাগার উদ্দেশ্যটাকে এক্ষেত্রে মাথায় রাখি। প্রাতিষ্ঠানিক জ্ঞানচর্চার চৌহদ্দির বাইরে বহু পাঠক থেকে যান সবসময়, যাঁরা অনেক সময় বুঝে নিতে চান জ্ঞান-বিজ্ঞান-দর্শনের প্রাথমিক কথাগুলো, বিশেষজ্ঞ হয়ে ওঠার গোপন অথচ সুদূরপ্রসারী আকাঙ্ক্ষা থেকে নয়, নিছক কৌতূহল থেকে কখনো, কখনো-বা নিজের জীবনবোধের সঙ্গে পণ্ডিতদের কথাকে মিলিয়ে দেখবার স্বাভাবিক ইচ্ছে থেকে। এঁদেরই জন্যে দেবীপ্রসাদকে আলাদা করে কলম ধরতে পরামর্শ দেন রামকৃষ্ণবাবু। নিজেও বারবার সেই প্রাথমিক পড়ুয়াদের জন্য কলম ধরেন। 'নিজের মুখোমুখি', 'দর্শন পড়ার ভূমিকা' কিংবা 'কামারের এক ঘা'-র মতো বইগুলো বস্তুত এ-কারণেই লিখে ফেলেন তিনি। আশ্চর্য এই বইগুলো নিয়ে একটু পরে কথা বলব আমরা। আপাতত কথা চলছিল ভাষা নিয়ে।

প্রাথমিক পড়ুয়া হোক বা বিশেষজ্ঞ প্রতিপক্ষ, রামকৃষ্ণ ভট্টাচার্যের লেখার লক্ষ্যে যিনিই থাকুন না কেন, সহজ আর সরল ভাষা ব্যবহারই ওঁর যাবতীয় লেখালেখির ট্রেডমার্ক। প্রথম প্রকাশিত বই 'ব্রাহ্মণ-রোমান ক্যাথলিক বিসংবাদ' থেকেই এই বৈশিষ্ট্যটি ওঁর প্রবন্ধের সঙ্গে অবিচ্ছেদ্য হয়ে রয়ে গেছে। সংলাপের ঢঙে লেখা এই বইটি শুরু হয় গ্যালিলিওর কুখ্যাত বিচারের প্রসঙ্গ থেকে, তারপর ধীরে ধীরে দেশ-

বিদেশের তুলনামূলক ধর্মতত্ত্ব এবং তার সঙ্গে বিজ্ঞানের বিরোধ-আপস-যুদ্ধের কাহিনি যেন পরতে পরতে খুলে যেতে থাকে। একটা কথা স্পষ্ট করে বলা যাক। ঠিক এই বিষয় নিয়ে বাংলা ভাষায় এটি শ্রেষ্ঠ বই তো বটেই, এত তথ্যসমৃদ্ধ বিস্তারময় বই অন্য ভাষাতেও যে বেশি নেই তা হলপ করে বলা যায়। কিন্তু ঠিক কীভাবে লেখা হতে থাকে আশ্চর্য এই বইটি? উদ্ধৃতি খানিকটা দীর্ঘ হবে, তবু একটা অংশ উদ্ধার করবার লোভ সামলাতে পারছি না। কথাটা চলছিল যে একা খ্রিস্টান ধর্মমণ্ডলীকে দোষ দিয়ে লাভ কী, গ্যয়টের মতো কবি, রিচার্ড বার্টন-টমাস ব্রাউনের মতো প্রাবন্ধিকরাও তো সূর্য-কেন্দ্রিক বিশ্বতত্ত্ব নিয়ে কত ব্যঙ্গবিদ্রুপ করেছেন। ঠিক এরপর, কথাবার্তা এগোয় এভাবে:

> জিজ্ঞাসু।। (হতাশ সুরে) এদের একজনেরও নাম শুনিনি, কে কখন কী লিখেছিলেন—কিছুই জানি না।
> ক্যাথলিক।। (সদয়ভাবে) বার্টনের বইটা বেরিয়েছিল ১৬২১-এ, ব্রাউন-এর ১৬৪৬-এ, প্ল্যানভিল-এরটা ১৯৬১-তে। এঁরা তিনজনেই সতেরো শতকের ইংল্যান্ডের—
> সবজান্তা।। ঘ্যাম প্রবন্ধকার। যেমন দুষ্পাঠ্য তেমনি দুষ্পাচ্য।
> বাচাল।। এদের মধ্যে ব্রাউন-ই বোধহয় ঘ্যামেস্ট, না?
> ক্যাথলিক।। কী এস্ট?
> বাচাল।। মানে, সবচেয়ে খিটকেল আর কি।
> ক্যাথলিক।। সেটা আবার কী?
> বাচাল।। শব্দগুলো শুনে একটা আবছা মনে করতে পারছেন না? তাহলেই চলবে।[১২]

এইভাবে ধর্মতত্ত্ব আর বিজ্ঞানের বিরোধের জটিল ইতিহাসের পাঠ-অভিজ্ঞতাও হয়ে ওঠে আদ্যন্ত স্বাদু। পাণ্ডিত্যের আলো ছড়িয়ে থাকে গোটা বইটা জুড়ে কিন্তু পাণ্ডিত্যের ভার কোথায় যেন উধাও হয়ে যায়!

এখানে আর একটা কথা জানিয়ে রাখা উচিত। দেবীপ্রসাদ ছাড়া

এই সহজ-ভাষায়-কঠিন-কথা লেখার শিক্ষা রামকৃষ্ণবাবু যদি আর কারোর কাছ থেকে পেয়ে থাকেন তাহলে তিনি হলেন শিবরাম চক্রবর্তী। শিবরামের 'মস্কো বনাম পণ্ডিচেরী' প্রসঙ্গে কথা বলতে গিয়ে সে কথা আমাদের জানিয়ে দেন রামকৃষ্ণবাবু স্বয়ং,

> মার্কস, লেনিন এবং প্রমথ চৌধুরী পড়ার অনেক আগেই এই বই থেকে পেয়েছিলুম পলেমিক বা তর্কযুদ্ধর স্বাদ। পরে আরও বহু পলেমিক পড়েছি, কিন্তু ম. বনাম প. প্রায়-একক হয়ে আছে। তার কারণ একটাই : গুরুতর বিষয় নিয়েও কেমন অনায়াস ভঙ্গিতে আঘাত ও পালটা-আঘাত হানা যায়-সেটা ম. বনাম প. না পড়লে বিশ্বাস হতো না। যেন গদার মোকাবিলায় স্টিলেটোর মোক্ষম চাল বা বোড়ের কিস্তিতে মাত করা।[১৩]

'আঘাত', 'পালটা-আঘাত', 'স্টিলেটো'-র মধ্যে দিয়ে লড়াইয়ের জবরদস্ত আবহটা সকলেই টের পেয়ে যাচ্ছেন নিশ্চয়ই।

শিবরাম চক্রবর্তী যে-কারণে রামকৃষ্ণবাবুর প্রিয়, এমনকী প্রেরণাস্বরূপ, হয়ে ওঠেন সেই একই কারণে সুভাষ মুখোপাধ্যায়ও প্রিয় হয়ে ওঠেন তাঁর, ওই গুরুতর বিষয় নিয়ে অনায়াস ভঙ্গিতে কথা বলবার আশ্চর্য ক্ষমতার জন্য। এ কথা ঠিকই যে যিনি বুক-ঠুকে ঘোষণা করেন, 'আমি অনুতাপহীন মার্কসবাদী-লেনিনবাদী'[১৪], সুভাষ মুখোপাধ্যায়ের সামগ্রিক রাজনৈতিক বীক্ষার সঙ্গে তাঁর সহমত হওয়া সম্ভব নয়। কিন্তু রামকৃষ্ণবাবু জানেন যে তার প্রয়োজনও নেই। যে সুভাষ 'ভূতের বেগার'-এর মতো বই লেখেন তাঁকে কুর্নিশ করতে ভুল হয় না তাঁর।[১৫]

'ভূতের বেগার'? মার্কস-এর 'মজুরি ও পুঁজি' (*Wage Labour and Capital*) বইটির মূল বিষয়বস্তুকে সহজভাষায় এই বইতে বোঝানোর চেষ্টা করলেন সুভাষ, তাঁরই 'অভিন্নহৃদয় বন্ধু' দেবীপ্রসাদের প্রেরণায়। তারপরই ছিছিক্কারে ভরে গেল চারদিক, পার্টি জানিয়ে দিল এ বইতে মার্কস-এর মূল তত্ত্ব লঘু ও বিচ্যুত হয়ে

পড়েছে, ফলে এ বই পার্টি-মহলে নিষিদ্ধ!

রামকৃষ্ণবাবু আমাদের বুঝতে শেখান, ব্যঞ্জনহেড়িয়া চটকলের বস্তিতে থাকার অভিজ্ঞতাই সুভাষকে দিয়ে অমন বই লিখিয়ে নিয়েছিল। 'জলজ্যান্ত মজুর আর তাদের পরিবারকে খুব কাছ থেকে না দেখলে, চব্বিশ ঘণ্টা তাঁদের সঙ্গে ওঠা-বসা না করলে সুভাষ কখনই এমন বই লিখতে পারতেন না।' কী নিয়ে লিখছি-র পাশাপাশি কার জন্য লিখছি বা কী ভাষায় লিখছি কথাগুলোও যে-কোনো লেখকের পক্ষে সমান গুরুত্ব দিয়ে বিচার করে নেওয়া দরকার।

যুদ্ধের বিরুদ্ধে ভাষা-প্রয়োগ বিষয়ে রবীন্দ্রনাথের মন্তব্য দিয়ে বর্তমান প্রসঙ্গটা শুরু করেছিলাম আমরা। তার একটা উলটো পিঠের উদাহরণ টেনে শেষ করি।

২০০৩ সালের ১১ সেপ্টেম্বর 'সংবাদ প্রতিদিন'-এর পাতায় অলোকরঞ্জন দাশগুপ্ত-র এক প্রতিবেদন বেরোল, অলোকরঞ্জন সেখানে লিখলেন, 'যুদ্ধের বিরুদ্ধে পরাভাষায় প্রতিবাদ জানালেন দেরিদা'। পরাভাষায় প্রতিবাদ? সেটা কী বস্তু? অলোকরঞ্জন বোঝাতে চাইলেন, 'না, দেরিদা প্রথানুগত ভাষায় কোনও সরল তত্ত্বোপদেশ দিলেন না, এমনকী সরাসরি ইয়াংকিদের আক্রমণ করে একটি বাক্যও উচ্চারণ করলেন না।' বেশ, বেশ। তাহলে করলেনটা কী? করলেন এই যে, 'শুধু এক জায়গায় ডোনাল্ড রাম্‌স্‌ফেল্ডের গর্হিত একটি উচ্চারণের গুড়োল্লেখ বাজিয়ে বলে উঠলেন: "আমরা তো সেকেলে ইয়োরোপেরই, ততে [তাতে] কী হয়েছে?" ব্যাস্, সঙ্গে সঙ্গেই নাকি 'হলঘরের প্রত্যেকটি মানুষ মুহূর্তেই' এই বিদ্রুপের বিচ্ছুরণ অনুভব করে বর্তে গেলেন। তা, তৎকালীন মার্কিন প্রতিরক্ষা-সচিব ডোনাল্ড রাম্‌স্‌ফেল্ডের কোন গর্হিত উচ্চারণের কথা বলা হচ্ছে এখানে? রাম্‌স্‌ফেল্ড তখন একবার নাকি বলেছিলেন, ফ্রান্স ও জার্মানি আজকাল আমেরিকার পিছনে যুদ্ধ করতে তেমন একটা উদ্যম দেখাচ্ছে না! রাম্‌স্‌ফেল্ড যা জিনিস, ও কথা বলা স্বাভাবিক বটে!

একটা প্রবন্ধে[১৬] অলোকরঞ্জনের প্রতিবেদন-সহ উপরে বলা

পুরো গল্পটা মেলে ধরেন রামকৃষ্ণ ভট্টাচার্য, তারপর 'প্রতিবাদ'-এর এই ধরনটাকেই প্রতিপক্ষে দাঁড় করিয়ে দেন তিনি। রামকৃষ্ণবাবুর দুটো প্রশ্ন। প্রথম, 'কী করে নিশ্চিত হব যে রাম্স্ফেল্ড-এর কথার পিঠেই দেরিদা-র অমন 'গূঢ়োল্লেখ'?' আর তার থেকেও জরুরি দ্বিতীয়: 'আর একটু কম পরাভাষায়' কি দেরিদা কোনোদিন প্রতিবাদ করেছেন/ করতে পারেন 'যা শুনে 'অদীক্ষিত' লোকজনও অনায়াসে ঠাওর করতে পারবেন : দেরিদা কোন্ দিকে?'

রামকৃষ্ণ ভট্টাচার্যের চর্চার বিষয় 'সহজ' নয়, কিন্তু তাঁর ভাষার দর্শন যে সহজেরই দর্শন, তা বোধহয় আমরা বোঝাতে পেরেছি।

চার্বাক ও আর. কে. বি

'দর্শন পড়ার ভূমিকা' নামে ছোটো একটা বই আছে রামকৃষ্ণ ভট্টাচার্যের। একেবারে 'কিশোর' বয়সের সদ্যকৌতূহলী পড়ুয়াদের জন্য 'দর্শন' ব্যাপারটা নিয়ে গোড়াকার কথাগুলো সহজ করে বলা আছে এ বইতে। অবিশ্যি, প্রাবন্ধিক রামকৃষ্ণ ভট্টাচার্যকে বোঝার জন্য সবসময় যে-কথাটা মনে রাখতে হয়, এক্ষেত্রেও সেটা প্রযোজ্য: তিনি কোনো নিরালম্ব নিরপেক্ষ বিশুদ্ধ অ্যাকাডেমিক ডিস্কাশনের জন্য কলম ধরতে পছন্দ করেন না, তাঁর সব লেখায় মোটের উপর একটা প্রোপাগান্ডা আছে। 'দর্শন পড়ার ভূমিকা'-তেও তাই ভাববাদ বনাম বস্তুবাদের লড়াইটার কথাই বলা আছে। আর লেখকের সমর্থন কার দিকে তাকে গোপন রাখতে লেখক চিরকালই ঘৃণা বোধ করেন।

তো, এই বইতে বস্তুবাদী দর্শন সম্পর্কে জরুরি একটা কথা সহজ করে বোঝানো আছে। কথাগুলো নতুন নয়, বস্তুত একেবারে প্রাথমিক কথা, কিন্তু দর্শনের ভারী ভারী বইগুলোতে এভাবে লেখা থাকতে দেখিনি কখনো।

কথাটা হল, যে ধর্মসমাজেই জন্মাই-না কেন, ছোটোবেলা থেকে বাড়িতে-ইস্কুলে-পাড়ায় আত্মা-পরলোক-spirit-soul-স্বর্গ-নরক

শুনতে শুনতে 'ভাববাদ' সম্পর্কে একটা প্রাথমিক ধারণা তৈরি হয়ে যায় আমাদের সকলেরই, আর দর্শন ব্যাপারটাকেও ওসবের চর্চা বলে বুঝে নিতে শিখি তখন থেকেই। ফলে পরে 'বস্তুবাদী দর্শন' কথাটা শুনলে কেমন গুরুচণ্ডালী দোষের মতো শোনায়। বস্তু—তার আবার 'দর্শন' হয় নাকি?

বস্তুবাদী দর্শনের মূল কথা, সব-কিছুই বস্তুর (এবং শক্তি, যা বস্তুরই আর-এক প্রকাশ) রূপভেদ। সজীব এবং নির্জীব—দুই-ই। 'চেতনা' ব্যাপারটাও পদার্থেরই বিন্যাসের ফলে উদ্ভূত এক ম্যাজিক। সে ম্যাজিককে আমরা ধরব কী করে? কেন, বিজ্ঞানের চর্চা তা আমাদের বুঝিয়ে দেবে। অল্প অল্প কথা সে বোঝাতে পেরেছে, যেটুকু পারেনি, ভবিষ্যতে পারবে। কাজ চলছে। এই মূল কথাটার উপর ভিত্তি করে জীবন-জগৎ-মানুষকে বুঝে চলার নাম বস্তুবাদী দর্শন।

কিন্তু এতে কয়েকটা সমস্যা দেখা দেয়। 'কাজ চলছে' বললে ভাববাদী ক্যাম্প থেকে দুয়ো দেয়। বলে, ওমা! তোমরা তো দেখি কিছুই জেনে উঠতে পারোনি এখনও। আমরা তো সেই কবেই সব জেনে বসে আছি! মৃত্যুর আগে-পরে থেকে বিশ্বসৃষ্টির আগে-পরে পর্যন্ত সব! রামকৃষ্ণবাবু আমাদের বোঝাতে পারেন, সেইজন্যেই 'শঙ্করাচার্য (৭৮৮-৮২০ খ্রি.) যে 'ব্রহ্ম'-র কথা বলেছিলেন, রাধাকৃষ্ণনও বিশ শতকে তার কথাই বলেন। বস্তুবাদের বেলায় ব্যাপারটা হয় অন্যরকম। বিজ্ঞানের নতুন নতুন আবিষ্কার অনুযায়ী তার বক্তব্যেও হেরফের হয়।'[১৭]

আর 'সমস্যা' নম্বর দুই, 'বস্তু' শব্দটার সঙ্গে সহজেই মিলিয়ে দেওয়া যায় ঘটি-বাটি-মোবাইল-ব্যাঙ্ক ব্যালেন্সকে। ফলে সংখ্যালঘু বস্তুবাদীদের 'ইহসুখবাদী' বলে চালিয়ে দিতে ভাববাদীরা চট্ করে সফল হয়ে যায়। বস্তুবাদ আর ভোগবাদ সমার্থক হয়ে উঠতে থাকে সংখ্যাগুরু ভাববাদী দর্শনের স্থপতি আর ব্যাখ্যাকারদের হাতে।

গ্যালিলিও-নিউটন থেকে আধুনিক তাত্ত্বিক পদার্থবিদ্যার সূচনা ধরলে তার বয়স আজ দাঁড়ায় প্রায় চারশো বছর। সময়টা খুব বেশি

না, তবু বিজ্ঞান বস্তুবাদী দর্শনকে যে জোরটুকু দিতে পেরেছে, তাতে আজ আর তাকে এক ফুৎকারে উড়িয়ে দেওয়া যায় না। কিন্তু ভাবলে শিহরণ হয় যে, দেশে-দেশে বস্তুবাদী দর্শনের যাঁরা আদি স্রষ্টা, কী অপরিসীম লড়াইয়ের মধ্য দিয়ে যেতে হচ্ছিল তাঁদের! একে তো নিজের বক্তব্য প্রতিষ্ঠা করার মতো বৈজ্ঞানিক-সত্যের জোর তাঁদের নাগালে নেই। উপরন্তু, আকাঁড়া ভোগবাদী হয়ে ওঠার দুর্নাম!

রামকৃষ্ণ ভট্টাচার্যের জ্ঞানচর্চার প্রধান ধারাটি হল এইটা, বস্তুবাদের আনুপূর্বিক ইতিহাস, ভাববাদের পালটা রাজনীতি। ২০১০ সালে প্রকাশিত 'চার্বাকচর্চা' বইটাকে এই পটভূমিতে রেখেই পড়তে হবে। বইটি ওঁর কাজ। এর পাণ্ডিত্যের সামনে দাঁড়িয়ে বিহ্বল লাগে!

এই বইটি সম্পর্কে অন্যত্র আলাদা করে লিখেছি, ফলে এখানে বেশি কথা বলা বাহুল্য হবে। দু-একটা কথা বলা যাক শুধু। চার্বাক/চার্বাকপন্থীদের নিজের লেখা কোনো একটি পুঁথিও আজ পর্যন্ত পাওয়া যায়নি। ভাববাদী দার্শনিকদের লেখাপত্রে প্রভূত সমালোচনা, নিন্দেমন্দের মধ্যে থেকে চার্বাকদর্শনের সারকথাটুকু বুঝে নিতে হয়। বিদ্যাসাগর থেকে দেবীপ্রসাদ-দক্ষিণারঞ্জন পর্যন্ত চার্বাক/লোকায়তদের নিয়ে জরুরি সব গবেষণা ও সংকলন-কাজ হয়েছে, কিন্তু 'সার' কথাটাকে গুছিয়ে তোলার কাজটা পড়েছিল এতদিন। 'চার্বাকচর্চা' বইতে সেই কাজটাই মূলত করে তোলেন রামকৃষ্ণবাবু। তার জন্য প্রায় আড়াই দশক ধরে সমস্ত সম্ভাব্য উৎসসূত্র—মূলে—তন্নতন্ন করে পড়তে এবং বিশ্লেষণ করতে হয়েছে তাঁকে। 'রামায়ণ-মহাভারত' থেকে 'অর্থশাস্ত্র-কামসূত্র', যাবতীয় পুরাণ, শঙ্করাচার্যের দর্শনগ্রন্থ থেকে জয়ন্তভট্টর 'ন্যায়মঞ্জরী' হয়ে সায়ণ-মাধবের 'সর্বদর্শনসংগ্রহ', কৃষ্ণমিশ্রর নাটক 'প্রবোধচন্দ্রোদয়' থেকে শ্রীহর্ষর কাব্য 'নৈষধচরিত' পর্যন্ত সবকিছু মূলে আদ্যন্ত চর্চা করে চলার প্রায় গা-ছমছমে নমুনা ধরা আছে এই এক বইতে!

এই বই পড়ে আমি ভাববাদী-স্কুলের রাজনীতির স্বরূপটা খানিক বুঝতে পারি। 'রামায়ণ'-এর এক পাঠভেদে যখন দেখি স্বয়ং রাম

বলছেন, 'বৌদ্ধ তস্করের ন্যায় দণ্ডাই, নাস্তিককেও তদ্রুপ দণ্ড [দান] করিতে হইবে', আর মহাভারতে চার্বাকরা হয়ে ওঠেন 'দুর্যোধনসখা রাক্ষস' তখন বৃত্তটা মোটামুটি সম্পূর্ণ হয়ে আসে। বুঝতে পারি কীভাবে আর কেন 'যাবদ্ জীবং সুখং জীবেন্'-এর পরবর্তী অংশ 'নাস্তি মৃত্যোর্ অগোচরম্'-এই আদি পাঠ কালে ভাববাদী ক্যাম্পের ভাষ্যে বদলে গিয়ে হয়ে ওঠে 'ঋণং কৃত্বা ঘৃতং পিবেৎ'। ধার-করে-ঘি-খাওয়ার কাঁচা ভোগবাদের সঙ্গে বস্তুবাদকে মিলিয়ে দেওয়াটা দর্শনের আদিযুগ থেকে বহাল-থাকা এক স্ট্র্যাটেজি! যে দেশে দর্শনচর্চার মূল ধারাটা ক্রমাগত 'জগৎ মিথ্যা' বলতে শেখাবে, সেই দেশেরই ইহলোকপন্থী আপসহীন এই বস্তুবাদীদের ইতিহাস পড়ে মাতৃভূমি হিসেবে ভারতবর্ষের জন্য একটু গর্ব বাড়ে বই-কি!

'চার্বাকচর্চা' বইয়েরই ভূমিকা-অংশের শেষে দেওয়া আছে রামকৃষ্ণ ভট্টাচার্যের ই-মেইল ঠিকানা: <carvaka_rkb@yahoo.com>। চার্বাকের মতো একনিষ্ঠ বস্তুবাদীকে কার্যত নিজের অস্তিত্বের মধ্যে ধারণ করে ধন্য হয়ে আছেন এই পণ্ডিত মানুষটি!

আত্মদীপ, আত্মশরণ, অনন্যশরণ

রামকৃষ্ণবাবুর যাবতীয় মেধা, পাণ্ডিত্য, পরিশ্রম জড়ো করে তৈরি হয়ে উঠেছে 'চার্বাকচর্চা'। ওঁর 'ম্যাগনাম ওপাস'। কিন্তু আমার সবচেয়ে প্রিয় হল 'কামারের এক ঘা'। ছোটো মুখে ইয়াব্বড়ো কথা হয়ে যাবে, তবু বলাই যাক, আমি যদি শিক্ষাদপ্তরের রাজা-গজা হতুম তো এ-বইকে সরাসরি উঁচু ক্লাসের পাঠ্যতালিকায় রাখতে চাইতুম নিঘ্ঘাৎ! দিনকালের যা ছিরি, তাগা-তাবিজ, পির-মাজার, শনি-শেতলায় দেশটা ভরে গেল, তার-উপর ইদানীং দেখি এক নতুন রাজকীয় উৎপাত জুটেছে: বাস্তু! স্যাকরার ঠুকঠাক দিয়ে এসব অভিশাপের কত আর মোকাবিলা করা যায়! চাই কামারের এক ঘা। একটি সম্পূর্ণ বিকল্প জীবনদর্শনের হ্যান্ডবুক এই আশ্চর্য বই। এর

সঙ্গে 'নিজের মুখোমুখি' নামের কৃশকায় বইটিকে নিয়ে একসঙ্গে পড়লে সমস্ত বিজ্ঞান ও গণ-আন্দোলনের কর্মীরা নিজেদের নানান দ্বিধা-দ্বন্দ্ব-প্রশ্ন-সংশয় নিজেরাই অনেকটা কাটিয়ে উঠতে পারবেন বলে আমাদের বিশ্বাস।

দু-চার পাতার মধ্যে এ-বইয়ের মহিমা পুরোটা বুঝিয়ে বলা বেশ মুশকিল। সাতটি ভাগে ভাগ করা এই বই, কোনো ভাগে আছে বিকল্প নীতিবোধের খসড়া, কোথাও আমাদের বাংলার মাটিতে যুক্তিবাদের উৎস আর পরম্পরা নিয়ে কথাবার্তা, কোথাও শাস্ত্রবুদ্ধি-র প্রতিপক্ষে দাঁড়িয়ে জোরালো তাত্ত্বিক আলোচনা। সবটা জড়ো করে অল্প কথায় গুছিয়ে বলা বেশ শক্ত, আপাতত দু-চারটে আলগা কথা বলতে পারি আমরা।

একটু আগে বললাম এক 'বিকল্প' নীতিবোধের কথা। কিন্তু 'নীতিবোধ' ব্যাপারটা কি যে-কোনো প্রাতিষ্ঠানিক ধর্মেরই আওতাধীন নয়? ভালো থাকার, সৎ থাকার, অসূয়া বা দ্বেষ-রহিত হয়ে চলার শিক্ষা কি ধর্মগুলোই আমাদের দেয় না?

দেয় বটে, কিন্তু রামকৃষ্ণবাবু মনে করিয়ে দিতে চাইবেন, তার ঠিক পাশেই ধর্মগ্রন্থগুলোতে ছড়িয়ে থাকে মানুষকে ছোটোলোক বলবার, ঘৃণা করবার, কাফের বলবার ভরপুর আলেখ্য। ফলে পরিপ্রেক্ষিতহীন সৎ থাকার উপদেশ আর কোনো কাজে আসে না কোথাও।

'কাফের'? তার মানে ওসব তো শুধু মুসলমানী বন্দোবস্ত! হিন্দুধর্মে তো 'সকলের কল্যাণকামনা ভিন্ন নিজের জন্য' কোনো কিছুই নেই, তাই না? বা থাকলেও, 'মনুসংহিতা'-গোছের দু-একটা বইতে। ও তো 'আসল' হিন্দুধর্ম নয়, পড়ে দেখুন বেদ উপনিষদ, বুঝবেন, 'হিন্দুধর্ম মানুষকে মানুষের মতো বেঁচে থাকার করণ-কৌশল শিখিয়েছে। সেই কারণে শেষপর্যন্ত হিন্দুধর্ম হল মানবধর্ম।[১৮]

রামকৃষ্ণবাবু এর পালটা দু-একটা কথা মনে করিয়ে দেন, একে একে।[১৯] প্রথমে ঋগ্বেদ, ইন্দ্রের স্তুতি করে বামদেব ঋষির উক্তি:

> হে ইন্দ্র, তুমি ভিন্ন কে আপন মাতাকে বিধবা করিয়াছ? তুমি

> যখন শয়ান থাক অথবা সঞ্চরণ করিতে থাক, তখন কে তোমাকে বধ করিতে ইচ্ছা করিয়াছে, কোন্ দেবতা সুখদান বিষয়ে তোমা অপেক্ষা বড়? যেহেতু তুমি তোমার পিতার পাদদ্বয় গ্রহণ করিয়া পিতাকে বধ করিয়াছ। (৪/১৮/১২)

তারপর খোদ উপনিষদ। ছান্দোগ্য উপনিষদে আমরা পাই এই চমৎকার সাবধানবাণী, এ জন্মে রমণীয় কাজ করে থাকলে পরের জন্মে কর্মফল অনুযায়ী ব্রাহ্মণ্যযোনি, ক্ষত্রিয়যোনি ও বৈশ্যযোনি। না করে থাকলে কক্কুরযোনি, শূকরযোনি, চণ্ডালযোনি। (ছান্দোগ্য উপনিষদ, ৫/১০/৭) এরপর চারটে ভালো থাকার সৎ থাকার উপদেশ কার কোন কম্মে লাগতে পারে, প্রশ্ন তোলেন রামকৃষ্ণ ভট্টাচার্য।

ধর্ম তাই পারবে না। কুশ্রী আত্মসর্বস্ব ভোগবাদের বিরুদ্ধে, স্বার্থপরতার বিরুদ্ধে নিরন্তর সংগ্রাম চালিয়ে যেতে হলে আসলে নিজের সঙ্গে নিজের সংলাপ জারি রাখতে হয় সবসময়। তথাগত বুদ্ধ-র একটা কথা রামকৃষ্ণবাবুর খুব পছন্দের, বারবার উল্লেখ করেন তিনি, আত্মদ্বীপ হও, আত্মশরণ হও, অনন্যশরণ হও। নিজেরই ভিতর জ্বালিয়ে রাখতে হবে প্রশ্নের আলো, সংশয়ের আলো, যুক্তির আলো।

কিন্তু এসব কথাগুলো কি পালটা বাণীর মতো শোনাচ্ছে না? আসলে কথাগুলো এভাবে ঠিক রামকৃষ্ণবাবু বলেন না। খেয়াল রাখতে হবে, 'নিজের মুখোমুখি' বইটা আগাগোড়া এবং 'কামারের এক ঘা' বইটার একটা বড়ো অংশ সংলাপের ভঙ্গিমায় লেখা। চারজন-পাঁচজন নিজেদের মধ্যে কথা বলছেন, তারপর সেই কথামালার মধ্যে থেকে ধীরে হীরে বেরিয়ে আসতে চাইছে একটা কেন্দ্রীয় জীবনবোধ। প্রশ্ন, পালটা প্রশ্ন, দ্বিধা, সংকটের মধ্যে দিয়ে এই বীক্ষা গড়ে উঠতে থাকে বলে একে আর 'বাণী'-র মতো লাগে না, জীবনের সঙ্গে অন্বিত করে তাকে বুঝে নেওয়া যায়।

পালটা নানা প্রশ্ন অবশ্য উঠতে পারে। উঠেওছিল একবার। বিকল্প জীবনবীক্ষার কেন্দ্রে যে নির্দ্বন্দ্ব 'যুক্তিবাদ'-কে রাখতে চান রামকৃষ্ণবাবু তা-ও কি শেষপর্যন্ত একধরনের অন্ধত্বের দিকে ঠেলে

দেয় না? আবেগ, অনুভূতির ভূমিকা কই সেখানে? মানুষ তো বুদ্ধিসর্বস্ব এক মেশিন নয়, তার একটা ভারি গোলমেলে হৃদয় আছে, তাকে এই জীবনবীক্ষায় ঠিক কোথায় রাখতে চান ইনি? যুক্তি, যুক্তি, তোমার আবেগ নাই, লেখক?

প্রশ্নগুলো তুলেছিলেন শ্রী অভীক বন্দ্যোপাধ্যায়।[২০] সঙ্গত প্রশ্ন।

সম্মানের সঙ্গে প্রশ্নটিকে গ্রহণ করে তার একটা উত্তর দেন রামকৃষ্ণ ভট্টাচার্য। অভীকবাবুর প্রশ্ন ছিল, 'মলটভ ককটেল বুকে নিয়ে মাতৃভূমি রক্ষায় প্রাণ দেয়' যে সব কিশোর কিশোরীরা প্রবল আবেগই তাদের সম্বল, যুক্তি তত নয়, তাকে কি তবে অসম্মান করবেন রামকৃষ্ণবাবু? রামকৃষ্ণবাবুর উত্তর ছিল এইরকম:

> ঐ একই ধরণের প্রবল আবেগে দ্বিতীয় মহাযুদ্ধের সময়ে জাপানের কামাকাজি বৈমানিকরা আত্মঘাতী অভিযানে যেতেন। ঐ, মাতৃভূমি রক্ষার জন্যেই। দুটো কি তুল্যমূল্য? প্রবল আবেগের পেছনে যদি প্রবলতর যুক্তি না থাকে, তবে চূড়ান্ত আত্মবিসর্জনও প্রশংসার যোগ্য নয়।

শেষ বাক্যটা পড়ে আমার প্রবল মুগ্ধতাকে আবেগ বলব না যুক্তি, তা আজও ভালো করে ঠাওর করে উঠতে পারিনি। নিশ্চয়ই রামকৃষ্ণবাবুর এই কথাগুলোর বিপক্ষে, কিংবা সামগ্রিকভাবে 'কামারের এক ঘা'-র প্রস্তাবগুলোর বিপক্ষে অনেকের অনেক কথা বলবার থাকতে পারে। সে-সব কথায় কথা বাড়ুক। 'ওরে বর্ণচোরা ঠাকুর এল ইত্যাদি বিতর্ক' বইয়ের উৎসর্গপত্রে একটি শ্লোক উদ্ধৃত করেন লেখক, 'বাদে বাদে জায়তে তত্ত্ববোধঃ', যার মানে, 'কথা-কাটাকাটিতেই তত্ত্ববোধ জন্মায়'। কথা কাটাকাটি চলতে চলতেই 'কামারের এক ঘা' আরও অনেক মানুষের হাতে পৌঁছে যাক, এইটে আমরা খুব চাই।

'নিজের মুখোমুখি' বইটাকে 'কামারের এক ঘা'-রই প্রসারণ বলতে চাই আমরা। এই বইতে বিশেষত একজন মার্কসবাদী কর্মীর দ্বিধাসংকোচের খতিয়ানগুলো নিয়ে কথা বলা আছে। কেউ যেন এ কথার ফলে ভেবে না বসেন যে এ বই ঠিক 'ভূতের বেগার'-এর

অনুরূপ কিছু একটা। মার্কসবাদী তত্ত্বের কথা এ-বইয়ের মূল ঝোঁক নয়। গত শতাব্দীর শেষ দিকে একে একে পূর্ব ইউরোপের সমাজতান্ত্রিক দেশগুলির পতন, তারপর আমাদের দেশে খোলা বাজারের জয়যাত্রা, ভোগবাদের চোখ ধাঁধানো আলো—এর মাঝে দাঁড়িয়ে একজন নবীন মার্কসবাদী কর্মী কীভাবে নিজের সঙ্গে নিজে মোকাবিলা করে নেবেন তারই কিছু ঠিকঠিকানা এ-বইতে ভরা আছে। এককালে বড়োরা নবীন জিজ্ঞাসুদের গোপাল হালদার-সুশোভন সরকার-সরোজ আচার্যের বিখ্যাত বইগুলো পড়বার পরামর্শ দিতেন। ওইসব অসামান্য বইগুলোর পাশাপাশি এই পরিবর্তিত বিশ্বপরিস্থিতিতে আর কী কী নতুন বাংলা বই পড়বার পরামর্শ দেন এখনকার বড়োরা? নাকি বই পড়ার পরামর্শ দেওয়ার চলটা উঠে গেছে? 'নিজের মুখোমুখি' বইটা তরুণ পড়ুয়ারা একবার হাতে তুলে নিয়ে দেখতে পারেন। সহজ করে ভাবার, সহজ করে ভাবানোর এই এক চমৎকার বই।

এই বইকে গভীর মূল্য দিতে চাইছি আমরা, তার সবচেয়ে বড়ো কারণ লাল সূর্য কিংবা মুষ্ঠিবদ্ধ হাতের বানিয়ে তোলা আশাবাদ আর চেনা স্লোগানমালাকে এখানে পাত্তাই দেওয়া হয়নি। স্লোগান নানা কাজে লাগে, কিন্তু অজান্তে নিজের ভাবনাকে অনেকখানি আড়ষ্ঠ করে দিতে পারে অনেকসময়। বরং, দুটো স্পষ্ট 'না' এই বইটির উপর আমাদের নির্ভর করতে প্ররোচিত করে। দুটি বাক্য, দুটি না।[২১]

প্রথম। 'এমনকি যদি জিজ্ঞেস করো, 'মানুষের সর্বাঙ্গীণ মুক্তি যে ঘটবেই সে বিষয়ে কি আপনি নিশ্চিত?' আমি উত্তর দেব, 'না'।'

দ্বিতীয়। 'যদি বলো 'সমাজবাদী বিপ্লবেও কি সব সমস্যার সমাধান হবে না?' আমার স্পষ্ট উত্তর, 'না'।'

নিজেকে 'অনুতাপহীন মার্কসবাদী-লেনিনবাদী' বলে ঘোষণা করতে ভালোবাসেন যিনি, এই সময়ের এক শ্রেষ্ঠ বাঙালি মার্কসবাদী তাত্ত্বিক হিসেবেই যাঁকে চিনি আমরা, তাঁর রচিত এই দুটো বাক্য আমাকে অন্তত প্রবল ভরসা জোগায়। মনে হয় এরকম দুটো জোরালো 'না'-কে ইচ্ছাকৃতভাবে সামনে খাড়া করে যদি ইনি কথা

চালাতে পারেন তাহলে যে-কোনো দ্বিধা-সংশয়কে সামনে রেখে আমরাও নিজের মুখোমুখি দাঁড়াতে পারব নিশ্চয়। অসুবিধে হবে না।

পলেমিক ও শ্রেণিসংগ্রাম

বস্তুবাদী তত্ত্বচর্চার পাশাপাশি রামকৃষ্ণ ভট্টাচার্য যখন বাংলা ও বাঙালির সাহিত্য-সংস্কৃতিচর্চার ক্ষেত্রে প্রবেশ করেন তখনও তাঁর ভাবনার মূল ভরকেন্দ্র সরে যায় বলে মনে হয় না। 'বাঙালির নতুন আত্মপরিচয়: সমাজসংস্কার থেকে স্বাধীনতা', কিংবা 'বিদ্যাসাগর : নানা প্রসঙ্গ', অথবা পরশুরাম বিষয়ক ওঁর সাম্প্রতিক তিনটে বই পড়বার সময় এই কথাটা মনে রাখলে সুবিধে হয়।

পরশুরাম প্রসঙ্গেই কথা শুরু করা যাক। সামগ্রিকভাবে পরশুরাম-চর্চা বাংলায় কমই হয়েছে, সেদিক দিয়ে বাংলা সাহিত্যের প্রাতিষ্ঠানিক পড়ুয়াদের কাছে পরশুরামকে জানা-বোঝার জন্য এই বই আজ অপরিহার্য। কিন্তু আদত প্রশ্নটা হল, পরশুরাম রামকৃষ্ণ ভট্টাচার্যকে পাকড়াও করলেন কোন সূত্রে।

এর উত্তরটা বুঝতে গেলে মোটেই বেশি মেহনত করতে হয় না। রাজশেখর বসুর জীবনবোধ ছিল নিখাদ বস্তুবাদীর, তাঁর ব্যঙ্গের ফলা থেকে থেকেই ধাবিত হত ধর্মগুরু, মুনিঋষির ভণ্ডামির দিকে। রামায়ণ, মহাভারত, পুরাণকথার অনুষঙ্গ তাঁর গল্পের পর গল্পে ভরে থাকে[২২], তারপর 'অতীতগৌরবী রক্ষণশীলদের গোটা মূল্যবোধকেই বিদ্রূপের খোঁচা দিয়ে' ছিন্নভিন্ন করে চলেন রাজশেখর ওরফে পরশুরাম। যেমন ধরা যাক, উনিশ শতকের হিন্দুপুনরুত্থানবাদীদের নষ্টামির বিরুদ্ধে রাজশেখর বসু লিখেছিলেন প্রবন্ধ, 'অপবিজ্ঞান', আর পরশুরাম লিখলেন গল্প 'বিরিঞ্চিবাবা'।

'বিরিঞ্চিবাবা' গল্পের তড়িতানন্দ ঠাকুরের ছিল দুই টিকি, 'একটি পজিটিভ, একটি নেগেটিভ। আকাশ থেকে ইলেকট্রিসিটি শুষে নেন। স্পার্ক ঝাড়েন এক-একটি আঠারো ইঞ্চি লম্বা।' অন্যদিকে

'শোনা কথা' গল্পের ভরদ্বাজবাবু 'ইলেকট্রোহোমিওপ্যাথি'-র চর্চা করেন। এসব শুনলেই স্বনামধন্য শশধর তর্কচূড়ামণি-র উনিশ শতকীয় বুকনি মনে পড়ে। সর্বোপরি, রামকৃষ্ণবাবু খেয়াল করেন, পরশুরামের গল্পে ভণ্ড ঋষিমুনিদের ভিড়ে একজন লেখকের শ্রদ্ধা-অর্জনে সক্ষম হন। তিনি জাবালি। কে ইনি? 'না, 'চার্বাকদর্শনের প্রচারক'। রামকৃষ্ণবাবু সঙ্গে সঙ্গে স্বাভাবিকভাবেই উচ্ছ্বসিত হয়ে উঠবেন, 'এই একটি চরিত্রসৃষ্টির জন্যেই পরশুরাম অমর হয়ে থাকবেন।'[২৩] পরশুরাম-চর্চা রামকৃষ্ণ ভট্টাচার্যের সামগ্রিক ভাববাধ বিরোধী যুক্তিবাদ চর্চারই সম্প্রসারণ।

অবশ্য সেই সঙ্গে এই কথাটাও মনে রাখা দরকার যে, পরশুরামের রাজনৈতিক বীক্ষার সঙ্গে যখন তাঁর নিজের রাজনৈতিক দর্শন একেবারেই মেলে না তখন রামকৃষ্ণবাবু তাঁর প্রিয় এই লেখকটিকেও রেয়াত করেন না। এ বিষয়ে তাঁর সুস্পষ্ট বক্তব্য এই:

> ব্যক্তিমানুষের সৎ থাকার পূর্বশর্ত যে শ্রেণীবিভক্ত সমাজব্যবস্থার উচ্ছেদ—এই সত্যটি তিনি [পরশুরাম] ধরতেই পারেন নি। ব্যক্তিমালিকানাভিত্তিক অর্থনীতি আর তার পোষক রাষ্ট্রনীতি যেমন আছে তেমনই রেখে তিনি যুদ্ধহীন, দুর্নীতিমুক্ত পৃথিবীর কথা ভাবতে চান। পরিণামে তাঁর রাজনৈতিক গল্পগুলি সর্বদাই অনির্দিষ্ট জায়গায় গিয়ে শেষ হয়। নিছক সাহিত্যিক বিচারেও সেগুলি উতরায় না।[২৪]

এইখানে রামকৃষ্ণ ভট্টাচার্য কি 'সমালোচক' হিসেবে অনেকটা 'প্রেডিক্টেব্‌ল্' হয়ে যান? আমার ধারণা, একদিন যেমন নিজেকে 'কর্তৃত্বকামী যুক্তিবাদী' বলে বুক-বাজিয়ে মেনে নিয়েছিলেন, তেমনি এক অর্থে 'প্রেডিক্টেব্‌ল্' শব্দটাকেও তিনি সসম্মানে স্বীকার করে নিতে চাইবেন। কেননা, তিনি জানেন এর উলটো দিকে দাঁড়িয়ে আছে তাঁর কাছে অন্যতম ঘৃণাবহ শব্দ 'বহুগ্রাহিতা' (eclecticism)। এ-ও হয়, ও-ও হয়। ধর্মেও আছি, জিরাফেও আছি। বঙ্কিমচন্দ্রের দর্শনচিন্তায় এই বহুগ্রাহিতার সংকট নিয়ে বিস্তারিত লিখেছেন

তিনি।[২৫] সুভাষচন্দ্র বসু যখন নানা সময়ে তাঁর ভাষণে নাৎসিবাদ ও কমিউনিজ্‌মের সমন্বয়ের কথা বলেন তখন রামকৃষ্ণবাবুর এ কথা লিখতে একটু সংকোচ হয় না যে, 'সুভাষের দেশপ্রেম যতখানি নিখাদ ছিল, ঠিক ততটাই ঘোলা ছিল বিশ্বপরিস্থিতি সম্পর্কে তাঁর বোধ।'[২৬] আর সমস্ত উত্তর-আধুনিক তথা গঠনমুলবাদী ও উত্তর-গঠনমুলবাদী (যার নাম তিনি দেন 'গবাদী' আর 'উগবাদী') সাহিত্যতত্ত্বই তাঁর আক্রমণের লক্ষ্য হয়ে ওঠে মূলত তাঁদের এই বহুগ্রাহী দৃষ্টিভঙ্গির কারণেই। সুদীপ্ত কবিরাজ যখন তাঁর একটি লেখায় দার্শনিক হাইডেগ্‌গারের একটি উদ্ধৃতির সমর্থন নেন তখন রেগে ওঠেন রামকৃষ্ণবাবু। যে হাইডেগ্‌গার একসময় ছিলেন নাৎসি পার্টির সদস্য, পরবর্তীকালে 'বিষয়ীসর্বস্ব ভাববাদী', তাঁর উদ্ধৃতির সমর্থন নিয়ে দাঁড়াতে চাওয়া—'কোনো বামপন্থীর পক্ষে কি এটি উচিত কাজ?'[২৭] প্রশ্ন তাঁর। জীবনবোধে তিনি আপসহীন। সে-কথাটা তাঁর সমালোচক-সত্তার কাছে তিনি লুকোতে যাবেন কোন দুঃখে?

যেমন পরশুরাম-এ তাঁর আগ্রহ, তেমনই বিদ্যাসাগর-এ। এক তো বিদ্যাসাগরের শিক্ষানীতি আদ্যোপান্ত অ-ধর্মীয়, সেকিউলার। বেদান্ত তাঁর কাছে 'ভ্রান্তদর্শন'। দ্বিতীয়ত, বিদ্যাসাগরের বিশিষ্ট তর্করীতিতে একনিষ্ঠ মুগ্ধ রামকৃষ্ণবাবু।[২৮] একটা বিশেষ দেশ-কালে দাঁড়িয়ে শাস্ত্রকেই দুমড়ে-মুচড়ে নিজের হাতিয়ার বানিয়ে শাস্ত্রপন্থীদেরই বিরুদ্ধে ব্যবহার করার প্রজ্ঞা ও পন্থা চিরকালের শিক্ষণীয় বলে তাঁর মত। আর তিন নম্বর কথাটা সম্ভবত এই, পলেমিক বা বাদানুবাদে বিদ্যাসাগর সদা-উৎসাহী। সেইখানেই তিনি সবচেয়ে তীব্র, কঠোর, শানিত। আর রামকৃষ্ণ ভট্টাচার্যও তো এভাবে পলেমিক বা বাদানুবাদকে বুঝতে চান—যেমন লিখেছেন তিনি 'ওরে বর্ণচোরা...' বইয়ের 'লেখকের কৈফিয়ত' অংশে—'সংস্কৃতির শত্রুদের চিহ্নিত করা ও নস্যাৎ করাও এই সময়ের জরুরি কাজ। সে-কাজ শ্রেণী সংগ্রামেরই সঙ্গত অঙ্গ।'

এইটে হল আসল কথা।

অতঃপর

রামকৃষ্ণবাবুর সব-কটা বই নিয়ে ধরে ধরে কথা চালিয়ে যাবার চেষ্টা থেকে বিরত হচ্ছি। ওটা এ নিবন্ধের লক্ষ্য ছিল না। ওঁর প্রবন্ধ সম্পর্কে প্রাথমিক কতকগুলো মন্তব্য করতে চেয়েছি আমরা।

রামকৃষ্ণবাবু আজও প্রবলভাবে সক্রিয়। অধ্যাপনার কাজ থেকে অবসর পেয়ে নিরন্তর জ্ঞানচর্চায় আর লেখালেখিতে নিজেকে মগ্ন রেখেছেন অকৃতদার এই মানুষটি। তাঁর কাছ থেকে আরও অনেক লেখা আমরা পেতে চলেছি, তাতে সন্দেহ নেই। সে তো পাবই, তার পাশাপাশি যে অসংখ্য অগ্রন্থিত লেখা পত্রিকার পাতায় ছড়িয়ে আছে সেগুলো বই আকারে প্রকাশে মনযোগী হোন তিনি, এই আমাদের দাবি। ব্রহ্মবান্ধব উপাধ্যায় নিয়ে এক্ষুণি একটা বই হতে পারে। 'গণদর্পণ' পত্রিকার মে ২০০৪ থেকে নভেম্বর ২০০৪ পর্যন্ত ধারাবাহিকভাবে বেরিয়েছিল তর্কবিদ্যার প্রাথমিক কথাগুলোকে সহজ করে-বুঝিয়ে-দেওয়া একটি অসামান্য প্রতিবেদন, 'তক্কাতক্কি করতে হলে'। একটু যোগ বিয়োগ করে সে লেখা বই করে যত তাড়াতাড়ি সম্ভব বের করা উচিত। ২০০৪-এর পর তো অনেকদিন কেটে গেল!

বছর পনেরো আগে রামকৃষ্ণবাবুর লেখালেখির সঙ্গে প্রথম পরিচয় হয়েছিল আমার। ওঁর যে-লেখাটা প্রথম পড়েছিলুম সেটা হল 'দর্শনের বর্ণপরিচয়: যাজ্ঞবল্ক্যে-র ব্রহ্মজ্ঞান'; বেরিয়েছিল 'অনুষ্টুপ', ১৯৯২ গ্রীষ্ম সংখ্যায়। সেই লেখা পড়ে এতদূর ভালো লেগেছিল যে তখনই ঠিক করেছিলুম এই লেখকের সব লেখা ধীরে ধীরে পড়ে ফেলতে হবে। 'দর্শনের বর্ণপরিচয়' আজও ওঁর কোনো গ্রন্থে জায়গা পায়নি দেখে আফশোস হয়।

রামকৃষ্ণবাবু অনেক লিখুন। তাঁর বইগুলোর জন্য আমরা অধীর আগ্রহে অপেক্ষা করে আছি।[২৯]

টীকা

১। প্রবন্ধটি বর্তমানে পাওয়া যাবে ওঁর ওরে বর্ণচোরা ঠাকুর এল ইত্যাদি বিতর্ক বইতে।

২। পাশাপাশি দুটো লেখায় রামকৃষ্ণবাবু ব্যাপারটা বুঝিয়ে দেন। "কলিকাল-স্রোতে আবার ভাসল হিঁদুয়ানি" আর "হিন্দুত্ব তথা ধর্ম ও তার বিকল্প"। দ্র. কামারের এক ঘা, ২০০৩, পৃ. ১৯৫-২১৪

৩। বিমল কর, "হিন্দুধর্ম ও আমি", দেশ, ১৬ এপ্রিল ১৯৮৮, পৃ. ২৮-২৯

৪। অরিন্দম চক্রবর্তী, "সদ্‌গুরু-অসদ্‌গুরু", দেশ, ২৬ জুলাই ১৯৮৬, পৃ. ৩২

৫। "প্রসঙ্গ : মিথুনাচার ও ভারতীয় ভাস্কর্য", ওরে বর্ণচোরা ঠাকুর এল ইত্যাদি বিতর্ক, ২০১০, পৃ. ২৩৩-২৩৪

৬। "চার্বাকমত : দুটি চিঠি", ওরে বর্ণচোরা ঠাকুর এল ইত্যাদি বিতর্ক, ২০১০, পৃ. ২২২

৭। জয়ন্তানুজ বন্দ্যোপাধ্যায়, "চার্বাকবাদ ও আধুনিক ভারত", দেশ, ৮ এপ্রিল ১৯৯৫, পৃ. ৮৫

৮। "বুদ্ধিজীবীর বিশ্ববীক্ষা, অথবা বুরিদান-এর গাধা, হাঁসজারু, হুঁকোমুখে হ্যাংলা ইত্যাদি", ওরে বর্ণচোরা ঠাকুর এল ইত্যাদি বিতর্ক, ২০১০, পৃ. ১৯০

৯। রবীন্দ্রনাথ ঠাকুর, চিঠিপত্র, পঞ্চম খণ্ড, বিশ্বভারতী, বৈশাখ ১৪০০, পৃ. ১৮৫

১০। প্রবন্ধটি পাওয়া যাবে রামকৃষ্ণবাবুর মননের মূর্তি বইতে।

১১। দেবীপ্রসাদ চট্টোপাধ্যায়, ভারতে বস্তুবাদ প্রসঙ্গে, অনুষ্টুপ, ১৯৯৩, পৃ. (দুই)।

১২। ব্রাহ্মণ-রোমান ক্যাথলিক বিসংবাদ, ১৯৯৪, পৃ. ৩৫।

১৩। "শিবরাম চক্রবর্তী : তিন পুরুষের ধারের জের", মননের মূর্তি, ২০১০, পৃ. ৭৪

১৪। "ভূমিকা", মননের মূর্তি, ২০১০, পৃ. ৯

১৫। ভূতের বেগার বইটি নিয়ে রামকৃষ্ণবাবুর আলোচনাটির শিরোনাম "ভূতের বেগার : পঞ্চাশ বছর পরে"। পরিচয় পত্রিকার কার্তিক-পৌষ ১৪১১ সংখ্যায় এটি প্রকাশিত হয়।

১৬। "পরাভাষা না কারচুবি?", ওরে বর্ণচোরা ঠাকুর এল ইত্যাদি বিতর্ক, ২০১০, পৃ. ২০৫-২০৮

১৭। দর্শন পড়ার ভূমিকা, ২০০৩, পৃ. ১৪

১৮। দেশ পত্রিকার ১৬ এপ্রিল ১৯৮৮ সংখ্যায় 'প্রচ্ছদ নিবন্ধ'-র পরিচয় দিতে গিয়ে এইসব কথা লেখা হয়েছিল। পৃ. ৫

১৯। ২ নং টীকায় যে দুটি প্রবন্ধের উল্লেখ আছে তাতেই দেশ পত্রিকার সম্পাদকীয়

মন্তব্যগুলিকে তীব্র আক্রমণ করেছেন রামকৃষ্ণবাবু।

২০। অর্কিড পত্রিকার অক্টোবর ১৯৮৯ সংখ্যায় প্রকাশিত হয় রামকৃষ্ণবাবুর একটি প্রবন্ধ, নাম "তবুও যুক্তিবাদ"। এই প্রবন্ধ প্রসঙ্গে অভীক বন্দ্যোপাধ্যায়ের পালটা মতামত প্রকাশ পায় অর্কিড-এর বৈশাখ ১৩৯৭ সংখ্যায়। তবে প্রত্যুত্তরে 'যুক্তি ও আবেগ' শিরোনামে আর-একটি লেখা লেখেন রামকৃষ্ণ ভট্টাচার্য, অর্কিড, মে ১৯৯০ সংখ্যায়। তিনটি লেখাই পাশাপাশি পাওয়া যাবে কামারের এক ঘা বইতে। পৃ. ৩১-৪২

২১। রামকৃষ্ণবাবুর দেওয়া তালিকা অনুযায়ী এ-ধরনের গল্পের সংখ্যা ২০! দ্রষ্টব্য, পরশুরাম বিবিধ, ২০১২, পৃ. ৭০

২২। নিজের মুখোমুখি, ২০০৫, পৃ. ৩৬-৩৭

২৩। পরশুরামের চরিত্রশালা, ২০১১, পৃ. ১১

২৪। পরশুরাম বিবিধ, ২০১২, পৃ. ৮

২৫। "বঙ্কিমচন্দ্রের দর্শনচিন্তা : বহুগ্রাহিতার বিপদ", আকাদেমি পত্রিকা, সপ্তম সংখ্যা, মার্চ ১৯৯৫, পৃ. ৭৯-৯৬

২৬। টীকা ৮, পৃ. ১৯৩

২৭। "হেলানো স্বস্তিকচিহ্ন এতই অচেনা?", ওরে বর্ণচোরা ঠাকুর এল ইত্যাদি বিতর্ক, ২০১০, পৃ. ১৭৯

২৮। বিদ্যাসাগরের বিশিষ্ট তর্করীতি বিষয়ে রামকৃষ্ণবাবুর আলোচনার জন্য দ্রষ্টব্য, "বিদ্যাসাগরের তর্করীতি : শাস্ত্র বনাম ইতিহাস", বিদ্যাসাগর : নানা প্রসঙ্গ, ২০১১, পৃ. ৪৪-৫০

২৯। ২০১৩ খ্রিস্টাব্দের সেপ্টেম্বর মাসে এই প্রবন্ধটি লেখা হয়েছিল। অন্যদিকে, ২০২২-এর অক্টোবরে প্রয়াত হন রামকৃষ্ণ ভট্টাচার্য। জীবনের শেষদিন পর্যন্ত তিনি ছিলেন সৃষ্টিশীল ও সতেজ মনের অধিকারী।

www.ingramcontent.com/pod-product-compliance
Lightning Source LLC
LaVergne TN
LVHW090349051026
849518LV00006B/2079